国家社科基金
后期资助项目
GUOJIA SHEKE JIJIN HOUQI ZIZHU XIANGMU

要素禀赋变化、产业结构优化与中国经济高质量发展动力研究

Research on the Change of Factor Endowment,
the Optimization of Industrial Structure and
the Driving Force of China's
High-quality Economic Development

张永恒 著

社会科学文献出版社
SOCIAL SCIENCES ACADEMIC PRESS (CHINA)

国家社科基金后期资助项目
出版说明

    后期资助项目是国家社科基金设立的一类重要项目，旨在鼓励广大社科研究者潜心治学，支持基础研究多出优秀成果。它是经过严格评审，从接近完成的科研成果中遴选立项的。为扩大后期资助项目的影响，更好地推动学术发展，促进成果转化，全国哲学社会科学工作办公室按照"统一设计、统一标识、统一版式、形成系列"的总体要求，组织出版国家社科基金后期资助项目成果。

全国哲学社会科学工作办公室

序

　　党的十九大报告提出中国经济已由高速增长阶段转向高质量发展阶段。转换增长动力、转变发展方式、优化经济结构、建设现代化经济体系是实现中国高质量发展的关键。我曾经在《区域经济学原理》一书中对区域经济发展动力进行了较为系统的分析，提出了关于区域经济发展从低级循环向高级循环转变的基础理论。张永恒同志《要素禀赋变化、产业结构优化与中国经济高质量发展动力研究》一书应用这一理论，创造性地对当前中国经济发展现状进行了深入和细致的分析，得出了很有价值的分析结果。

　　张永恒同志是我在南开大学带的博士研究生，自 2015 年以来就持续关注中国经济增长的动力及其转换问题。《要素禀赋变化、产业结构优化与中国经济高质量发展动力研究》一书是他在博士学位论文基础上申报获批的国家社科基金后期资助项目。该书按照从微观到中观，再从中观到宏观的研究思路，搭建了基于"要素禀赋变化—产业结构优化—增长动力转换与高质量发展"的总体架构。书中提出要素禀赋变化是经济增长动力及其转换的关键，详细分析了要素禀赋的变化模式和数字要素主导下经济发展的各种机理机制，并通过演绎和比较分析，探究高质量发展下新旧动力转换的产业结构优化路径，运用新经济地理学的建模策略对主要作用机制进行了验证，并最终从时间、空间、形态和结构角度，提出了中国经济高质量发展的动力转换思路。

　　这一研究成果在理论的系统描述、分析和概括方面比较全面、有深度，对经济发展动力的理论研究与深化学科发展具有一定的促进作用。该成果提出的一些学术观点具有较强的创新性，比如书中提到要素禀赋变化，尤其是主导要素升级是高质量发展阶段经济增长动力转换的关键；数据在数字经济背景下将会成为主导要素升级的关键因素；产业结构优化是政府推动经济高质量发展的重要抓手，要注意防范出现产业结构脱实向虚的趋势，避免中国陷入后工业化阶段的产业结构陷阱等。

综观全书，我以为其学术价值和应用价值主要体现在以下几个方面。

首先，加深了对于高质量发展动力转换基础的认识。相比于过去大部分研究高质量发展动力转换的学术文献都着力于分析全要素生产率的提高，该书从要素禀赋及其变化入手，探究高质量发展的新动力，不仅在研究视角上明显拓宽，而且为研究高质量发展的动力及其转换提供了微观基础。

其次，构建了新的研究经济发展的模型。该书将新经济地理学的全域溢出模型进行了拓展，较为系统地把区域经济发展中的空间因素、一般竞争均衡问题融合考虑，把要素、产业和经济增长融合到一个内生共存的数理框架，据此进行的机理分析颇具新意和说服力，对空间经济学科在中国的发展具有一定的促进作用。另外，书中运用物理学中变加速模型，研究主导要素变化下的经济增长动力问题，这种方法的使用也令人耳目一新。

再次，为分析以数字经济引领中国经济高质量发展提供了新的研究视角。该书基于所搭建的要素禀赋变化下经济发展的逻辑框架，较为全面地研究了数字经济下要素禀赋的变化模式、要素禀赋数字化下的产业结构优化、产业链重构以及经济增长的三大变革问题。这些对当前中国如何通过数字经济建设，培育更多高质量发展的动力，提供了一个新视角，同时也为中国制定阶段性的数字化战略举措、培育数字化动力提供了理论支撑。

最后，提出了中国经济高质量发展的动力转换思路和政策方向。该书基于所做的各项研究，并结合中国经济发展现状，从时间、空间、形态和结构视角提出的具体政策措施和建议，具有一定的超前性和可操作性，受到了来自政府、学术界和业界等多方面的关注。

总之，该书从要素禀赋变化入手，对高质量发展阶段的动力进行了系统深入研究，提出了许多创新性的观点，非常值得一读。

郝寿义（中国区域经济学会副会长、中国区域科学协会副会长）

2021 年 10 月于南开大学

前　言

经济发展阶段的转变是指经济发展要实现"换挡调整"。这不仅需要关注不同挡位下的动力差异，还应关注动力转换的机制和演变过程。当前，中国经济已经进入高质量发展阶段，传统粗放式增长下的动力不断弱化，新的增长动力正在孕育形成，并将不断支撑起中国经济高质量发展的目标。但是，经济高质量发展是一个宏观目标，必须通过微观和中观层面的动力转换才能实现，这对所有面临发展阶段转变的经济体都是十分重要的课题。本书研究了发展阶段转变下的增长动力及转换机制，并结合中国实际，提出高质量发展阶段的动力转换思路和新动力。

本书整体上可以分为三个部分。第一部分包含第一章至第三章，主要介绍本书的研究背景、研究意义等，并在梳理了相关研究后，搭建起基于"要素禀赋变化—产业结构优化—增长动力转换与高质量发展"的分析框架和研究思路，为后续研究奠定理论基础。第二部分包含第四章至第十章，主要介绍不同要素禀赋变化模式引致经济增长动力转换的理论机理、要素禀赋数字化推动高质量发展实现动力转换的机理，以及产业结构优化推动高质量发展的机理，并对要素禀赋在产业优化升级推动经济发展中发挥的作用进行数理分析。在厘清各相关机理机制之后，通过实证研究对部分理论进行检验，挖掘中国经济高质量发展的相关动力。第三部分是第十一章，主要是基于上述研究，提出中国经济高质量发展的动力转换思路和新动力。各章主要内容如下。

第一章为绪论，主要介绍选题背景和意义，提出研究思路、结构安排和研究方法。第二章为相关研究述评。从要素投入、聚集、制度和结构变迁四个方面总结关于经济增长动力的研究，并梳理了将要素禀赋、产业结构优化和经济发展相互结合的理论文献，最后简要总结了关于高质量发展的相关研究。第三章为要素禀赋变化推动经济发展的理论基础。主要分析了发展阶段转变下的要素禀赋变化与产业结构优化，从供求两个视角分析经济发展阶段转变的方向后，着重研究基于供给视角下要素禀赋变化和不变情况下的经济增长过程，明确界定要素禀赋及结构的内涵与特点等，并从演化经济学视角，研究要素禀赋的不同变化模式和产业结构优化的协同演变，最后对影响要素禀赋变化的两个主要因素进行了简要分析。第四章为要素禀赋变化影响经济增长动力的机理分析。主要从理论机制上分别阐述要素禀赋类型变化、结构变化和主导要素变化所产生的经济增长动力差异。第五章为要素禀赋数字化推动高质量发展的动力转换机理。首先从微观上对当前数字化变革下的要素禀赋变化模式和要素配置机制进行分析，然后从宏观上进一步探究要素禀赋数字化促进产业高质量发展、重构产业链、推动经济增长三大变革，实现高质量发展的机理。第六章为要素禀赋视角下中国经济增长动力的实证研究。主要是对中国的要素禀赋状况进行整体和分区域评价后，从要素禀赋优势度、要素错配和要素禀赋结构三个维度，实证研究中国经济增长的要素禀赋动力和数字化动力。第七章为产业结构优化推动高质量发展的机理分析。主要是在对比了数量型和质量型增长下的产业结构演进路径后，从后工业化演进视角，提出高质量发展阶段可能存在的产业结构陷阱，进而从外在方向和内在约束层面，对高质量发展阶段的产业结构优化路径进行了全面梳理和归纳。第八章为高质量发展阶段产业结构优化的实证研究。主要是从单一和交互两个维度，通过对中美两国产业结构演进状况的对比，探究中国经济高质量发展的产业结构动力。第九章为要素禀赋变化、产业优化升级与经济增长的数理分析。主要是利用新经济地理学的建模方法，把要素禀赋、产业和经济发展融入一个系统框架，通过数理分析和数值模拟，验证要素禀赋变化在产业聚集推动经济增长中的关键作用。第十章为要素配置、产业结构优化与经济增长的门限效应研究。在评价了中国的要素配置效率后，通过构建面板门限模型，实证检验要素配置在产业结构优化推动中国经济增长中的门限效应。第十一章为中国经济高质量发展的动力转换思路与新动力。主要是结合当前经济发展状况和上述研究结论，从时间、空间、外在形态和内在结构四个视角提出中国经济高质量发展的动力转换思路和新动力。

　　本书以要素禀赋变化为起点，对经济高质量发展的动力及转换机制进行研究，并按照这一逻辑，研究了数字经济背景下的相关机制，研究内容涉及理论机制研究、数理模型构建、实证研究以及对策建议。尽管如此，鉴于中国经济高质量发展动力及其转换的研究是一个庞大的理论和现实问题，本书难免存在纰漏，恳请国内外同行给予指正。

目　　录

第一章

绪　论

第一节　选题背景及研究意义

一　选题背景

中国经济在改革开放以来的 40 多年里经历了持续的快速增长,取得了举世瞩目的成就。质量互变规律表明,数量变化达到一定程度,必然会面临数量层面的增速弱化和质变需求。党的十九大报告中提出"我国经济已由高速增长阶段转向高质量发展阶段,正处在转变发展方式、优化经济结构、转换增长动力的攻关期,建设现代化经济体系是跨越关口的迫切要求和我国发展的战略目标"。

在经济总量上,国家统计局的数据显示,按照当年价格水平计算的中国国内生产总值来看,1978 年是 3678.7 亿元,2020 年尽管受到新冠肺炎疫情的影响,仍达到 101.36 万亿元,中国是仅次于美国、位居世界第 2 的经济体,其间的国内生产总值年增速平均值高达 9.28%;人均GDP 也从 1978 年的 385 元增加到 2020 年的 7.20 万元,增速平均值达到8.27%左右。① 国际货币基金组织的数据显示,在全球 191 个经济体中,2017 年中国人均 GDP 排名第 74 位,这和中国人均 GDP 在 1978 年改革开放初期时排名世界倒数第 2 相比,创造了"中国奇迹"。但是,在总体保持增长趋势之外,从增长率角度看,中国经济最近几年出现了一些

①　资料来源:根据国家统计局网站公布的数据计算整理。

新的特征，如图 1-1 所示。中国的 GDP 增速从 2012 年以来开始大幅回落，2012～2019 年的 GDP 增速分别是 7.9%、7.8%、7.4%、7.0%、6.8%、6.9%、6.7% 和 6.1%，2020 年受新冠肺炎疫情影响，经济增速为 2.3%，呈现逐年下降趋势，基本告别了 2011 年以前年均 10% 左右的高速增长。中国经济呈现出高速增长向中高速增长，甚至低速增长转变的趋势。尤其是在 2020 年全世界遭遇新冠肺炎疫情之后，中国乃至全球都面临经济增速快速下滑的严峻考验。分区域来看，中国经济增长率还呈现一些其他特点。图 1-2 显示了中国东部、西部、中部以及东北地区 1992 年以来的 GDP 增速变化趋势。可以看出，GDP 增速在区域之间除了总体上表现出相近的趋势外，还存在一些差异，尤其是最近几年，呈现出西部地区增长率大多年份领先全国，而东北地区增长率持续垫底，且下滑迹象明显。各地区经济增长动力在总体弱化前提下存在较大的空间差异。

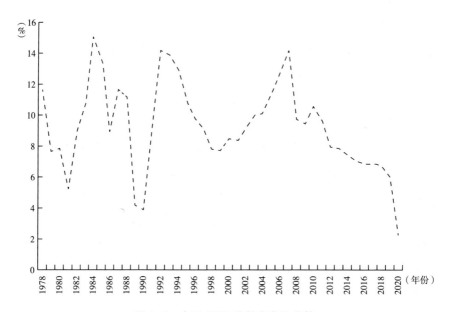

图 1-1 中国 GDP 增长率变化趋势

资料来源：根据国家统计局网站公布的数据计算整理。

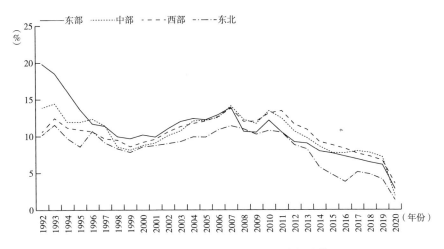

图 1-2　中国分区域 GDP 增长率变化趋势
资料来源：根据相关年份《中国统计年鉴》公布数据计算整理。

　　需要注意的是，在我国经济增长动力总体弱化的背景下，还出现了很多新的有利于经济增长的现象。例如，受教育程度提高使我国有了更多文化素质高、熟练程度高的劳动力；市场经济各项制度的完善提高了经济运行效率；多年的大规模基础设施建设奠定了区域经济稳定增长的基础；新一轮技术革命大大拓宽了人类对生产要素、生产方式的认识，商业经营模式创新、产业链重塑等都为中国经济高质量发展提供了新动力。按照世界经济论坛执行主席克劳斯·施瓦布的归纳，第四次工业革命的特征是以移动互联网、云技术、大数据、新能源、机器人以及人工智能技术为代表，将逐渐消除涵盖现实世界、虚拟世界和生物世界在内的界限（刘栋，2016）。大量高新技术的产生与发展，拓宽了人们对地区要素禀赋的认识，比如新能源技术使大量以往无法利用或难以利用的生产要素变废为宝，成为经济发展的新动力，有效提升了经济发展质量。

　　世界上很多发达国家和地区都把新能源列为战略产业的重中之重。美国、日本和欧洲早已在新能源产业方面走在世界前列。奥巴马政府投入巨额资金，希望借助以页岩气为代表的新能源技术重新塑造美国的全球优势。德国在 2000 年就制定了《可再生能源法》，并将发展新能源作为一项基本国策来执行。我国新能源产业总体来看也取得了举世瞩目的成就，从发电量来看，《中国电力行业年度发展报告 2019》显示，2018 年全国非化石能源发电量为 21634 亿千瓦时，比上年增长 11.1%，对全国发电量增长的贡献率为 40.0%；新能源发电量增长了 28.5%，对全国发电量增长的贡献率达到 22.2%。[①] 中国"双碳"目标的提出也必将对新能源产业形成更大推动。另外，除了新能源，以互联网技术为代表的信息通信技术，对当前产业体系和经济发展模式也产生了巨大影响，它使传统产业和通信技术、互联网平台相结合，形成了新的发展红利。虽然传统产业的业务内容并未发生本质变化，但是，通过互联网整合使传统生产要素和生产方式得以重新优化，进而促使传统产业从物理、实体上的聚集，转变为数字虚拟空间上的聚集，这种新技术革命下的产业结构体系、布局体系为中国经济高质量发展提供了新的动力。另外，智能机器、基因测序、新材料等新技术对地区要素禀赋的开发、优化与替代作用也非常重要。总之，在新一轮技术革命背景下，中国各级地方政府如何挖掘新的增长动力，培育和建立新的产业结构体系，实现经济高质量发展是当前首要面对的问题。

传统增长动力弱化表明，以往粗放式的数量型增长遇到了瓶颈，经济发展需要更换引擎，发展思路和目标需要在新技术革命背景下，基于新的发展观念做出重新认识。因而，增长动力转换以及高质量发展成为政府以及各领域都极为关注的问题。增长动力及其转换属于微观层面，高质量发展属于宏观层面，微观向宏观的转变还需要考虑中观层面的产业结构问题。它们是一个系统的有机整体，必须将三者相互结合才能对中国经济的高质量发展产生更加深刻、清晰且完整的认识。

二 研究意义

(一) 理论意义

本书探寻了经济增长动力转换与高质量发展的微观基础，并建立了两者的理论联系。如前所述，增长动力是微观层面，高质量发展是宏观目

---

① 资料来源：能源界，http://www.nengyuanjie.net/article/27521.html。

标，如果把经济系统比作一辆开动的汽车，增长动力解决的是发动机换挡的问题，而高质量发展还要关注油耗、车辆开行方向等，两者的着力点存在一定差异。本书把增长动力落脚到要素禀赋，高质量发展落脚到产业结构的优化升级，通过逻辑推理和数理模型把两者结合到一起，这有助于把握经济发展的一般规律，为从不同视角下探索中国经济高质量发展动力提供理论支撑。

本书认为经济增长动力转换的关键是要素禀赋变化，从理论机制上，对不同要素禀赋变化模式所产生的增长动力差异及其阶段性特点给出详细阐述，并研究了要素禀赋数字化推动高质量发展实现动力转换的作用机理；通过比较数量型和质量型增长下的产业结构变迁，探索高质量发展下的产业结构优化方向；基于后工业化演进的视角，发现了高质量发展阶段可能存在的产业结构陷阱，并从约束条件和目标条件提出高质量发展阶段产业结构优化升级的多条路径。这些理论机制的分析有助于全面掌控中国经济高质量发展的动力转换问题，为提出精准的政策举措建立了理论基础。

（二）现实意义

随着我国传统经济增长动力的弱化以及新技术革命带来的更多发展机遇，如何利用新技术手段，通过对要素禀赋的重新认识，为各地区挖掘并培育新的经济增长动力，是当前各级地方政府非常关注的问题。已有研究较为分散，本书则对基于要素禀赋变化下的增长动力给出全面、翔实的理论和经验研究，这有助于政府部门充分认识自身差距，解决地区经济增长动力转换的现实问题。另外，高质量发展的关键是产业结构的优化升级，但对于新发展阶段下产业结构优化升级的方向及可能出现的困境，已有的研究不够系统，尤其是对新阶段下可能存在的产业结构陷阱，相关研究文献更不多见。单纯地追求第二产业或者第三产业发展会出现各种各样的问题，这些情况在一些发达国家或地区已经出现。本书通过历史演绎和国际比较，对高质量发展阶段产业优化升级的类型、阶段及路径都给出了详细的理论和实证研究，这有助于各级地方政府依据自身发展阶段，合理选择产业结构优化路径，培育出符合地方特色的高质量发展动力。

经济增长动力及其转换是当今世界所有国家需要共同面对的问题，包括发达国家在内的所有国家都面临增长乏力、产业亟待升级的困境，但从哪里入手、举措的效果及延续性都需要充分讨论。由于中国幅员辽阔、区域经济差异显著，因此，本书基于要素禀赋变化下提出的动力转换方向和新动力还可以为世界上其他国家尤其是发展中国家的经济转型问题提供借鉴。

第二节 研究思路、创新与研究方法

一 研究思路

当前，中国经济要实现高质量发展。按照从微观到中观，再从中观到宏观的研究思路，本书搭建了基于"要素禀赋变化—产业结构优化—增长动力转换与高质量发展"的分析框架和研究思路。

增长动力转换的目标是实现高质量发展，两者的落脚点或者微观基础存在差异。本书认为，增长动力转换的基础是要素禀赋变化，高质量发展的落脚点应该放到中观层面的产业结构，产业结构体系内生于要素禀赋结构，要素禀赋状况是产业结构优化推动经济高质量发展的关键变量。本书在建立了阶段转换下要素禀赋变化与产业结构优化相互协同的理论联系后，研究了不同要素禀赋变化模式引致产业结构优化，并推动经济增长动力转换的理论机制和高质量发展阶段新旧动力转换的产业演进机理；结合数字技术革命的大背景，分析了要素禀赋数字化推动高质量发展，实现动力转换的机理；利用新经济地理学的建模方法构建基于要素禀赋、产业和经济发展的数理框架，对相应机理机制进行数理分析。在厘清相关机理机制之后，利用中国数据对部分理论观点进行验证，并在最后从时间、空间、外在形态和内在结构角度，提出中国经济高质量发展的动力转换思路和新动力。

二 研究创新

第一，研究视角的创新。本书以要素禀赋变化为出发点，系统研究要素禀赋类型变化、结构变化和主导要素变化，以及其引致的增长动力强度、来源与可持续性差异，为后续研究建立了扎实的微观基础。同时基于要素禀赋变化视角，对数字经济下要素禀赋变化的模式、要素禀赋数字化引致的产业高质量发展及动力转换机理进行了详细分析。基于该视角的总结，有助于为地方政府从微观层面制定差异化的高质量发展路径提供理论依据。

第二，理论建模的创新。高质量发展是沿着"要素—产业—经济发展"从微观向宏观逐步推进的过程。已有建模分析大都侧重研究两个经济变量之间的关系，本书则是在新经济地理学的全域溢出模型基础上引入要素禀赋变化，进而可以通过数理分析和数值模拟，更加精确地比较要素禀赋变与不变条件下，产业优化升级对经济发展的影响。另外，运用物理学的变加速模型解释主导要素变化下的经济增长问题也具有一定创新性。

第三，主要观点的创新。本书认为，要素禀赋变化是增长动力转换的关键，也是决定产业结构优化推动经济发展的门限变量，而数字化将是主导当前要素禀赋变化及高质量发展的关键要素。通过总结发达国家的产业结构演变过程，本书不仅归纳了高质量发展阶段的产业演进方向，还创新性地提出要防范可能存在的"产业结构陷阱"。另外，从时间、空间、外在形态和内在结构角度对经济增长动力转换思路的总结也具有一定创新性。

三 研究方法

本书围绕研究主题进行了机制分析、数理分析、模拟分析和实证分析，主要采用了以下几种研究方法。

第一，理论研究方法。本书主要采用归纳法、系统分析法等对要素禀赋变化、产业结构优化与经济增长的协同演进机理进行探讨。首先，通过文献阅读和演化分析，总结经济发展阶段转换的机理机制；其次，通过系统分析法，分别从要素禀赋变化与产业结构优化的视角，研究经济增长动力转换推动高质量发展的路径；最后，通过归纳分析，全方位、多渠道总结中国经济高质量发展的动力转换思路和新动力。

第二，数理建模方法。本书在研究主导要素变化产生增长动力时，拓展了物理学的变加速模型，并利用迪克希特和斯蒂格利茨（Dixit and Stiglitz, 1977）的建模策略，在数理建模基础上进行了数值模拟；在研究要素禀赋对产业结构优化升级推动经济增长的关系时，拓展了新经济地理学中马丁和奥塔维诺（Martin and Ottaviano）的全域溢出模型，进行了非常严谨的数理分析和数值模拟。

第三，经验研究方法。本书根据不同数据结构类型，并结合具体问题，选用了多种经验研究方法。采用静、动态面板模型和空间计量模型，研究不同要素禀赋视角下的经济增长动力效应；采用 VAR 模型，对比分析中美两国产业结构转型与经济发展的互动关系；采用门限模型，识别要素禀赋在产业结构优化推动经济发展中的门限效应。

第二章

相关研究述评

关于经济增长动力的研究，一直都是经济学重点关注的领域，也吸引了大批经济学家投入了大量精力。诺贝尔经济学奖获得者罗伯特·E. 卢卡斯（Robert E. Lucas）在评价经济增长问题时曾经说过："这些问题所包含的人类福利后果是令人震惊的：一个人一旦思考这些问题，他就很难再去思考其他问题。"

按照时间周期来分，可以把经济增长的动力分为短期动力和长期动力。短期动力决定经济增长的波动，而长期动力则决定了经济增长的质量和方向，因此高质量发展事实上应当更加关注长期动力。

一般情况下，短期拉动经济增长的动力都来自凯恩斯理论。该理论认为，在短期内，促进宏观经济增长的主要动力是投资、消费和出口，这被称为拉动经济增长的"三驾马车"。应当说，学术界关于经济增长短期动力的认识比较一致。但是，由于不同地区的经济发展都是基于该地区历史特殊性演化而来，因而不同学者以及不同学科对长期经济增长动力的研究非常多元，进而导致现有发达国家在发展模式上呈现出极强的多样性，高质量发展的动力和路径也不尽相同。高培勇等（2020）认为，高质量发展是一种高级的报酬递增形式。从长期发展过程来看，报酬递增呈现出低级和高级两种形式：一种是低质量工业化模式，以廉价的劳动力、完全竞争和资本驱动为特征；另一种是高质量发展模式，以高质量劳动力、不完全竞争和创新驱动为特征。将这一认识与经济增长理论结合后，可以得到关于增长动力及高质量发展的整体框架，包括不同发展模式下的主要动力及理论联系，如图 2-1 所示。整体上，不同发展模式下的主要动力可以归纳为基于要素投入的增长动力、基于聚集理论的增长动力、基于制度理论的增长动力和基于结构变迁的增长动力四个方面。这四个方面如果从微观、中观和宏观来认识的话，又可以把重点内容划分为要素、产业（空间优化）和经济发展的互动关系，因而不少学者从这些角度进行了大量研究。学术界对经济发展质量和效率的关注由来已久，最近的研究则更加丰富，本章将对上述不同角度的研究进行简要梳理。

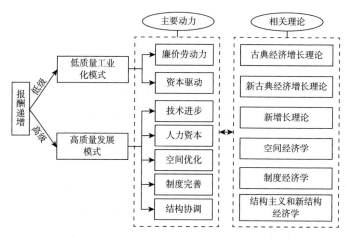

图 2-1　不同发展模式下的主要动力及理论联系

第一节　基于要素投入的增长动力研究

一　理论研究

经济增长理论是主流经济学的主要研究内容之一，形成的成果也颇为丰富。无论哪个理论都是在强调要素投入（包括土地、资本、劳动、技术等）对经济增长的促进作用，只是在经济发展的不同阶段，不同流派重点强调的生产要素以及分析方法上存在差异。可以说，主流增长理论重点关注的是不同要素投入在经济增长中的作用，并逐步通过数理建模来分析其影响机制及稳态。这里主要按古典经济增长理论、新古典经济增长理论与新增长理论三个阶段对要素投入的理论进行评述。

（一）古典经济增长理论

威廉·配第（William Petty）是古典政治经济学的创始人，他曾在1662年提出"土地为财富之母，劳动则为财富之父和能动因素"。这是相对较早从要素投入角度认识经济增长的系统性观点。之后，亚当·斯密（Adam Smith）在《国富论》中对增加国家财富的要素进行了比较全面的总结。虽然没有关于要素禀赋理论的专门章节，但却涵盖了对多种要素禀赋作用的分析。他不仅关注到了传统的劳动、土地和资本等经济学始终关注的经济要素，甚至还关注了制度和技术等现代经济学中的新型要素。当然，在众多要素禀赋中，包括亚当·斯密和卡尔·马克思在内的古典经济学家都认识到"资本是为市场经济提供增长动力的发动机"。李嘉图（David Ricardo）提出："国家财富的增加可以通过两种方式：一种是用更多的收入来维持生产性的劳动——这不仅可以增加商品的数量，而且可以增加其价值；另一种是不增加任何劳动数量，而使等量劳动的生产效率增加。"因此，他认为经济增长归根结底"主要取决于土壤的实际肥力，资本积累和人口状况以及农业上运用的技术、智巧和工具"。换句话说，李嘉图把经济增长的动力归纳为四种要素，即资本、劳动、土地和技术。马尔萨斯（Thoomas Robert Malthus）重点关注的经济增长动力是土地的投入，他把经济增长和人口增长相结合，认为人口增长是在现有基数上以指数形式增加，但作为经济增长源泉的土地产出遵循的却是边际收益递减规律，因此，最终经济和人口的增长必然会达到一个均衡状态，在此状态下，人口增长率和经济增长率都为零。穆勒（James Mill）认为，根据古典经济学的萨伊定律，资本的积累和投资水平决定了产出水平，并认为阻碍经济增长的两个主要因素是农业的边际收益递减和投资激励下降。可以说，穆勒重点关注了资本、人口增加和技术进步这些主要变量的影响，并把它们与农业的边际收益递减规律相结合，分析了推动经济增长的主要动力。

（二）新古典经济增长理论

随着古典经济增长理论的不断完善，经济学家们开始从数理上对古典经济增长理论所关注的资本、劳动和技术的影响进行更加细致和严密的经验分析，由此就形成了新古典经济增长理论。从促进经济增长的要素投入类别上看，新古典经济增长理论并没有新的突破，它主要是将资本和劳动对经济增长的贡献进行模型化。核心思想依然是要素投入是促进经济增长的主要动力。

哈罗德（Roy Forbes Harrod）和多马（Evesey D. Domar）在凯恩斯理论基础上建立了哈罗德-多马模型。该模型从数理上解释了资本、劳动以及由两者所确定的技术进步如何使一个经济系统实现稳定增长。本质上说，哈罗德-多马模型的假设是技术水平不变及充裕的劳动力供给，它重点研究了资本要素投入对经济增长的作用，但由于模型得到的长期均衡条件非常苛刻，并且一旦脱离均衡，将永远无法再回到这一均衡状态，所以并未得到广泛应用。罗伯特·索洛（Robert Merton Solow）发表的《对经济增长理论的贡献》和斯旺（Trevor Swan）发表的《经济增长和资本积累》是新古典经济增长理论的代表性成果。他们假定劳动的有效性是外生给定的，并认为这一有效性是经济增长的驱动力。虽然总体来看，索洛模型考虑了很多驱动经济增长的因素，但本质上，它也只是重点研究了资本对经济增长的贡献，属于资本推动型的增长模型。由于劳动的有效性是外生的，加上模型假设资本是边际收益递减的，因此，长期经济增长最终将陷于停滞，从而需要寻求新的增长动力。索洛模型的局限在于未能将增长动力内生化。可以说，索洛模型对哈罗德-多马模型的主要拓展是将资本产出比内生到了模型中，而非外生给定。另外，还有一个重要理论是卡斯（Cass）和库普曼斯（Koopmans）建立的拉姆齐-卡斯-库普曼斯模型，他们把拉姆齐（Ramsey）的消费理论纳入，这样就将经济系统中的储蓄率内生化，实现了宏观经济增长和微观经济行为的结合与统一，为经济增长理论奠定了微观基础。索洛模型和拉姆齐-卡斯-库普曼斯模型是公认的 20 世纪 50 年代以来最著名也是最重要的关于经济增长的研究成果之一。后续关于经济增长的研究大都是在这两个模型基础上进行拓展。正因为如此，琼斯（1999）才提出："大多数职业经济学家是在新古典的传统下培养出来的。所以，无论是在发展他们自己的理论还是评价他人工作时，新古典的框架对于他们来说更加自然。"但是，随着时间推移，技术进步外生的新古典经济增长理论对现实的解释力出现了很多问题，主要是其所预测的国家间增长率的趋同现象。它基于边际报酬递减和生产要素自由流动所得到的结论在现实中似乎并不存在。一方面，虽然在发达国家，无论是资本还是劳动力的生产效率都出现了报酬递减的情况，但由于劳动力素质的提高，其生产效率仍然比发展中国家要高，即无论从绝对数量上还是从相对数量上，发达国家的生产要素都多于发展中国家，从而导致新古典理论预期的发达国家和发展中国家的收敛现象并不一定存在。另一方面，因为新古典模型的增长率是外生的，这未能对劳动增长率和技术进步率给出解释。所以一些学者进一步放松了新古典经济增长理论的研究假设，发展出新增长理论。

（三）新增长理论

因为新古典经济增长理论把资本和劳动之外的很多要素都笼统地归为技术进步，对这一黑箱内部并未给予充分考虑，因此，进入20世纪80年代后，以保罗·罗默和卢卡斯为首的一批经济学家对新古典增长模型中技术进步的内涵和源泉给予了多方面拓展，将技术进步内生化后就形成了新增长理论，又称"内生增长理论"。代表性的理论研究如阿罗（Arrow，1962）提出的干中学模型。他将技术进步用累积的总投资来表示，把技术进步这种无形要素用有形要素的投入积累来体现。罗默（Romer，1986）在此基础上拓展了阿罗关于技术外部性的思想，建立了知识溢出增长模型，将知识的积累和溢出作为技术进步的一个方面。卢卡斯（Lucas，1988）将宇泽弘文的人力资本引入阿罗的干中学模型，用人力资本代替技术进步，提出了人力资本溢出增长模型。巴罗（Barro，1990）将政府对公共物品的投资作为外部性来源，分析规模报酬递增对经济增长的影响。所以说，从要素投入角度看，内生增长理论关注了技术、知识、人力资本以及创新等要素，并认为科学技术、发明、知识和人力资本会产生溢出效应，这些溢出效应带来的外部性避免了资本和劳动等有形要素的边际收益递减，从而实现了持续稳定的经济增长。在政策含义上它强调政府在经济增长中的重要性，并由此可以利用对教育和科研等公共物品的投资，构建一个有效的储蓄和投资体制来促进经济增长。

新增长理论将技术内生化，这较之以往有了非常大的突破。但是，由于长期以来，主流经济学无法纳入空间问题，区域经济学的先驱艾萨德在20世纪中期就把当时的经济学称为"没有空间维度的仙境"，所以关于区域经济增长差异的研究局限性较大。另外，它还有一些明显缺陷："一个重要的缺陷是，它仍然依赖传统的新古典假定，而这些假定对第三世界经济往往是不适当的。发展中国家的经济增长常常受到无效率的阻碍——这些无效率产生于很差的基础设施、不适当的制度结构以及不完善的资本与商品市场。因为内生增长理论忽略了这些非常重要的因素，所以它对经济发展研究的实用性就是有限的。"（郭熙保，2000）20世纪90年代兴起的制度经济学在发现这些问题后就将包含地理、宗教、文化、种族以及历史遗传等在内的因素都引入增长模型。因此新增长理论也存在较多缺陷。

二　实证研究

关于增长动力的实证研究主要是从20世纪60年代之后才逐步兴起的。经常用于测算生产要素对经济增长贡献率的方法有两类：一类是因素分析法，由美国经济学家爱德华·富尔顿·丹尼森（Edward Fulton Denison）首先提出。他利用实际GDP测算出经济增速后，确定各生产要素在GDP中的收入分配率、要素耗费率以及影响单位综合要素生产率水平的各因素变化，综合权衡之后得出各要素对经济增长的贡献率。另一类是基于柯布-道格拉斯生产函数，或者在此基础上拓展为包含人力资本等生产要素后，代入实际经济数据，并利用计量经济学的方法进行测算。丹尼森将索洛剩余细分为资源配置效率、规模经济和科技进步三个方面，还把劳动投入细化到投入工时、受教育水平、年龄和性别等方面的差异。在此基础上，他对美国1948~1969年的经济增长状况进行了研究。他发现在这22年间，美国经济增长的平均速度是3.85%，其中劳动投入的年增长幅度是1.3%，对经济增长的贡献率达到33.8%，资本投入的年增长幅度是0.8%，贡献率达到20.8%。可以看出，劳动力和资本这些有形要素投入的贡献超过了一半，达到54.6%，在剩下的无形要素中，资源配置效率、规模经济和技术进步对经济增长的贡献率分别是8%、10.9%和27%。西蒙·史密斯·库兹涅茨（Simon Smith Kuznets）对英国、美国等14个国家研究后发现劳动生产率会随着经济增长逐步提高，且单位要素生产效率会逐步增长，但是，资本在总报酬中所获比例却是有限的，已经从最高的 40% 多下降到 20% 左右。在这一过程中，劳动力和资本的投入都会逐步降低，从而使人均产值的稳定增长体现为生产率的快速增长，因此，他提出现代经济增长中人均产值的高速增长主要应归功于生产率水平的提高。他的研究结果还显示出资源等有形要素投入只能解释经济增长的 25%，而生产率的贡献则高达 75%。舒尔茨（Henry Schultz）重点关注了人力资本在经济增长中的作用。他研究了美国 1929~1957 年人力资本对经济增长的贡献，并发现在此期间美国经济增长的 33% 都可以由教育改善导致的人力资本提升来解释。

国内外大量学者也对中国经济增长的要素投入状况进行了测算和研究。乔（Chow，1993）对中国 1952~1980 年的工业、建筑业、运输业和商业四个非农产业研究后发现，在此期间中国经济增长的主要贡献是资本形成，其次是劳动力投入，均不存在技术进步的作用。胡和汗（Hu and Khan，1997）在此基础上继续进行研究，并得到 1979~1994 年生产率的年增长速度达到 4%，对经济增长的贡献率达到 40% 以上。王小鲁（2000）测算出中国 1979~1999 年资本、劳动、人力资本和全要素生产率在 GDP 增长中的贡献分别是 61.45%、9.76%、11.2% 和 17.59%。张军扩对中国 1953~1989 年劳动投入、资本投入和全要素生产率对经济增长的贡献进行了计算，并按照"五年计划"的实施阶段进行比较。他发现改革开放前（1953~1977 年）这三种要素的贡献率分别是 12.9%、86.7% 和 0.1%，改革开放后（1978~1989 年）的贡献率分别是 9.6%、61.6% 和 28.7%。董敏杰和梁泳梅（2013）考察了 1978~2010 年中国经济增长的来源，认为劳动和资本的贡献率分别是 3.7% 和 85.4%，而全要素生产率（TFP）的贡献约为 10.9%，如不考虑 2008 年之后金融危机的影响，则劳动、资本和 TFP 相应的贡献率分别是 3.3%、76.0% 和 20.7%。另外，他们还分阶段、分区域考察了相应的经济增长来源，一致性的结论是要素投入尤其是资本投入是各区域经济增长的主要来源，并且其对中部和西部地区的贡献要高于东部和东北地区，但是，技术进步的作用差异较大，呈现的特征是在东部较高，略高于 1/3，在东北地区为 1.8%，而在中部和西部地区却为负。李平等（2013）采用纯要素生产率的方法，利用 1978~2010 年中国总体和省级层面数据，研究了要素投入和 TFP 对经济增长的贡献率，得到中国总体的资本、劳动和 TFP 对经济增长的贡献率分别是 57.86%、8.99% 和 33.14%，在分区域测算中，东部地区资本、劳动和 TFP 对经济增长的贡献率分别是 62.67%、8.97% 和 28.35%，中部地区是 54.83%、10.2% 和 34.98%，西部地区是 48.67%、11.91% 和 39.42%。李兰冰和刘秉镰（2015）对中国 1985～2012 年区域经济增长绩效的要素源泉和动态演化进行了研究。他们发现全要素劳动生产率累积增长率依次高于资本和能源，劳动是绩效改善最明显的生产要素；生态全要素生产率的要素贡献度沿着"劳动—资本—能源"的次序呈现逐步递减特征。郑世林和张美晨（2019）在对研发资本进行处理后，重新估算了 1990～2017 年全国及省级层面的科技进步贡献率。他们发现在此期间科技进步对中国经济增长的年均贡献率达 48.97%，是中国经济增长最重要的动力源泉。

三　简要述评

从古典经济增长理论到新古典经济增长理论，再到新增长理论的演变可以看出，主流经济学对增长理论的研究是基于要素投入视角的分析，只是不同研究对生产要素的认识和假定存在差异，这在很大程度上是受制于时代的限制，从而对生产要素在经济增长过程中发挥作用的认识出现差异。农业时代，价值的主要来源是土地，因此土地和劳动是经济增长的主要动力；工业时代，人们发现对土地和劳动的价值创造能力存在瓶颈效应，因此开始重视资本和技术的作用。依此类推，到了工业化后期和信息时代，技术进步、信息和制度的重要性更加凸显。古典经济学虽然认识到了影响经济增长的多种因素，但并未给出完全清晰的逻辑关系，新古典经济增长理论为了进行数理建模，只能忽略一些难以模型化的因素而进行简化处理。但随着时间演进，一些未被内生化的因素开始成为推动经济增长的重要因素，既有模型难以对此给出解释和预测，因而经济学家开始大量引入数学或物理建模工具，克服了既有模型的弊端。总之，可以看出，无论哪个阶段的经济增长理论，其增长动力都可以简要归纳为要素投入，大体来说就是土地、资本、劳动和技术，但由于这些生产要素具有不同特点，产生的边际收益状况也不同，从而能够产生的外部性大小存在较大差异，这就造成了拥有不同要素禀赋地区的经济增长出现了差异。但是，基于要素投入的主流经济增长理论由于过于重视数理模型的构建，仍然存在很多缺陷，比如之前提到其缺乏对经济增长空间维度的分析等，这也就促成了其他学科领域的快速发展和完善。

第二节　基于聚集理论的增长动力研究

自从新经济地理学产生以后，关于聚集与增长的关系逐渐成为理论研究热点，很久以来两者似乎是互不相关的研究领域。理论模型构建基本都是以新经济地理学框架为基础，引入内生经济增长机制，而且大都认为聚集是推动经济增长的根本动力，但实证研究结果却呈现出较大差异。这里对两类研究进行简单总结，并对两者呈现的分歧和原因做出简要述评。

一　理论研究

沃尔兹（Walz）较早研究了聚集和增长之间的关系。他假定由知识溢出产生的外部性是全域的，研发部门存在规模经济，劳动力可以在区际自由流动，制造业利用研发部门的差异化中间品作为投入，从而地方经济增长就来源于创新部门因聚集所产生的规模收益。当两个地区要素禀赋差异足够大时，核心—边缘结构稳定，此时经济增长只会在一个地区产生，如果地区要素禀赋状况相似时，就会出现多重均衡。沃尔兹在此基础上把模型拓展为三个区域。鲍德温（Baldwin）将资本内生积累产生的跨期联系引入模型，分析由需求产生的循环累积因果关系带来的聚集和增长效应。但这个模型中的经济增长是外生的，并未实现内生增长和聚集的完全整合。马丁和奥塔维诺（Martin and Ottaviano）在马丁和罗格（Rogers）的区位框架基础上引入罗默（Romer）的内生增长机制，实现了聚集和增长的内生化，也就是全域溢出模型。在这个模型中资本积累产生的外部性是全球性的，从而资本偶然性聚集产生的循环累积效应会导致研发成本降低，进而促进聚集并提高长期经济增长率。但现实中资本积累产生的外部性并非全域溢出的，因此鲍德温、马丁和奥塔维诺（Baldwin，Martin and Ottaviano）还研究了资本积累是局部溢出的情况。山本（Yamamoto）在此基础上又将现代部门细分为中间产品部门和制造部门进行研究，并假设中间产品部门的市场结构为垄断竞争而制造业部门是完全竞争，这种拓展产生了更加丰富的研究结论，即当贸易成本较低时，制造业部门会出现国际贸易而中间产品部门则完全聚集于一个地区，增长率实现最大化；当贸易成本较高时，中间产品部门和制造业部门都不完全聚集，且不存在制造业部门的国际贸易，尤其是当中间产品的贸易成本足够高时，将没有经济增长出现。另外，布莱克和亨德森（Black and Henderson，1999）探讨了城市化和增长效率以及经济增长如何影响城市化的关系。他们假定人力资本投资产生的外部性代替本地资本积累成为经济增长的源泉，即城市中人力资本积累越多，溢出越大，从而会导致城市规模越大，同时还伴随着城市数量的增加；另外，模型还探讨了城市中出现的收入分配不均问题。国内学者对聚集和增长进行整合研究的理论并不多见，谭成文是其中较早的研究学者，他在藤田和蒂斯（Fujita and Thisse，2002）研究的基础上，将熟练劳动力分为专利研发和用于人力资本的积累，并假设存在劳动力增长，从而使模型对现实的解释力更强。他认为熟练劳动力服从一个分布，而且这一分布存在一个最优比例，当地区劳动力分布接近该比例时，该地区将成为聚集核心，但是，区域之间的博弈却并不一定会导致均衡结果就是整体上的最优结果。

二 实证研究

可以看出，关于聚集和增长的研究中，无论是物质资本聚集还是人力资本积累都会导致聚集规模增加，从而产生经济的持续增长。现实状况也体现出这一总体特征。鲍德温发现欧洲在18世纪末增长起飞期时，增长急剧加速（人类经济历史上的第一次），这与戏剧性的、突然的世界水平的聚集过程发生在同一时间。但是，实证研究却并未取得一致性的结论，主要包含两类观点：一是认为聚集能够提高地区生产率并促进区域经济增长，二是认为聚集能够促进地区经济增长，但作用有限且只在一定条件下才成立，有时候其至还会对地区经济增长产生阻碍作用。

　　在第一类研究中，布伦哈特和马蒂斯（Brülhart and Mathys，2008）考虑了 20 个西欧和东欧国家，西欧国家的样本期间是 1980~2003 年，东欧国家的样本期间是 1990~2003 年，研究覆盖了制造业和金融服务业的 8 个产业。他们估计出的聚集收益非常大，生产率和密度的长期弹性值达到 0.13。同时，更有意义的是，他们估计的聚集效应强度似乎随时间递增。孔贝斯等（Combes et al.）利用法国数据得到的聚集和代表地区生产率的工资之间的弹性值是 0.027，德拉洛卡和普加（de la Roca and Puga）对西班牙的研究结果是，当不控制聚集的动态效应时，该弹性值是 0.025。科斯塔和奥弗曼（D'Costa and Overman，2014）利用英国数据得到的结果是 0.016。格鲁特等（Groot et al.）以荷兰为研究对象，他们发现在控制了个体变量和城市产业时间固定效应，但未控制个体固定效应时，得到的估计结果是 0.021。还有直接将聚集和地区经济增长率进行回归得到正向关系的研究。克罗泽和柯尼格（Crozet and Koenig）利用欧盟 1980~2000 年地区层面数据得到了两者之间的正向关系，并且聚集程度越高的地区，经济增长越快。布劳杰尔姆和博格曼（Braunerhjelm and Borgman）对瑞典 143 个行业研究后发现，聚集程度高的区域，经济增长率也更高，并且高技术行业和原材料需求更大行业的聚集对经济增长的促进作用更为明显。在对我国的研究中，罗勇和曹丽莉（2005）利用代表地理集中状况的 EG 指数，对我国电子通信设备制造业 1993~2003 年的产值和聚集状况进行了研究，发现两者呈现高度正相关关系。范剑勇（2006）利用中国 2004 年 119 个地级市层面的数据，研究了非农就业密度和地区劳动生产率的关系，得到的相关弹性值是 8.8%，显著高于欧美发达国家 5% 的水平。刘修岩（2009）利用 2003~2009 年我国地级市层面的数据，研究了就业密度、专业化水平和城市非农劳动生产率的关系，并得到了就业密度、专业化水平与城市非农劳动生产率的显著正相关关系。潘文卿和刘庆（2012）测算了 2001~2007 年我国各省（区、市）两位数制造业的赫芬达尔-赫希曼指数（HHI），并将其对地区经济增长回归后发现，制造业聚集显著促进了经济增长。杨浩昌等（2018）基于 2003~2012 年中国 285 个地级及以上城市数据，研究了产业聚集和全要素生产率之间的关系，实证结果显示制造业和生产性服务业聚集都显著提升了全要素生产率，且生产性服务业聚集的促进作用更加明显。郭卫军和黄繁华（2021）利用全球 82 个国家和地区的面板数据研究了产业集聚和经济增长质量的关系，发现制造业和服务业的集聚水平提升有助于改善一国的经济增长质量。

第二类研究出现的时间较晚。首先提出这一观点的是美国学者威廉姆森（Williamson）。他提出聚集对经济增长的促进作用只在经济发展初期才会出现，当经济发展达到一定水平后，聚集的促进作用将会消失，甚至会产生负向影响，这一理论被称为威廉姆森假说。亨德森（Henderson，2003）用城市化来衡量聚集，在对 70 个国家实证研究后发现，聚集对地区经济增长并没有显著影响，只是在一些欠发达国家使用最大城市人口比例衡量聚集时才会显示出促进作用。布伦哈特和斯伯格米（Brülhart and Sbergami，2009）利用 1960~2000 年 105 个国家的跨国数据研究后发现，在达到一定阈值之前，聚集是有利于地区经济增长的。格瓦拉（Guevara，2016）衡量了拉丁美洲的空间聚集效应，并利用空间计量方法研究了它和区域经济增长之间的关系，结果验证了威廉姆森假说的存在。孙浦阳等（2011）利用全球 85 个国家近 10 年的数据，采用 OLS（Ordinary Least Square，普通最小二乘法）和 GMM（Generalized Method of Moments，广义矩估计）方法研究了空间聚集和地区经济增长率之间的关系，认为随着聚集程度加强，聚集收益将会减弱，因此在最贫困地区实施抑制聚集的政策将会阻碍地区经济增长。改革开放以来，我国经济聚集现象非常明显，一些学者的研究结果也表明，我国经济聚集和增长之间的关系与威廉姆森假说相符。徐盈之等（2011）利用中国省级层面数据，采用门槛回归的研究方法，发现空间聚集和经济增长之间存在非线性关系，即在聚集达到门槛值之前有利于经济增长，但超过门槛值之后，聚集将降低经济增长率。刘修岩等（2012）利用中国地级市层面数据也得到了类似结论。陈得文和苗建军（2010）利用我国 1995~2008 年省级层面数据分析了空间集聚对区域经济增长的关系，发现两者之间存在 U 形关系，并据此认为聚集是导致产生区域差距的重要因素。陶永亮等（2014）利用中国 2003~2011 年 286 个地级市及以上层面的数据，采用两类聚集指标，验证了这一关系的稳健性，并且对 GDP 的门槛值进行了测度。董直庆和王辉（2019）关注了城镇化对经济增长的空间经济关联，发现地区集聚能力差异引发城镇化的经济增长出现了非常明显的异质性。丁任重等（2021）基于 7 个国家级城市群实证研究了城市群对经济增长的带动作用，并发现不同城市群分别呈现出了"倒 N 形"、"倒 U 形"和"U 形"特征。

三 简要述评

从上述研究可以发现，理论研究和实证研究结论并不完全一致，甚至不同实证研究得出的结论也存在差异。主要原因是在理论研究中，模型设定会使聚集必然导致要素禀赋优化，而要素禀赋优化会降低企业生产或者创新成本，从而进一步促进聚集，这就形成了聚集、要素禀赋优化和经济增长的相互促进关系，三者之间关系是内生的，所以得到的结论必然会是聚集能够促进区域经济增长，实现动力转换。在实证研究中，一方面由于长期以来经济聚集程度较低，因此，从总体演变趋势看，即使聚集并未改善地区要素禀赋状况，也可能会因为交易成本降低而提高生产效率或经济增长率；另一方面，在实证研究中如果只考虑两者之间的简单线性关系，由于无论是在世界范围还是在中国改革开放以来的表现中，聚集度提高和地区经济增长都可以说是一个总体趋势，而拥挤成本的出现及扩大只是近期在少数地区才有的现象，因而，从总体层面看，结论必然是正向关系。但是，地区经济增长或是说生产率水平提高一方面可能是由于聚集机制发挥作用，即在原有要素禀赋基础上的净收益，另一方面也可能是由于聚集吸引了更多好的企业和优秀个体所致，即聚集导致了地区要素禀赋的优化，在这种情况下，对于要素禀赋优化、聚集和经济增长三者之间的内生性是否进行控制将会对研究结论产生较大影响。如章元和刘修岩（2008）发现，当不考虑内生性，用简单的 OLS 回归时，聚集对城市人均 GDP 增长率呈现不显著的负效应，但是当考虑聚集经济内生性时，两者呈现显著的正向关系。同时，从上述实证研究还可以看出，控制变量和实证方法的选择也是产生结论差异的重要原因。因为控制变量的选择会减弱遗失变量问题，实证方法的选择既可以避免内生性问题又可以考虑更细微的演变关系，比如相关核心解释变量二次项的引入等。因此，研究聚集和经济增长之间的准确关系必须考虑地区要素禀赋状况，并且地区要素禀赋才是决定聚集经济强度和经济增长动力转换的关键。

第三节　基于制度理论的增长动力研究

一　理论研究

诺斯给制度下的定义是："制度是制度要素的组合，要素共同作用形成授权、引导和激励行为的规则。"制度变迁和经济增长之间的内在关系是理论经济学研究的一个重要问题。新制度经济学诞生于 20 世纪七八十年代，相关学者更加深入地探讨了经济增长动力及其来源问题。以斯密的分工理论为例，如果说现代经济增长的原因是以分工为主的斯密动力，那么新制度经济学探讨了斯密动力产生的最终来源。他们认为只有实施有效合理的制度、对执政者有效约束及采取严格的产权保护才能激发民间投资行为并实现技术进步，经济也才能够实现持续增长。诺贝尔经济学奖获得者道格拉斯·诺斯等（2009）在《西方世界的兴起》中提出："本书的中心论点一目了然，那就是有效率的经济组织是经济增长的关键，一个有效率的经济组织在西欧的发展正是西方兴起的原因所在。"

秘鲁制度经济学家狄索托认为，西方国家 200 多年的经济增长都是财产制度逐步改进的结果。"财产制度使经济人可以发现和实现其所拥有资产的潜能，这使得币值稳定，从而为增加生产而融资。"西方国家得以促进资产、货币流通顺畅的因素和社会机制才是促进资本长期增长的重要原因，为了更形象地呈现这一机制，他还做了一个非常生动的比喻："正如电能一样，假如没有产生和承载它的那些关键设备，它就不能被生产出来。正如一片湖水需要一个水电站才能产生能量一样，资产需要一种正式的财产制度才能产生大量的剩余价值。"奥尔森在《国家兴衰的探源》中指出，具有"稳定或自由的法律秩序"的国家，"其经济就会相当迅速地增长"。阿西莫格鲁等（Acemoglu et al., 2005）认为包括政治制度和产权制度在内的各种社会秩序会提前于经济发展而产生，从而对经济增长产生重要决定作用。可能也正因为此，众多制度经济学家才提出资本和劳动只是实现经济增长的手段或结果，而非原因。

对于制度决定经济增长的理论也受到一些学者的批判和质疑，拉詹和津加莱斯（Rajan and Zingales，2003）提出，如果经济增长由制度决定，那么为何在当前制度较为完善的发达国家还会出现剧烈的金融波动和经济增长波动？阿西莫格鲁也认为制度和经济增长之间的作用关系其实并不完全确定。格莱泽等（Glaeser et al.）指出，在人类发展的初级阶段其实并不存在政治制度，它只是教育水平、技术进步伴随经济增长发展到一定阶段的产物，因此，政治制度不可能是根本性的经济增长动力。刘易斯（1990）承认制度对经济增长的促进作用，但同时也提出，不能将制度变迁当成经济增长的唯一和首要因素，制度之外的其他因素对经济变动的影响更大。他在《经济增长理论》中写道："制度对增长的促进取决于制度把努力与报酬联系起来的程度，取决于制度为专业化和贸易所提供的范围，以及制度允许寻求并抓住经济机会的自由。"1971 年诺贝尔经济学奖获得者西蒙·库兹涅茨在颁奖仪式上做了题为《现代经济增长：事实与思考》的演说，其中给经济增长下的定义是："一个国家的经济增长，可以定义为向它的人民提供品种日益增多的经济物品这种能力的长期的增长，而生产能力的增长所依靠的是技术的改进，以及这种改进所要求的制度和意识上的调整。"这一定义充分说明制度和意识形态只是技术促进经济增长的保证而非源泉。

二　实证研究

在实证研究方面，学者们也进行了大量探索。阿萨内和格莱美（Assane and Grammy，2003）对制度质量和人均收入水平进行了实证分析，发现两者之间呈现正向关系，这间接表明了制度和经济增长之间的正相关关系，其局限性是并未说明如何对制度做出全面度量。格沃特尼等（Gwartney et al.，2006）用经济自由度来衡量制度优劣，实证分析了制度质量和投资之间的关系，还分析了其如何通过投资来影响经济增长，但是，投资只是经济增长的一个方面，这显然并不全面。简科夫等（Djankov et al.）把韩国、朝鲜和欧洲一些国家的经济增长进行对比后发现，制度决定论的观点依赖于特定工具变量，利用人口密度、是否有被殖民的经历以及人口死亡率作为工具变量难以对制度给出准确度量。哈恩和斯特姆（Haan and Sturm）经过研究后发现，经济自由可以有效促进经济增长。杜库利亚戈斯和乌鲁巴孛鲁（Doucouliagos and Ulubasoglu，2006）利用1970~1999年82个国家或地区的数据，研究了经济自由和增长之间的关系，结果发现两者之间存在直接的正向关系。珍尼帕科宁（Jenni Paakkonen）研究了苏联和东欧经济体后发现，在经济自由程度较低时，提高经济自由水平可以促进投资并对经济增长产生正向作用，但是，当经济自由达到一定程度时，继续强化经济自由可能会抑制投资，进而抑制经济增长。劳等（Law et al.，2013）对60个国家的经济发展和制度进行了Granger因果关系检验，发现两者之间存在双向因果关系，且在不同国家的差异较大，在发达国家是制度质量促进经济发展，而在欠发达国家是经济发展倒逼制度质量改善。类似研究还有芭芭拉等（Barbara et al.）和弗朗西斯卡（Francesca，2017）等。张军扩等（2019）用更新的数据和更综合的方法，对中等收入国家迈向高收入国家的"制度高墙"现象进行了跟踪研究和拓展分析。

还有很多学者利用中国数据研究了制度变革和经济增长之间的关系。胡晓珍和张卫东等（2010）将制度因素引入资本和劳动的产出份额，并利用1995~2007年中国省级层面数据研究了制度环境对经济增长差异的影响，结果表明制度环境会通过对地区技术水平的影响，产生经济增长水平的差异，其中所有制改革、对外开放、财政体制改革都有利于地区经济增长。王军等（2013）将制度因素引入内生经济增长模型并认为，维持改革动力稳定以及对制度变迁实行规则化管理将有助于经济增长的稳定发展，然后构建了衡量制度的综合指标，并利用VAR模型对该指标和中国经济增长率进行分析，结果表明两者之间存在较强的相关性。陶长琪和彭永樟（2018）采用双变量门槛模型对我国2001~2015年省级层面数据进行了研究，从制度质量视角分析了经济增长动力从要素驱动向创新驱动转换的内在路径。毛伟（2020）基于我国2003~2016年省级层面数据的研究发现，中国制度质量和经济增长显著正相关，但是制度的"门槛"效应已经有所显现，另外还通过中介效应模型研究了制度变革推动中国经济增长的主要路径。王军和常红（2020）利用古典经济增长理论，阐述了制度环境、金融发展和经济增长之间的关系，并利用我国1978～2017年的时间序列数据研究了金融发展与经济增长之间的关系，同时检验了制度环境在其中发挥的作用。王孝松和田思远（2019）利用中国2000～2014年对外援助的面板数据，实证研究了中国对外援助和制度质量对受援国经济增长的影响。最近还有很多学者从治理质量（刘建党等，2020）、产权保护（卢现祥和滕宇法，2020），分权制度改革的下放时序（李永友等，2021）以及营商环境（李言和张智，2021）等从更加具体的角度研究了制度变革对经济发展的影响。

三　简要述评

虽然关于制度对经济增长的影响在古典经济学甚至更早阶段已经受到学者们的关注，但是，更为正式且系统论证两者关系的研究是在现代制度经济学兴起之后才逐渐丰富。本质上，制度对经济增长的影响主要是有效的制度更有利于保证经济主体的权利，从而能够释放出更多生产要素或提高生产效率，进而促进经济增长，而无效制度会导致经济主体耗费过多精力在维护自身权益上，这会分散或抑制经济增长的动力。不可否认，制度对经济增长有促进作用，但也正像有些学者已经验证过的那样，制度对经济增长的影响有阶段性，制度不完善时，会存在程度较低的经济增长，而在制度较为完善的地区，也可能存在经济衰退，因此，可以认为制度可能和劳动、资本等有形生产要素一样，只是促进经济增长的一个因素，并且它也存在一定适用性，从而会出现和有形生产要素类似的报酬递减规律，只是这一报酬递减趋势存在其自有的一些特征。当前，中国提出要继续深化改革，释放更多改革红利，其理论依据正来源于此。这一过程正像刘易斯（1990）所说的："制度可能沿着有利于增长的方向变化，但也可能沿着限制增长的方向变化。"因此，问题的关键就转变为马克思所提出的经典论点，即生产力决定生产关系，当生产关系适应生产力时会促进生产力的发展，而当生产关系不适应生产力时，就会阻碍生产力的发展。制度就是这里提到的生产关系。

第四节　基于结构变迁的增长动力研究

对结构的研究最早来自哲学领域，其结构主义思想重点关注总体中各组成部分之间的相互关系。瑞典心理学家、结构主义学者皮亚杰在《结构主义》中研究了心理学、经济学和物理学等多个领域中有关结构研究的思想。他提出："结构是一种关系的组合，各种成分之间的相互依赖，以它们对全体的关系为特征。"结构变迁和经济增长一直也是经济学领域最重要的研究内容之一。庄佳强和徐长生（2009）、梁俊和龙少波（2016）、王弟海等（2021）对国内外相关研究进展从供给和需求等视角进行了详细的总结和评述。这里仅对一些代表性观点或国内的最新研究进行简单梳理。

一　理论研究

早期古典经济学家已经关注到结构变迁对经济增长的作用。威廉·配第研究了 17 世纪英国的经济状况后发现，农业、工业和商业之间存在较大的收入差距，收入水平体现出"商业＞工业＞农业"的规律，这使得劳动力从农业流向工业然后再流向商业。这一研究结论可以被看作经济结构理论的萌芽。亚当·斯密提出，除了劳动生产率，决定一国富裕程度的因素还应当包含生产性劳动和非生产性劳动的比例，因此为了增加一国的财富和收入，应当增加生产性劳动而减少非生产性劳动。马克思也提到了经济中的结构问题，他把社会再生产分为第一部类（资本品的生产）和第二部类（消费品的生产），并认为不断下降的利润使资本家不断进行技术创新，而随着资本增加，失业率将提高，从而降低消费者的支付能力，并最终形成生产过剩，因此资本主义在特定结构下的增长必然以经济危机为特征。到了第二次世界大战之后，关于结构变迁的研究出现了分化，一是基于理性人假设下的新古典经济学派。他们认为经济增长的根源是基于资本、劳动和技术进步等要素投入所推动的，结构变迁只是经济增长的结果而非原因，所以在新古典增长理论和内生增长理论中都未体现结构变迁的作用。二是研究以欠发达国家为主的发展经济学家。他们认为结构变迁不仅是经济增长的结果，更是推动区域经济增长的重要因素，因此发展经济学家建立了以结构变迁为研究对象的结构主义学派，并使关于经济结构的研究成为热点内容。因为，本质上结构往往比总量更能体现出事物的本质和运行规律，比如库兹涅茨就认为"如果没有结构转变，持续的经济增长将不可能实现"。美国经济学家泰勒（1990）认为"一种经济体系，如果它的制度和成员的行为，在资源分配过程中逐步发展形成某些格局，它就有结构"。钱纳里等（1989）也提出"把发展中国家的增长进程理解为经济结构全面转变的一个组成部门最恰如其分"。可以说，现在已经基本形成了结构变迁和经济增长之间是互为因果关系的共识。

发展经济学家建立的结构主义理论是以 Rosenstein-Rodan（1943）提出的大推进理论为开端，并由 Chang、Myrdal、Hirshmana 等学者不断推动和完善的一套理论。它运用结构分析方法来论述发展中国家如何实现经济赶超的路径。刘易斯建立的二元经济结构分析体系将发展中国家的经济结构刚性进行了理论化和空间化，从而为结构经济学的发展奠定了基础。普雷维什（Prebisch，1962）的"中心—外围"理论认为这种结构演进将会使外围地区严重依附于中心地区，从而难以实现经济增长，因此，外围地区应当采取进口替代战略来实施赶超。另外，旧结构经济学还提出了平衡增长理论和非平衡增长理论。平衡增长理论的代表人物是纳克斯（Nurkse，1952），他认为对发展中国家和贫困地区来说，为了打破贫困的恶性循环，需要同时对经济系统的各部门进行大规模投资，这和罗森斯坦-罗丹的大推进理论是一致的，因为"一点一点地向前推进，在功效上并不能与各个部分相加的总和相等"。经济增长的过程颇有点像发动一架飞机从场地起飞。在飞机飞向空中之前，有一个临界速度，必须超过这个速度，飞机才能飞向空中（马颖，2002）。赫希曼认为经济增长应当采取不平衡战略。他提出由于经济系统各个部门之间都是相互联系的，所以应当优先发展产业结构中关联度最大的产业，这才能达到最优投资效果。鉴于产业结构和经济增长之间所存在的正向关系，后来学者将其称为"结构红利"［蒂默和西尔莫伊（Timmer and Szirmai）、佩内德（Peneder）]。为了对这种关系做出更加缜密的分析，大量学者开始进行数理建模。有以恩格尔理论为基础从需求结构演变进行建模分析的墨菲等；有从供给角度的部门技术进步偏向差异进行建模分析的鲍莫尔（Baumol，1967）、恩盖和皮萨里德斯（Ngai and Pissarides，2007）；还有从供需多个角度进行分析的。另外，我国也有大量学者对此进行理论研究，如陈晓光和龚六堂、陈体标（2007）、李尚骜和龚六堂（2012）等。在对结构变迁的研究中，尤其值得注意的是以林毅夫为代表的新结构经济学派。林毅夫（2010）称新结构经济学为"经济发展过程中结构及其变迁的新古典框架"。林毅夫主要利用了新古典方法研究经济结构的影响因素和动态演变过程。其核心观点主要包含三个方面：首先，一个国家的要素禀赋结构（一个国家拥有的土地、劳动和资本的数量）是内生给定并会发生变化的，而持续的经济发展正是由这要素禀赋结构的演变和技术进步所推动的；其次，经济发展的阶段并非像罗斯托提出的那样，由间断性的几个阶段所组成，而是一个从贫穷到富裕的连续谱所构成；最后，市场才是调节资源配置的有效机制，政府只应当负责处理外部性问题和协调问题。

二 实证研究

在实证研究方面，对结构变迁和经济增长关系的研究主要集中在产业结构上。比如较早提出的配第-克拉克定理。克拉克（Clark）研究了不同收入状况下从业人员在三次产业中的结构变动趋势，并且证实了配第的观点。霍夫曼（Hoffmann）利用多个国家的长期工业统计资料，检验了工业化过程中消费资料产业和资本资料产业产值变动的规律，并提出国家的产业结构变动应当呈现出由轻工业向重工业转换的趋势，这被称为霍夫曼定理。钱纳里（Chenery，1960）利用 51 个国家或地区的数据研究后发现，第二产业发展和经济总量的快速增长之间存在较大的相关性，而第一、三产业的相关性并不明显，因此，产业发展的确定和选择一定会影响经济增长水平。库兹涅茨（Kuznets，1966）明确表明产业结构变迁是推动经济增长的直接原因，他对 50 个国家或地区的数据研究后发现，制造业在经济增长过程中会快速扩张，劳动力和资本会按照生产率高低从农业向工业和服务业转移，从而实现经济增长，这被称为库兹涅茨事实。国际上关于结构变迁和经济增长的研究也非常多。斯威克（Swiecke）利用 1970~2005 年 45 个国家或地区的数据研究了技术进步、偏好、国际贸易和产业间相对工资变化对结构变迁和区域经济增长的影响。结果表明技术进步、国际贸易和产业间相对工资变化对结构变迁和区域经济增长都会产生非常显著的影响，而偏好是解释农业就业比例下降的关键。麦克米伦和罗德里克（McMillan and Rodrik）利用 1990~2005 年 38 个国家和地区关于就业、产业增加值和劳动生产率的数据，研究结构变迁对劳动生产率的影响。结果表明在亚洲存在明显的增长推动作用，但在非洲和拉美等地区却表现出增长弱化迹象。Uy 等利用韩国数据研究了全球化和国际贸易对结构变迁和经济增长的传导效应。他们考虑了恩格尔效应、相对价格水平和国际贸易三个主要因素，发现开放效应会对结构变迁和经济增长产生重要影响，而国际贸易则会通过三种机制影响结构变迁。

随着中国的快速崛起，国内外很多学者对中国产业结构和经济增长之间的关系给予了高度关注，但是，得出的结论并不完全一致。刘伟和张辉（2008）把产业结构变迁效应从全要素生产率中分离出来，发现中国产业结构变迁对经济增长的影响在改革开放初期较大，但随着市场化深入，其作用呈现逐渐弱化的趋势。干春晖等（2011）研究了产业结构合理化和高级化与经济增长和波动的关系，结果表明产业结构合理化对经济增长有着较为稳定的影响，而产业结构高级化的影响却具有较大不确定性。杨子荣和张鹏杨发现，金融结构只有与特定发展阶段要素禀赋及其结构决定的产业结构相适应时，才能够促进经济增长。史丹和白骏骄（2019）构建了一个基于创新模式、产业结构和经济增长的理论分析框架，并发现在创新不足时，服务业超过制造业过快发展造成的产业结构早熟，会对经济增长带来负面影响。车明好等（2019）发现产业结构高级化和经济增长之间存在非线性关系，而产业结构合理化是决定两者关系的门限变量。白雪洁和周晓辉从空间溢出角度进行了研究，他们考虑了不同空间权重矩阵及可能存在的模型偏误后，都发现产业结构升级具有明显的空间溢出效应，并会通过这种效应推动经济增长，硬设施和软环境是其中重要的调节机制。吴华英等（2021）还从经济增长质量角度，利用修正的份额变化分析法研究了产业结构变迁的影响机制和效应。结果表明中国产业结构变迁从 2015 年以来对经济增长提升产生了不利影响。

三 简要述评

由于结构红利的实质是生产要素从生产率较低部门流向生产率较高部门所产生的收益，将这一理论深化后，国内外学者对结构变迁的研究从产业结构向多个领域或者从多个不同视角都有了大量拓展，其中包括投资结构、城乡结构、就业结构、收入分配结构、金融结构、消费结构、所有制结构等，对此不再详细论述。这里主要强调两点：一是结构的表现形式和类型是多元化的；二是只要结构的不同部分之间存在生产率差异，那么结构变迁就会对经济增长产生影响。

已经提到，结构变迁之所以能够对经济增长产生影响的根源是经济系统不同组成部分之间生产率的差异，即当把生产要素转移到生产率较高部门时可以带来更大产出，因此，一个经济系统如果想增长得更快就需要更加重视生产率高的部门，这是结构高级化的过程。与此同时，由于经济系统各部门之间是相互联系、相互协调的，所以单独任何一个部门的发展都是片面且不可持续的，加上各组成部分之间存在的差异性，这必然会出现部门之间的协调和耦合问题，因为只有各组成部分之间相互协调、相互适应才能得到更大的组合效应，这一过程是结构合理化的过程。生产要素在部门之间的配置准则是生产效益最大化，这主要需要依靠市场来进行调节。如果说从要素投入角度看待经济增长是总体分析或宏观分析的话，那么从结构角度研究经济增长就是局部分析或微观分析，即总体来看，要素投入增加一定会促进经济增长，但是，这些要素投入究竟在经济系统的哪个部门产生的效率更高？这从总体角度并不能得到完全显现，此时就需要考虑局部或者是微观层面的因素，即结构的作用。单独只考虑总体或局部的因素都将会影响对事物本质的把握。

第五节 关于要素禀赋、产业结构优化
与经济发展关系的研究

从广义视角看,资本、劳动、技术、制度等都可以看作一个地区的要素禀赋（王建廷,2007）,因此,之前关于要素投入和制度理论的研究述评也就是对要素禀赋和经济发展之间关系的总结。对于产业结构优化,一方面可以从空间上理解为产业的聚集与转移,另一方面又可以从结构优化层面理解为产业的转型和升级,因此之前关于聚集理论和结构变迁的理论述评也就是产业结构优化升级与经济发展关系的总结。对于从微观、中观和宏观三维角度研究三者关系的理论相对较少。Ju 等（2015）对此做出了开创性贡献。通过构建增长模型,该研究提出要素禀赋结构达到一定强度后,将会促成一个新产业的形成和发展,并不断被新产业替代,进而导致产业结构不断优化升级,最终促进长期经济增长。任保平等（2020）对此也进行了较为系统的机制研究,并搭建了一个框架。他提出我国高质量发展的实现路径应当从宏观上实行供给侧结构性改革,中观上推动产业结构优化和区域经济均衡发展,微观上则应通过市场机制和政府干预提升企业效率。基于上述梳理,下面仅对要素禀赋与产业结构优化的研究进行总结,这也是承接三者关系的重要内容。

一 要素禀赋与产业结构优化的理论研究

关于要素禀赋与产业结构的理论思考,在产业结构理论的形成时期就已有所体现。无论是配第定理,还是魁奈把农业和工业两大部门之间的流通当作再生产的基本要素,抑或是李斯特（1961）提出的产业结构演进五阶段理论:"在经济方面来看,国家都必须经过如下五个发展阶段:原始未开化期,畜牧时期,农业时期,农工业时期,农工商时期。"这些理论都不同程度地提到了与不同产业发展阶段或不同产业相匹配的要素禀赋。当然,最早明确提出应当从要素禀赋角度研究产业发展的理论是赫克歇尔-俄林定理（H-O 定理）,它来自国际贸易领域。世界银行原副行长、经济学家 Chenery 等（1986）认为,经济发展结构成功转变的路径和方式主要

受一国要素禀赋、初始经济结构以及发展战略的影响。波特（Porter，1990）认为，产业升级也就是资本要素相对于劳动力要素不断富余的过程，当然这一过程并非随机的，而是沿着全球价值链逐步攀升。这些理论的核心是传统的比较优势理论和竞争优势理论，它们尽管考虑到了要素禀赋与产业结构演进的相互关系，但仍不够明确，且并未进行较为深入的研究与思考。以林毅夫教授为代表的新结构经济学派对该领域做出了大量自主创新，在全面总结大量发展中国家的经验和教训基础上，尤其是结合中国本土的发展实际后，认为一个国家的要素禀赋状况是随时点发生变化的，产业结构及其转型升级内生于地区要素禀赋状况（林毅夫，2010、2017）。林毅夫指出"一个经济体在任何时点上的最优产业结构……是由该经济的比较优势决定的，而后者又由该时点上经济的禀赋结构决定"。徐朝阳和林毅夫（2010）拓展了拉姆齐模型，从数理层面验证了产业结构由要素禀赋结构内生决定，且要素禀赋结构决定了产业结构的升级水平。之后大量研究不断丰富和完善着这一理论体系。

二 要素禀赋与产业结构优化的实证研究

在我国进入高质量发展阶段后，人口红利正在持续弱化或消失，占据我国主导地位的劳动密集型产业也正在逐步失去以往的比较优势，产业结构升级处于一个新的发展阶段，面临着新的转型和方向选择。这引起了大量学者的高度关注，开始从多方面总结我国的产业结构演进历程和规律，并开展了大量实证研究。这里仅对此进行简要归纳。

最近关于两者关系的实证研究大致可以分为两类：一类是以产业为核心，认为产业自身并没有先进落后之分，只是由于要素投入方式、配置结构或利用效率差异所带来的产业发展水平差异，因而，通过调整产业内要素配置，即可实现产业结构的优化升级。赖敏（2019）研究了土地要素错配对中国产业升级的影响。张军（2019）认为要素成本的变动通过影响科技创新，然后作用于产业结构升级。苗建军和韩经纬（2020）、武翠等（2021）研究了要素市场扭曲对中国产业结构升级的影响效果或中介机制。孙巍和徐邵军通过理论模型分析和实际数据模拟研究了要素流动、产业结构变迁和区域经济差距之间的关系。结果表明产业结构调整造成了中国区域经济差距的扩大，而产业结构差异对生产要素流动的引致需求又进一步造成了产业结构发展的区域不平衡，形成了"要素追逐技术"现象。吕明元等（2018）通过研究1995~2015年中国30个省的发展状况后认为，产业结构升级的标准是生态化水平，而要素禀赋结构决定了产业结构的生态化水平，违背要素禀赋的比较优势将会阻碍产业结构的生态化演进。罗浩轩（2021）认为，农业要素禀赋结构遵循从劳动密集型向资本密集型，并最终向技术密集型变迁的规律，农业工业化进程也在此基础上呈现出劳动、土地、资本和技术密集型4个依次递进的阶段性特征，通过实施超越当前农业要素禀赋结构的赶超战略，地方政府可以快速推进农业工业化进程，实现农业的转型升级。随着当前中国进入数字经济时代，数据被当成一种新的独立要素后，关于数据要素深化如何引致传统产业升级及产业结构优化的研究又引起了大量学者的关注（段永琴等，2021；陈晓东和杨晓霞，2021）。

另一类研究更加关注产业的内部细分差异或不同产业之间的差异，着重研究要素禀赋结构差异所引致的区域内不同产业的更替，或者区域间主导产业和产业结构的差异。李跃和蒙永胜（2014）把1998~2012年新疆28个制造业划分为8大类，研究了新疆违背比较优势，优先发展资源依赖型产业所导致的制造业升级困境。郭凯明等（2020）建立了一个产业结构转型的核算框架，以此研究要素禀赋结构、使用效率以及配置效率如何影响产业结构的经济机制，进而在该框架基础上，定量研究了1995~2009年要素禀赋变化对中印两国产业转型升级的影响。陈普（2020）利用自然条件、人力资源、物质资本、科技、经济结构和制度6大类共23种要素禀赋结构，提出了一种产业距离的度量方式，实证研究了10个低价值行业升级到3个高价值行业的最优路径。欧阳志刚和陈普（2020）选择了包括26种各地区行业和地区层面的投入要素，利用随机森林模型，分析了中国2006~2016年28个省级行政地区的要素禀赋发展和约束状态，刻画了不同行业所依赖的主导要素，进而揭示了各地发展先进制造业和投入要素的路径。

三　简要述评

可以看出，一些学者开始关注要素禀赋、产业结构与经济发展之间的关系，这些研究都在不断深入和系统化。它们不仅从理论机制上厘清了任意两者之间的关系，还从数理上对各种关系研究都给出了严谨的证明。实证研究涉及的领域和角度则更加广泛。应当说，相关领域的研究已经非常成熟。但同时还需要注意到，首先，这些研究关注的核心仍是经济产值的变化，即要素投入变化或产业结构变化对经济产出产生的影响，尽管也有部分学者研究了要素禀赋和产业结构决定下的技术演化路径，但是对经济发展覆盖面，即高质量发展的关注仍显得较为欠缺。其次，对于不同要素禀赋变化的认识过于"均质化"，即尽管认识到了不同要素之间的差异，但对于不同要素累积和结构变动带来的影响仍然认识得不够充分，这主要限于主流经济学均质化建模策略的约束。最后，能够把要素、产业和高质量发展三者结合到一起研究，搭建起一个完整框架进行综合性研究的文献较为稀缺，尽管任保平提出了微观、中观和宏观相结合的思维框架，但是数理研究和实证研究的成果仍然极为欠缺。

第六节　关于高质量发展的研究

一　理论研究

高质量发展是在党的十九大上提出的新命题，是新时代背景下中国经济进一步发展的必然选择。尽管我国早已提出要转变经济发展方式，但与高质量发展并不完全等同。经济发展方式转变注重考察生产效率，对人民福利和区域协调发展等方面却关注不够，而高质量发展包含的内容则非常广泛和综合。高质量发展是一个看似简单却不易把握的概念，其本质特征具有多维性和丰富性（金碚，2018）。现阶段我国经济高质量发展的研究尚处于起步阶段，相关理论研究主要涉及高质量发展内涵和路径机制两类。

关于高质量发展的内涵，不同学者提出了不同思路。已有的主要观点大致可以从系统平衡观、经济发展观和民生指向观进行初步归纳。系统平衡观强调经济系统各个宏微观结构和组成部分的相互协调与均衡发展。张军扩等（2019）更加强调高质量发展的均衡性，提出高质量发展是经济、政治、文化、社会、生态文明五位一体的协调发展，并将高质量发展的表现归纳为 8 个方面。任保平认为高质量发展是经济发展的高级状态，是中国经济发展的升级版。与高速增长不同，高质量发展意味着经济发展不再是简单追求量的扩张，而是量质齐升，是量和质相互协调的演进过程。经济发展观强调经济建设在高质量发展中的支撑作用。汪同三认为微观经济是发展基础，宏观经济是总体水平，民生事业是最终目标。因为经济发展效率是高质量发展的重要动力，所以很多研究都把全要素生产率确定为衡量经济发展质量的具体指标。尽管还有不少研究通过构建综合性更强的指标体系来代表高质量发展水平，但经济增长水平大都占据主导地位。民生指向观认为经济发展的最终目的是满足人的生活需要，高质量发展阶段的目标要更加重视提供产品和服务的合意性，因为随着收入水平上升，人们对产品和服务的品质提出了更高要求，消费需求从"有没有"变为"好不好"（金碚，2018）。

关于高质量发展的路径和机制，学者们结合经济中出现的主要问题，从不同角度提出了相应举措。徐现祥等通过分析发现，当政府目标更加强调经济发展速度时，要素的粗放式投入将占据主导，从而在快速增加经济规模的同时，对经济发展质量产生侵蚀。张军扩等（2019）提出了更多影响经济发展质量的问题，如要素市场化不足、质量保证体系不健全、创新效能缺乏、宏观政策的制定和落实机制亟待完善等。蔡跃洲和马文君（2021）从数据要素内涵出发，在归纳了新的技术经济特征后，提炼了数据要素对经济发展的传导之路，并为数据如何有序流动、支撑高质量发展提出了建议。可以发现，影响中国经济高质量发展的问题是多方面的，因此，学者们提出的路径和措施主要包括以创新驱动为第一动力、加大市场化改革、增强对外开放、坚持结构性改革、制度完善等（余泳泽等，2018；辜胜阻等，2018；周小亮等，2019）。还有部分学者从产业、区域、双循环格局等视角出发，对某些行业或问题区域的高质量发展路径进行了研究。

二　实证研究

实证研究主要包括两大类：第一类是基于对高质量发展内涵的不同理

解，构建高质量发展指标体系，并对我国不同区域进行评价和比较；第二类则在第一类基础上还关注了高质量发展的影响因素。

关于第一类研究，主要思路大都是通过构建多维度的指标评价体系后，应用熵权法、层次分析法或因子分析法等，从时间和空间维度对一个（多个）区域进行研究。空间维度涉及全国层面、城市群层面、省级层面、地级市层面，甚至于县域或农村层面等。在我国早期曾提出经济增长方式转变时，李变花就基于经济结构的合理性，对当时经济增长统计指标进行了修正，并从经济增长、经济效益、经济结构、技术进步、环境保护、竞争能力、人民生活以及经济稳定性方面构建了经济发展质量的指标体系。赵英才等基于效率角度，从产出效率、产品消耗、产品质量、经济运行质量和生产环境质量构建指标体系。钞小静和惠康基于增长的可持续性和人民福利，从经济结构、经济稳定性、增长的福利变化与分配、资源利用和生态环境4个方面构建指标体系。随着经济发展质量日益成为世界各国的共识，国际货币基金组织于2014年提出了包括经济基本面和社会发展两个维度的增长质量指数。师博和任保平（2018）在此基础上构建了基于中国现实的增长质量指数。徐瑞慧（2018）从增长基本面、社会发展和环境保护等方面构建了增长质量指数。还有一些学者基于习近平总书记提出的新发展理念构建评价体系。比如詹新宇和崔培培（2016）基于五大发展理念构建了经济增长质量指标体系。李金昌等（2019）从"人民美好生活需要"和"不平衡不充分发展"这个社会主要矛盾入手，构建了由经济活力、创新效率、绿色发展、人民生活和社会和谐5个部分组成的指标体系。魏敏和李书昊（2018）构建了包含经济结构、创新驱动、资源配置、市场机制、增长稳定、协调共享、产品服务、基础设施、生态文明和经济成果10个方面的评价体系。陈景华等（2020）构建了包含创新性、协调性、可持续性、开放性和共享性5个系统41个指标的评价体系，并采用Dagum基尼系数和Kernel密度估计对中国经济高质量发展的时空特征、区域差异及演进趋势等进行了深入分析。

关于第二类研究，主要是通过计量分析，研究不同因素对经济发展质量的影响效应，并据此提出相应政策建议。如钞小静和任保平（2011）采用逻辑实证主义分析法，研究了改革开放以来中国经济增长结构转换与增长质量之间的关系。马轶群等（2012）利用 VAR 模型研究了金融发展对中国经济增长质量的影响。叶初升和李慧（2014）利用结构方程比较了经济增长质量和可行能力之间的关系。贺晓宇和沈坤荣（2018）采用空间杜宾模型研究了现代化经济体系如何通过全要素生产率提升来推动经济高质量发展。马茹等（2019）利用动态面板模型考察了科技人才对全要素生产率的增长效应。彭文斌和文泽宙（2019）从分工演进视角，实证分析了绿色创新对中国经济高质量发展的影响。徐鹏杰和杨萍（2019）构建空间计量模型检验了扩大开放和全要素生产率对我国高质量发展的影响。另外还值得关注的是，随着我国数字经济规模的扩大，一些学者研究了数字经济对高质量发展的影响。如葛和平和吴福象基于改进的 Feder 两部门模型，探讨了数字经济对经济高质量发展的直接机制和间接机制，并进行了实证研究。李宗显和杨千帆（2021）采用中国城市面板数据对数字经济影响全要素生产率的作用效果和机制进行了实证分析。张腾等（2021）从经济、社会和生态等多维度，深度剖析了数字经济驱动我国经济高质量发展的作用机理和途径，并基于省级面板数据，运用空间计量模型实证检验了相关影响和作用路径。还有很多研究从城镇化、产业发展、耕地非农化、FDI、价值链、产业链等视角进行了实证分析。

三 简要述评

国内外很多经济体在 21 世纪前后开始更加关注经济增长的质量问题，虽然我国学者早期在这方面的研究并不多，但在提出经济增长方式转变以后，研究成果不断丰富，尤其是在提出高质量发展之后，相关成果更是突飞猛进，研究深度和分析视角都不断改进，但也存在一些问题，主要原因是高质量发展的内涵极为丰富，而目前并没有一个完全统一且权威的标准。尽管党中央提出了新发展理念，即基于创新、协调、绿色、开放和共享的五大发展理念，但不同学者基于不同考虑，提出了多样化的指标评价体系。当然，这些多元化的评价体系并非相互矛盾的，相反，这些研究会让我们对高质量发展的理解更加深入和全面。这里主要想说明的是，指标体系多元化可能会导致不同地区基于不同考虑采取差异化的发展对策，尽管这些评价体系只是在侧重面上存在差异，在目标层面上都是为了更好地满足人民群众日益多样化的需求。因而，关于高质量发展研究的着力点实际上应当更加关注提升路径和举措，即从哪些方面入手来推动经济高质量发展。从经济增长角度看，高质量发展是我国经济发展到一定阶段的必然选择，属于宏观层面的目标。它需要从中观和微观层面进行具体分析和落实。在经济学中，微观层面关注的重点是要素投入，中观层面关注的重点是产业，而以往研究将微观、中观和宏观相互结合的成果并不多见，这就促成了本书的主要逻辑思路和研究框架。

第三章
要素禀赋变化推动经济发展的理论基础

本章首先从需求和供给两个层面对发展阶段转变的方向和必然性进行分析，然后着重从供给视角，利用区域经济发展循环理论，分析发展阶段转变下的增长动力机制，在得出要素禀赋是实现经济发展阶段转变的落脚点后，着重研究要素禀赋变化及其与产业结构优化相互协同的理论机理。

第一节　经济发展阶段转变及动力转换的理论

一　供求视角下的经济发展阶段转变理论

从经济学理论和人类社会发展实践可以发现，经济发展阶段的转变就是人类需求和供给交替升级、相互促进的过程，同时无论从哪个视角都可以得出经济发展的循环变迁规律。熊彼特的"循环之流"理论从需求层面解释了经济发展从静态循环向动态循环的转变。郝寿义（2016）提出的区域经济发展循环理论则从供给层面说明了经济发展从初级循环向高级循环的转变过程和动力所在。

（一）熊彼特的"循环之流"理论

熊彼特在其著作《经济发展理论》中把经济发展比作"循环之流"。他认为单个家庭或企业在察觉到外在变化之前，其经济行为将会一成不变，并使整个经济生活通过交换经济形成一个首尾相衔的闭环。那么，所有经济活动形成这一首尾相衔闭环的动力是什么呢？从需求方面，熊彼特认为"经济行为的含义总是在于满足欲望"，从而通过"选择系数"来确定资源在多种用途之间的分配和交换，进而确定商品之间的交换比率以及价格等。从供给方面，熊彼特认为，一方面"生产不能随心所欲，而是受制于实物对象及自然过程的天然属性"；另一方面虽然生产活动的目的只有一个，即制造出有用的产品，但生产活动及其结果只有在外部条件和个人需求确定之后才能最终形成。

通过熊彼特对经济发展的描述可以发现，经济生活中很重要的一个外在变化是人类"欲望"所确定的个人需求。当这一条件未发生变化时，整个经济发展是一个相对静态的闭合链条，当然，这一链条内部的生产活动会受到自然条件以及经济规律的影响。但人类的"欲望"是变化的，高等级需求会在低等级需求满足之后不断产生，且会囊括低等级需求的所有内容，这将导致整个生产活动的目的发生改变，进而在新的"欲望"下形成一个新的闭环，也就是熊彼特所描述的"在循环之流的渠道中出现了自发而间断的变化，并对均衡造成扰动，这些变化和扰动从根本上改变了先前的均衡状态，并代之以新的均衡状态"。管理学家马斯洛提出过非常经典的需求层次理论，即人类需求按其重要性和发生的先后次序可以分为生理需要、安全需要、社交需要、尊敬需要和自我实现需要。据此，可以把熊彼特的经济发展理论和马斯洛的需求层次理论相结合，得到经济发展从一个由低等级需求创造的闭环向高等级需求创造的闭环不断拓展延伸的过程，如图 3-1 所示。从中可以发现，驱动经济发展不断进步的一个重要外在因素是人类新"欲望"的不断产生。当然，按照熊彼特的说法是"这种新的需求很可能不是他们自己想要的，而是别人教他们这样

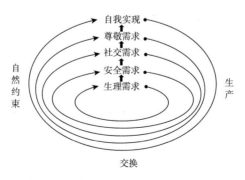

图 3-1　需求驱动下的经济发展循环

做的"。这也从另外一个角度说明了供给在经济发展向新一轮循环转变中所具有的重要性。

（二）区域经济发展循环理论

图3-2展示了区域经济发展循环理论的整个内容。郝寿义（2016）认为区域经济发展包含初级循环和高级循环两个相对的过程。在初级循环下，一个地区基于自身的要素禀赋状况参与社会分工，并进行专业化生产，空间层面则表现为符合自身要素禀赋状况产业的不断聚集，在此过程中，地区之间通过贸易实现区际之间的经济扩散和协同，促使各种产业在空间布局上的优化，并最终实现区域经济发展。可以发现，该循环下经济发展的动力是由分工专业化带来的产业空间聚集形成的，但是，聚集不仅会产生收益，也会带来成本，也就是说聚集是有上限的。比如贝伦斯和尼科德（Behrens and Nicoud，2014）对美国大都市统计区研究后发现聚集收益弹性小于聚集成本的弹性；孔贝斯等也发现聚集弹性和城市拥堵之间只有非常细微的正差异。既然如此，这就说明初级循环下的经济发展是不可持续的，所以区域经济发展需要向高级循环转变。在高级循环下，经济发展程度的不断提高会对地区要素禀赋产生影响，如技术进步会使以往没有用处的资源得以利用，如粪便发电、太阳能发电以及海水淡化等，同时，技术进步还可以创造很多以往并不存在的生产要素，如新材料、3D打印技术的出现等。另外，通过制度变迁还能释放更多可以加以利用的资源，并依靠激励机制的设计提高生产率，改变原有生产要素的状态。由于要素

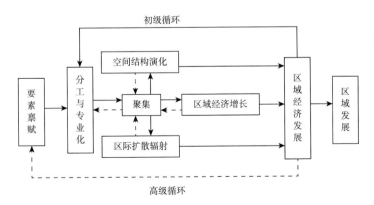

图 3-2 区域经济发展循环理论

禀赋有多种类型，等级是多层次的，同时为完成生产可以采取的要素组合方式也是多元的。因而，区域经济发展带来的要素禀赋变化一定是一个连续体，进而可以为分工专业化的不断深入提供基础和来源，并引发新一轮经济循环，实现可持续发展。

"循环之流"理论和区域经济发展循环理论分别从需求和供给两个维度对经济发展发生阶段转变的过程做了深入分析。从马斯洛的需求层次理论可以发现，随着需求等级提高，其内涵将变得更加丰富、多元和虚幻，等到了一定程度，消费者甚至可能自己都并不清楚究竟什么产品才能满足自己的欲望，或者由于市场信息不完善，不知道有什么产品能够满足自己的欲望。因此，随着经济发展水平提高，需求变化产生的动力可能只是一个虚幻的目标，而发挥重要作用的则是基于自然禀赋、技术条件所决定的生产能力，即供给侧的能力。这种重要性不仅体现在能够以更加高效的方式生产出需要的产品，还体现在能够创造性地发现更多消费者未曾意识到的需求。熊彼特曾提出"生产者才是经济变化的发起人，必要的时候，他会引导消费者接受这些变化"。所以，在高质量发展阶段，应当更加重视供给层面的产业优化升级，在经济发展动力发生持续转换的同时，实现对人们日益多元化需求的满足。下文将主要结合供给视角的区域经济发展循环理论，对经济发展阶段转变下的增长动力转换机制进行分析。

二 经济发展阶段转变下增长动力转换的机制

图 3-3 是把图 3-2 拓展后，对要素禀赋不变和变化下的增长效应进行的细化和对比，从而可以更清晰地阐述不同发展阶段下的经济增长动力机制。

根据该理论机制，经济增长动力主要包含两个层面的内容，一是基于要素禀赋状况导致分工专业化程度提高带来的动力，二是基于空间聚集产生的聚集收益带来的聚集动力。可以看出，第一种动力强调的是分工专业化的好处，也就是说即使要素禀赋不变，只是单纯细化分工体系，不断增强要素禀赋和分工之间的耦合程度也能提高生产效率并产生促进经济增长的动力。但是，需要注意的是，一项生产流程在其他外界因素保持不变时，分工程度是存在极限的，因此会存在一个相对固定不变的最优分工程度，这说明单纯依靠分工带来的增长动力是有限的，当分工水平达到最优时，这一过程下的聚集对经济增长的推动作用将达到最大。第二种动力的强弱取决于要素禀赋状况，地区要素禀赋的规模越大，能够使分工专业化后单个环节的聚集规模也越大，从而产生更大的聚集收益，这是从"量"上产生的增长动力；要素禀赋品质越好，则分工专业化的层级就越高，承载的产业层级也越高级，这是从"质"上产生的增长动力。由于要素禀赋在"量"和"质"两方面的变化使得区域可以承载更多类型的经济聚集，这又可以从"源"上拓展经济增长的动力。当然，现实中这两种动力很难完全区分开来，分工细化不仅会带来分工环节衔接上的时间节约，也会对相关要素品质产生一定优化，如提高劳动力的工作效率等，两者之间有很强的内生性。以下对要素禀赋不变和变化下的经济增长动力进行详细分析。

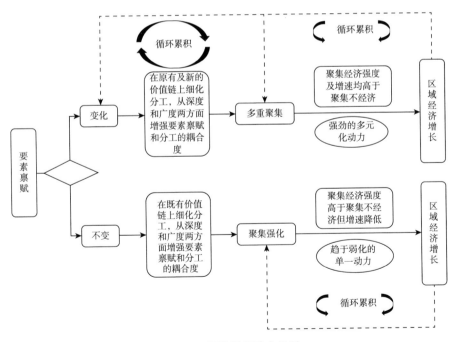

图 3-3 经济增长动力机制

　　首先看要素禀赋不变下的经济增长动力。当本区域的要素禀赋不发生变化时，要素禀赋的规模和品质均保持不变，地区产业分工或者企业内部的分工都将基于既有要素禀赋决定的价值链进行，既有的要素禀赋和分工程度、分工模式不断耦合，逐步增强耦合的深度。同时，分工专业化会带来产业聚集和其他各种要素的聚集，而聚集经济会产生推动经济增长的动力，但是，之前已经提到，聚集不仅会产生聚集经济，还会带来聚集的不经济，即聚集成本。Combes 和 Gobillon 在《城市与区域经济学手册》第 5 卷中提到"我们预期聚集收益是递增且凹的，即初期的斜率很大，而聚集成本的增长则是凸的，即初期的斜率基本为零。如果是这样的话，两者的差距就是凹的且呈钟形。从而聚集经济因素之间的关系在超过一定阈值之后会递减"。这说明当控制住其他因素时，聚集在初期时，虽然在绝对强度上聚集经济大于聚集成本，但随着聚集规模扩大，在其他条件不变时，聚集经济增加的幅度将小于聚集成本增加的幅度，即聚集经济的增速小于聚集成本的增速，最终聚集成本将超过聚集经济，从而使单一聚集无法成为促进经济增长的长期动力。这表明如果不存在要素禀赋变化，单纯依靠要素禀赋不变基础上的聚集经济是不可能维持经济持续增长的。另外，当地区要素禀赋较为初级时，由此所带来的产业类型和结构也都较为初级和单一，而依靠初级要素投入的产业又大都是粗放型、环境污染型的，因此，无论从生态环境还是从产业升级角度来看，这类地区如果不对地区既有要素禀赋进行升级，经济增长动力将会趋于单一，而且这单一的动力也会逐步弱化甚至衰竭。不可否认，山西和辽宁等资源依赖性较强地区的动力弱化与此存在较大相关性。虽然依靠煤炭等资源型要素，这些区域聚集了大量相关资源，但不存在要素禀赋升级的经济增长必然会出现动力弱化。染上"荷兰病"区域的病因大都与此相关。

　　其次看要素禀赋发生变化下的经济增长动力。这时的经济增长动力不仅包含聚集动力，还存在由于要素禀赋规模扩大和品质提升带来的好处。亚当·斯密认为，分工细化程度的决定因素是市场规模，因此，要素禀赋规模扩大必然使分工更为细化，而要素禀赋品质提高将会带来更大的聚集收益。很多学者从各个方面证明了要素异质产生的聚集经济差异。Melo

等分析了产业间的异质性，并认为制造业的聚集效应总体上要高于服务业。另外，不同类型的工人或企业产生的聚集经济也不相同。巴科洛德等（Bacolod et al.，2009）对美国的研究、迪·阿达里奥和帕塔基尼对意大利的研究以及格鲁特和德·格鲁特（Groot and de Groot，2014）对荷兰的研究都验证了这一观点。另外，要素禀赋品质多样性还可能带来雅各布斯外部性收益。因此，当要素禀赋发生变化时，不仅能够在原有价值链上细化分工，还能够在由新要素决定的新价值链上细化分工，这不仅会在深度上增强要素禀赋和分工的耦合度，还会从广度上增强两者之间的耦合度，从而带来多种类型和等级产业的多重聚集，形成"共聚"，并且这多样化聚集之间的耦合也会带来聚集收益，此时的聚集经济强度不仅在绝对值上高于聚集成本，聚集经济的增速也会高于聚集成本的增速，经济增长将拥有强劲的多元化动力。

从上述分析可以看出，要想让经济发展进入高级循环，要素禀赋是否发生变化极为关键，这也是中国经济能否实现高质量发展的落脚点，因此，必须对要素禀赋及其变化的相关理论进行详细分析。

第二节　要素禀赋及要素禀赋结构

要素禀赋是研究经济增长动力和高质量发展的落脚点，本节对要素禀赋和要素禀赋结构进行详细界定和分析，从而为后续研究打下基础。

一　要素禀赋的界定和分类

要素是构成一个客观事物存在并维持其运动的必要最小单位，是组成系统的基本单元，也是系统形成、变化和发展的动因。经济学考虑的是生产要素，它是指维持一个经济系统正常运行的必要最小单位，包含物质生产所必需的一切要素和环境条件。当把生产要素附加空间概念后，就成为要素禀赋。需要注意的是，本书讨论的要素禀赋并非只包含主流经济学建模中考虑的劳动力和资本两种，现实中的生产要素是多种多样的，如著名地理学家哈特向认为："世界是由根据经济划分的区域拼凑而成的，每一个区域又是相互联系要素的紧密综合体，这些要素包括诸如土地和植物、建筑和牲畜、工具和生产方法等，也包括诸如价格和市场、应用知识和抽象知识等多种不可见成分。"新结构经济学也认为除了资本、劳动、土地和自然资源，"理论上说，也应将基础设施作为一个经济的禀赋的一部分。基础设施包括硬件（有形的）基础设施和软件（无形）基础设施。硬件基础设施的例子包括高速公路、港口、机场、电信系统、电网和其他公共设施等。软件基础设施包括制度、条例、社会资本、价值体系，以及其他社会和经济安排等"（林毅夫等，2012）。2020 年 4 月 9 日，中共中央、国务院发布的《关于构建更加完善的要素市场化配置体制机制的意见》明确列出了土地、劳动力、资本、技术和数据 5 种生产要素。

对于要素类型的划分，不同角度会有不同的划分方法，这里重点从静态和动态两个视角进行分类。静态视角关注的是能够从区域层面厘清地区经济发展的所有要素；动态视角关注的是能够从竞争优势角度，动态比较生产要素所发挥的重要性。

（一）静态视角的要素禀赋分类

静态视角下，对要素禀赋进行分类应重点考虑两方面的因素：经济性和区域性。这种分类方法对理解生产要素在经济发展中发挥的影响和作用空间非常有用。

经济学对要素的关注重点是其有用性，即经济价值，因此，从经济学意义上可以将要素划分为经济要素和非经济要素。当一种要素能够直接影响经济行为时就是经济要素，反之，当其不能对经济行为产生直接影响时被称为非经济要素。原则上说，经济要素和非经济要素都会对经济活动产生影响，只是作用方式存在差异。经济要素大体包括资本、劳动、技术和土地等，在当前数字经济时代，数据要素的经济价值也变得越来越重要。非经济要素包括自然资源、生态环境、文化习俗和历史传统等。经济要素和非经济要素不仅可以从带来经济价值的直接和间接角度考虑，还可以从主导型和依附型、战术型和战略型等角度理解。

从区域角度来说，由于加入了空间概念，所以必须重视要素发挥作用的空间异质性，即空间区位属性带来的差异。因此，从区域或空间意义上可以将要素划分为区域性要素和非区域性要素。当要素是某个区域固有时是区域性要素，当要素是在所有区域内普遍存在，或者要素可以通过一定手段在所有区域相对共有共享时，称为非区域性要素。可以认为，非区域性要素相对区域性要素发挥的作用范围更大、更广。相对上述对经济要素和非经济要素的划分，资本、劳动、技术和制度都可以通过自由流动或者模仿，实现区域间共有共享，因此可以认为是非区域性要素。而土地、自然资源、生态环境、文化和历史传统等的可复制性、流动性、相对替代性和动态性等都相对较弱，可以认为是区域性要素。

　　上述对要素的两种划分方法并非相互矛盾，而是相互联系的。图3-4展示了两种划分方式的联系和区别。另外，要素类型也并非一成不变，而是会随着外部条件变化而发生转换。

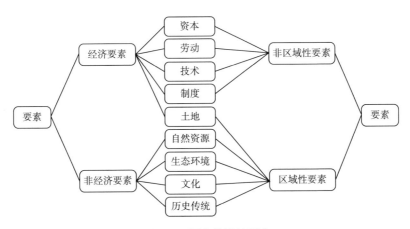

图3-4　要素类型的划分

（二）动态视角的要素禀赋分类

　　要想使一个经济体能够获取持久的增长动力，另一个重要视角就是"区域竞争力"，即该经济体相对于其他区域，是否具有更强的持续竞争力。迈克尔·波特（Michael Porte）是研究国家竞争力和竞争优势非常著名的学者，波特（2007）认为"生产要素通常被广义地细分为土地、劳动力和资本，因此很难看出它与每一个产业竞争优势的关系"。在此基础上，他将生产要素归纳为人力资源、天然资源、知识资源、资本资源和基础设施5个类别。由于竞争优势很多都是通过"学习效应"长期演进而来的，对先天性因素得来的优势关注较少，因此，可以认为迈克尔·波特对生产要素的划分是从动态演进视角理解的。他按照生产要素在竞争优势中发挥的作用强度提出了两种分类方法。

第一种分类是把生产要素划分为初级生产要素和高级生产要素两种。其中，天然资源、气候、地理位置、非技术工人和半技术工人、融资等被划分为初级生产要素，而包括现代化通信在内的基础设施、高等教育人力以及各大学研究所等被界定为高级生产要素。两者区别在于初级生产要素只需进行简单的私人或社会投资，甚至被动继承也可以得到。在区域竞争力上，初级生产要素表现较弱。高级生产要素具有较高的竞争优势，但需要先期从人力和资本上进行大量投资才可能得到，因而从普遍性上要弱于初级要素。这里需要注意的是，虽然初级要素的竞争优势较弱且缺乏持久性，但它的数量和质量却是培育高级要素不可或缺的重要载体。

第二种分类是将生产要素按照专业化程度划分为一般性生产要素和专业性生产要素。一般性生产要素是可以被用在任意一种产业上的要素，比如公路系统、融资、受过高等教育且上进心强的员工等。专业性生产要素是指定义更为明确且只针对某个单一产业的要素，比如技术型人力资本、先进的基础设施以及专业的知识领域等。一般性生产要素能够提供最基本的优势，但容易被模仿复制，很多国家都拥有这类要素，因此动力效果及可持续性较弱，比如劳动密集型产业更加依赖一般化的普通劳动力，所以更容易找到理想的替代场所。专业性生产要素产生的竞争优势可以使经济发展有更强的主导性和可持续性，因此动力更强，也更持久。实践表明，专业性生产要素通常都是由一般性生产要素发展而来，所以相对来说更为稀缺。

通常情况下，高级生产要素大都具有很强的专业性。当然，这并非恒定不变的，随着技术进步程度的提高或技术的吸收扩散，一些高级生产要素成为通用要素后，便会成为一般性生产要素。比如，曾经非常专业化的程序设计师或者排版设计师的工作现在已经非常普遍地应用在很多领域，并成为基本工作技能；曾经的新闻媒体工作者在自媒体时代也变得专业性不再如以往那么强。

二 要素禀赋结构的内涵及特征

之前提到要素禀赋是指一个区域或空间范围内各种要素的赋存状态。应当说这是从总量角度对生产要素的认识。如果只从这个角度进行分析显然并不全面，还必须从局部和结构视角对要素禀赋进行细致梳理，这样才能更加全面地认识要素禀赋和经济增长之间的关系。

（一）要素禀赋结构的内涵

要素禀赋结构并没有一个教科书式的定义，但一般情况下都认为，一个经济体的要素禀赋结构是指支撑一国经济增长的自然资源、劳动力、人力资本和物质资本的相对丰裕程度等（任保平，2015）。理解这个概念的重点有三个方面，一是从有用性、经济性上考虑的"支撑一国经济增长"；二是从要素类别上考虑的自然资源、劳动力、人力资本和物质资本等；三是从相对比例角度考虑的"相对丰裕程度"。可以说前两个方面是对要素禀赋的界定，只有第三个方面才是从结构视角的认识。所以，"相对丰裕程度"是理解要素禀赋结构内涵的关键所在。在经济学中，提到相对比例，首先想到的经济学术语应当是"规模经济"。因为规模经济的英文是"scale economy"，按照牛津英语词典的解释，scale means relative size，extent，也就是说规模就是相对大小、相对程度，所以应当从规模角度理解要素禀赋结构的内涵。理论研究中，经济学家发现结构变化是通过规模经济对经济增长产生影响的，塞尔奎认为结构转变是理解经济增长速度和模式的本质，如果结构转变太慢或者方向无效，它将阻碍经济增长，但如果结构转变改善了资源配置，如降低了产业间要素回报的不均衡程度，或者提升了规模经济程度，它就会对经济增长做出贡献（郭克莎，2001）。也就是说，当要素禀赋中有利于规模经济实现的要素比例增加时，或者规模报酬程度大的要素比例更多时，要素禀赋结构将有助于规模经济实现，进而有助于分工细化并促进技术进步，最终实现经济增长。因此，要素禀赋结构的内涵就是各种生产要素在生产中的规模经济实现程度，当要素禀赋结构有利于实现规模经济时，可以认为是要素禀赋结构的优化升级，反之就是落后或者是不合理的。

需要注意的是，要素禀赋结构实现规模经济有两方面的考虑：一是要素禀赋必须有相当大的规模，即绝对规模问题；二是不同要素类型或者是同种要素不同等级的比例问题，即相对规模的均衡问题。对于绝对规模较大带来的规模经济是最容易被理解的内容，因为绝对规模较大有助于分摊成本，从而降低生产的平均成本，实现规模经济。但众所周知，经济学中平均成本的变化曲线呈"U"形走势，这其实也是从同质化角度的认识，因为同质化要素绝对规模的增加对扩大规模经济是有限的。此时如果能从非均质角度看待生产要素将是规模经济实现的另一层空间，也就是考虑不同要素类型或同类要素不同等级的比例和均衡问题。舒尔茨曾提出在改造传统农业中至关重要的投资类型并不取决于大农村的建立……关键问题不是规模问题，而是要素的均衡性问题（罗浩轩，2016）。也就是说，由于生产中需要投入不同要素，而差异化要素在生产中的最优投入量并不相同。当把一种要素视为固定不变时，差异化要素之间的配比问题就是相对变化要素为实现规模经济而形成的最优化过程，当差异化要素之间的规模比例均衡时，对每一种要素来说，都相当于达到了最优规模经济状态。克瑞斯提诺（2006）提出合成效应（composition effect），并认为合成效应是由产出对每个单一要素相对规模的敏感性所致，而非生产要素的规模综合。当生产率较高要素的相对规模增加而生产率低的要素相对规模下降时，其影响就是积极的。

（二）要素禀赋结构的特点

1. 整体性

一个经济系统具有一系列多种类型和层次的生产要素。这些生产要素构成了该经济系统正常循环和发展的细分单元，同时这些要素由于存在多方面关联而成为一个有机整体，从而使一个区域各种生产要素组成的要素禀赋结构具备较强的整体性。从人类社会历史发展过程可以看出，正是由于要素禀赋结构之间的整体性和一致性才决定了东西方地理环境的差异，这又进一步使得经济结构和文化结构等出现了巨大差异。"在终极、源头意义上，地理环境具有唯一的解释作用。对于离开源头之后的历史演进过程中的各种问题，则需要非常的小心，除了地理环境因素外，由于路径依赖、随机扰动等原因，其他因素同样有着重大的影响。"（张杰等，2007）。根据索科洛夫和恩格曼（Sokoloff and Engerman，2000）的论述，资源和其他要素禀赋会影响殖民地的专业化分工模式，并影响地区制度。这种历史演进的路径依赖和不同要素之间的相互依赖关系说明的正是要素禀赋结构所体现的整体性。地理禀赋和气候条件决定了农耕文明和畜牧文明的出现，而不同文明下的生产方式必然也会产生不同技术进步类型和制度文化，这种基于地理禀赋条件形成的劳动力类型、资本类型、生产技术和社会制度文化具有内在的高度统一性。

2. 自我调节性

要素禀赋结构具有自我调节功能。当要素禀赋结构处于封闭状态时，也就是当一个区域是封闭经济时，要素禀赋结构的自我调节主要受制于区域自身内部生产要素的技术变迁，由于要素禀赋结构具有整体性，因此某一种生产要素变化会对其他生产要素产生影响，从而对要素禀赋结构产生影响。比如地理环境决定了劳动力类型，而劳动力素质提高也会增强对自然地理条件的改造力度，并决定其他生产要素的变化情况。当要素禀赋结构处于开放状态时，结构的自我反馈功能会使要素禀赋结构为了适应外部环境变化，做出自我调整，并保证要素禀赋结构沿着特定方向演进。比如改革开放政策挖掘、培育并强化了我国劳动力红利在世界市场中的优势地位，而当前廉价劳动力大幅减少则促使我国众多企业进行生产转型和技术升级。当然，要素禀赋结构系统的自我调节并非完全可控和有效的，当结构系统内部或外部环境带来的不适应或不协调过大，从而使原有要素禀赋难以有效吸收并转化时，要素禀赋的自我调节功能可能失灵。

3. 转换性

之前提到要素禀赋结构是指不同生产要素的相对比例。因为社会经济和技术条件都在不断发展，所以要素禀赋结构也是动态变化的。当这种数量层面相对比例的变化累积到一定程度后，结构系统的性质和功能将发生质的变化，并导致要素禀赋结构的演进方向发生变化。如果从要素禀赋结构和经济增长之间的关系来理解的话，最恰当的应当是关于增长的非连续观点。袁富华等（2016）将增长的非连续性定义为低效率模式向高效率模式演进的长期调整，这一调整的主要目的是为了积累新要素，并以此来突破门槛并持续提高效率。这种可转换性还体现在安东尼·吉登斯

（1998）用结构化理论分析社会转型的非连续性观点。要素禀赋相对比例的变化包含两种情况：一种是生产要素构成个数发生变动，即每种类型生产要素数量的变化；另一种是不同类型生产要素之间的比例发生变动。无论哪种类型，当变化达到一定程度时，结构将会发生质的变化。前者主要体现为要素禀赋结构规模的扩大（深化），后者则体现为要素禀赋结构层次的更迭。因为所有生产要素都可以依据知识和技术延伸到效率层面，并将其划分为高级要素或低级要素，所以，虽然不同要素禀赋结构的变化，或者是要素禀赋中不同要素的变化都可能由于结构效益和规模经济而使整个结构系统发生质的变化，但变化实现过程和效果等都会呈现较大差异。通常情况下，高级要素变化引致的要素禀赋结构系统变化会强于低级要素，当然，高级要素的变化并非凭空产生，它也内生于大规模低级要素的变化累积。

第三节 要素禀赋变化与产业结构优化的协同演变理论

要素禀赋并非一成不变，其绝对规模和相对比例都可能发生多种变化，同时，这些变化还会随着时间变迁呈现不同特点。

一 要素禀赋的变化模式

要素禀赋理论的早期形式是李嘉图在《政治经济学及赋税原理》中提出的比较优势理论。直接提出该理论的是赫克歇尔和俄林师生。1919年，埃里·赫克歇尔（Eli Heckscher）发表了《对外贸易对收入分配的影响》，并在文中提出了要素比例理论。然后，他的学生伯迪尔·俄林（Bertil Ohlin）在1933年出版的《区域贸易和国际贸易》中发展了这一理论，最终形成了较为成熟的要素比例理论，这被称为赫克歇尔-俄林定理（H-O定理）。在此基础上，经过斯托尔珀、萨缪尔森和雷布津斯基等人的不断完善和拓展后，相继形成了要素价格均等化定理、斯托尔珀-萨缪尔森定理和雷布津斯基定理。它们最终作为要素禀赋理论的四大基本定理，成为传统国际贸易理论的基石。所以，早期要素禀赋理论主要应用在国际贸易领域，尤其是国家或地区之间的产业间贸易。但是，贸易的目标是要获取利润，利润水平越高就越能吸引更多适宜本地要素禀赋水平的产业或企业投资，等形成一定规模后，规模效应会提高地区分工专业化程度，并最终促进地区经济发展。基于这种演变过程，要素禀赋理论逐渐被应用到越来越多的领域。艾赛尔（Ethier，1982）研究了产业间贸易中要素禀赋理论的适用性。杨小凯等将其用来研究分工专业化问题。林毅夫则用其解释经济发展问题等。对区域问题的研究当然更离不开要素禀赋理论，因为区域经济和贸易理论的本质是相通的。艾萨德认为"区位和贸易是一个硬币的两面，决定一面的力量同时也决定了另一面"。俄林也指出"除非视国际贸易理论与一般区位理论相联系或作为其一部分，否则无法理解国际贸易理论"。因此，贸易理论的基石也就是区位理论、区域理论的基石。通过全面理解和认识要素禀赋理论，一定会对区域问题，尤其是对研究区域经济增长动力问题有重要的借鉴意义。

要素禀赋并非一成不变，如劳动力数量会随着人口增长率的提高而增加；劳动效率会随着教育水平的提高、经验的积累而增强；资本会随着投资规模的增加而增加；技术进步程度会随着"干中学""用中学"效应的存在而不断提升；就连通常被视为既定不变的自然禀赋，也会由于人类文化的、历史的、市场的、技术的和地理环境的变化而发生改变。因此，埃里克·齐默尔曼对资源的描述是"资源并不是天生的，是逐渐变成的"。既然要素禀赋会发生变化，而且不同要素禀赋又具有其特定性质，那么就一定会存在不同的要素禀赋变化模式，而不同的要素禀赋变化模式又会产生不同的经济增长动力，因此，现在需要首先讨论的问题是要素禀赋究竟存在哪些变化模式？

要素禀赋理论有四大基本定理，其核心概念可以归纳为两个：要素丰裕度和要素密集度。再次提醒，这里提到的要素不仅包括资本、劳动，还包括技术、制度，甚至其他更多的非制度文化因素等。要素丰裕度描述的是一个国家或地区各种要素的富裕状况，可以用类似生产可能性曲线的图形表示，如图 3-5 所示。这里描述的只是三维效果，如果设想有 n 种生产要素，那要素丰裕度曲面就应当是一个 n 维曲面。要素丰裕度变化是指该曲面的外推或内移。当一个区域因对辖区内某种要素的开发或积累而向外拓展时，也就是说，当有更多以往未被加以利用或未得以充分利用的要素被开发时，就代表了从没有价值的非经济要素或者低价值经济要素转变为高价值经济要素，反之，则被认为是从高价值经济要素转变为低价值经济要素或没有价值的非经济要素，这就是要素禀赋类型的转换。对于要素密集度的变化，由于涉及两种或多种要素之间的相对变化，因而可以从两个视角理解，一是均质视角下的比例分析，二是非均质视角下的主导性分析。首先考虑均质视角下的比例分析。比例关系就是结构问题，因此要素密集度变化就是要素比例发生变化，对应到区域层面就是要素禀赋结构的变化。然后考虑非均质视角下的主导性分析。现实世界中，均质是相对的，非均质是绝对的，也正是由于绝对差异的存在才会导致事物发生变化。历史—地理唯物主义的观点告诉我们"对象或现象是关系的具体化"，同时"关系是由差异建构的，而这些差异造成了一些紧张局面；这种紧张进而也产生了一种动力，变成历史地理变迁的'发动机'"。所以说，非均质视角下，要素差异体现为主导性的差异，差异程度决定了紧张程度，从而决定了事物变迁的动力强度，因此，非均质视角下的要素禀赋变化就是主导要素的变化。图 3-6 对要素禀赋变化模式做了简要总结。

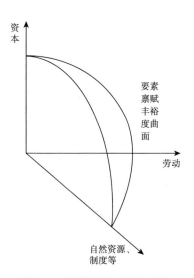

图 3-5　要素禀赋丰裕度示意

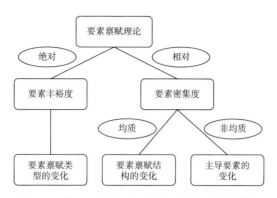

图 3-6　基于要素禀赋理论的要素禀赋变化模式

至此，已经知道要素禀赋主要包括三种变化模式，即要素禀赋类型变化、要素禀赋结构变化以及主导要素变化。虽然理论上这三种变化模式可以同时出现，但在主导性上会呈现出阶段性的变迁规律。

二　要素禀赋变化与产业结构优化的协同演变

产业结构内生于要素禀赋，因此，要素禀赋变化模式决定了不同的产业结构优化形式。与要素禀赋类型变化、要素禀赋结构变化以及主导要素变化三种模式相对应，产业结构变化也可以划分为新产业、新业态、新模式的出现，产业结构合理化以及主导产业升级三个阶段。那么，要素禀赋变化和产业结构优化如何协同演变呢？下文借助演化经济学家卡萝塔·佩蕾丝（Carlota Perez）的"巨潮模型"进行说明。

卡萝塔·佩蕾丝建立了一个包含技术、经济和制度三者如何相互协同演化的模型。她研究了技术变迁及其吸收过程是如何引起资本变迁，并随着与社会制度的协调耦合发生变化，最终推动新"技术—经济"范式形成而掀起发展的"巨潮"。模型中关于各种要素之间的协同演化如图 3-7 所示。

"技术—经济"范式是佩蕾丝（2007）提出的一个新概念。"它是一个最佳惯行模式（a best-practice model），它由一套通用的、同类型的技术和组织原则构成，这些原则代表着一场特定的技术革命得以运用的最有效方式，以及利用这场革命重振整个经济并使之现代化的最有效方式。一旦得到普遍采纳，这些原则就成了组织一切活动和构建一切制度的常识基

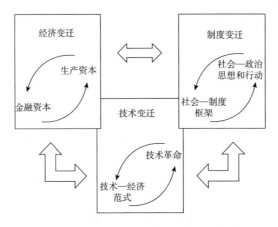

图 3-7　经济、技术和制度协调演变的动力学模型

资料来源：〔美〕卡萝塔·佩蕾丝《技术革命与金融资本——泡沫与黄金时代的动力学》，田方萌等译，中国人民大学出版社，2007，第 168 页的图 14-2：资本主义体系的动力学：处于持续相互作用之中的三个变迁的领域。

础。"也就是说，佩蕾丝认为每一次技术革命都是新产品、新行业和新基础设施的爆炸式发展，并会引致一个与其相匹配的特定"技术—经济"范式。它会随着相对价格结构的重大变化，引导经济主体密集使用更强大的新投入品和新技术。这一概念本质上类似于布雷斯纳汉和特拉腾博格（Bresnahan and Trajtenberg，1995）所创造的术语"通用目的技术"。同时，罗默（Romer）也认为，经济增长取决于通用知识的共同获得。

需要注意的是，每种"技术—经济"范式都有一种社会制度框架与之相匹配，但是社会制度却有一定滞后性，从而会使每次技术革命引致的"技术—经济"范式在开始一段时间体现出与社会制度的不匹配，当这种不匹配达到一定程度时，经济体将崩溃或者以衰退形式体现出压力的爆发，这时就需要重新建立相配套的社会制度结构以适应新的"技术—经济"范式，进而推动新技术扩散。这就是佩蕾丝（2007）提出的"包容—排斥机制"。

"包容—排斥机制，它源自适应每种范式的社会的性质……产生出两种条件，支持那些与之相适应的创新，而过滤掉那些与之不相适应的。一方面，社会和制度环境已经变得非常有利于发展任何与该范式相协调的机会和可能性……另一方面，对于所有可能出现的不兼容的创新，或是不能很好地融入现有框架的创新，这些有利的条件又会成为强大的排斥机制。"

在整个过程中，生产资本和金融资本之间的关系和主导性变化决定了经济增长的节奏和方向。上述逻辑如果从要素禀赋视角理解的话，非常明晰地体现了各种生产要素在经济系统中的相互关系，其中虽然没有明确提到自然禀赋、劳动力和物质资本这些要素，但经济变迁中，生产资本和金融资本必须通过这些要素才能发挥作用，所以这一模型的本质就是各种要素在经济发展过程中如何相互协同演化的规律。为了更明确地说明各种要素在经济增长不同阶段发挥的作用差异及变化特点，佩蕾丝将每次浪潮划分为两个时期、4个阶段，并拟合了过去200年间，她认可的5次技术革命。从她对这4个阶段的分析中可以看出不同要素禀赋变化模式的演变规律。她认为每次技术革命持续的时间大概是五六十年左右，前二三十年是导入期，后二三十年是展开期，导入期分为爆发和狂热阶段，展开期则分为协同和成熟阶段，导入期和展开期之间是一段时期的转折点，它牵扯到对整个经济系统尤其是调节框架的重新组织，大都表现为一场严重衰退。在这场由技术革命引致的经济增长中，上述三种要素禀赋变化模式及其决定的产业结构变化呈现出非常明显的阶段性。

图3-8在巨潮模型基础上进行了拓展。它研究了要素禀赋和产业结构的协同演变过程。在每次技术革命的爆发阶段，原有产业积累的大量金融资本发现了新技术的方向。新技术一方面为原有经济体增添富有活力的新要素、新产业；另一方面，通过新技术带来的"技术—经济"范式又对原有要素和产业进行现代化改造升级。可以看出，技术革命在这一阶段的主要任务是对原有要素、产业的改造和更新，也就是要素禀赋类型的转换，延伸到产业层面就是不断出现一些新产业和新业态。此时，由于新技术带来的一系列影响仍处于萌芽状态，虽然原有的社会制度框架并不适宜新技术发展，但此时，社会制度框架的"包容—排斥机制"更主要体现为对原有要素和产业的包容而非对新要素和新产业的排斥，所以冲突并不明显。随着新技术及其经济范式的发展潜力越来越受到人们重视，越来越多的金融资本涌入其中，狂热阶段随之到来，此时的生产资本大都仍局限在原有产业，对适应新产业发展的人力资本培育、基础设施建设也难以快速形成，存在一定滞后，而金融资本则由于其高度的流动性，大量、快速

地涌入新技术革命领域，从而形成了充满投机的金融泡沫，这一阶段已经体现出"技术—经济"范式和社会制度框架不协调带来的问题，即要素禀赋结构不协调的后果以及产业结构的不合理。此时，对要素禀赋结构和产业结构的优化逐渐成为社会共识，并在泡沫破裂后的转折点和协同阶段，逐步确立并完善了新的、适应新"技术—经济"范式扩散的社会制度框架，进而与新技术相匹配的劳动力和基础设施等生产资本也不断形成和普及，对旧要素和传统产业的改造基本完成，各种要素禀赋和建立其上的产业之间的协同程度达到最优状态。最后是成熟阶段，此时，新技术在所有领域的潜力挖掘殆尽，生产资本和金融资本都难以取得更高利润，但金融资本由于其灵活性和敏锐性又开始寻找新的技术革命方向，即要素禀赋变化重点开始转向要素禀赋的升级，尤其是主导要素的升级，在产业层面就体现为主导产业的升级或变革。

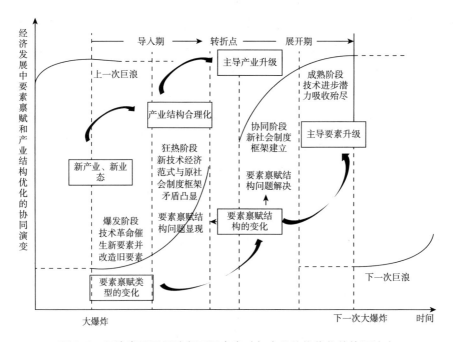

图 3-8　经济发展不同阶段下要素禀赋与产业结构优化的协同演变

注：该图在〔美〕卡萝塔·佩蕾丝：《技术革命与金融资本——泡沫与黄金时代的动力学》，田方萌等译，中国人民大学出版社，2007，第82页图7-1金融资本和产业资本在不同阶段的互动关系图基础上做了拓展。

第四节　要素禀赋变化的影响因素

要素禀赋及其结构是一个复杂系统，影响因素有很多，而技术进步和制度创新无疑是最重要的两个。它们对要素禀赋高级化和结构的合理化有着决定性作用。虽然从广义上看，技术进步和制度创新可以认为是一个地区要素禀赋的组成部分，但通常意义上，人们关注的重点是有形实体要素的经济价值，换句话说，人类对技术进步和制度创新给予极大关注的原因是它们能更加有效地挖掘和利用实体要素禀赋的经济价值。技术进步和制度创新作为广义要素禀赋的组成部分，虽然根植于所在区域的有形要素，但也有自身独特的运行规律，这是要素禀赋变化的来源之一；另外，技术进步和制度创新还能对狭义的有形实体要素产生影响，这是要素禀赋变化的第二个来源。本节将详细分析技术和制度影响要素禀赋变化的理论。

一　技术进步是推动要素禀赋变化的根本动力

要素禀赋发生变化归根到底是因为其生产能力或价值创造水平发生了变化。技术进步作为提高生产水平的核心因素，成为不断拓宽要素禀赋外延的根本动力。一般情况下，技术进步对要素禀赋变化的影响包含以下几个层次。

第一，技术进步决定了新要素形成及旧要素升级。要素禀赋变化的根本是新旧要素的更新和替代。技术进步对其影响主要表现在三个方面：一是技术进步扩展了既有要素的可用范围，一些原本难以利用的要素由于技术进步而能够进入生产领域，增加了要素供给；二是技术进步创造了新材料、新产品，形成了新的生产要素；三是技术进步改善了原有要素在生产中的利用方式，提高了要素品质，从而降低要素使用成本，提高要素使用效率，比如，在大数据推动下，人工智能以更低的成本，不仅可以参与机械化的生产流程，还可以通过大数据的精准推断，得到更为科学合理的决策。

第二，技术进步决定了要素禀赋的有序演变。生产要素具有等级性，经济增长正是要素等级变化引致主导地位变化所产生的结果。罗斯托（Rostow）曾经指出"增长的完整序列就不再仅仅是总量的运动了；它成了一连串的部门中高潮的继起并依次关联于主导部门的序列，而这也标志着现代经济史的历程"。把要素分为初级要素和高级要素是相对的，随着技术创新重心的变化，一些初级要素在通过新技术改造后，将成为高级要素。但是，随着新技术普及、社会进步以及人类需求发生变化，原有的高级要素可能受到质疑和抛弃，并由新一轮技术创新孕育出更高级的要素，如此循环往复，形成一个以满足人类需求为主要目标，并遵守技术进步内在规律的有序演变过程。

第三，技术进步决定了要素禀赋的变化方向。一定程度上，技术创新具有极化和扩散效应，技术创新会拓展出新要素，而新要素必然有利于生产效率提高且有利于进行新一轮技术创新，这会吸引更多要素投入新的生产领域，进而产生更多技术创新。也就是说，大量要素的投入因极化效应而产生大规模技术创新，而大规模技术创新又会通过扩散效应，改造并创造更多符合新一轮技术创新的要素。技术创新方向决定了要素投入方向，产出的新技术又会对地区要素禀赋进行改造，并决定了要素禀赋的变化方向。18 世纪后期出现的中心工厂，19 世纪后期出现的大型商业企业，20 世纪出现的垂直一体化过程，以及 21 世纪出现的以互联网和人工智能为媒介的、更为细致的分工专业化都是因为技术进步而导致经济组织发生变化，进而再对经济组织中各种生产要素产生影响的具体体现。

二 制度创新是推动要素禀赋变化的重要途径

要素禀赋发生变化的主要原因是其经济价值，即生产力水平发生变化。生产关系是影响生产力变化的重要因素，制度创新是生产关系变化的关键。这里的制度包含技术体制、政治组织、文化传统、意识形态等各种正式和非正式制度。当生产关系适应生产力发展时，制度创新将使要素禀赋的经济价值得到更大程度的挖掘和提高，反之将不利于对本地要素禀赋的开发利用。赫尔普曼（Helpman）认为制度结构差异会导致资源禀赋相似地区产生不同的发展路径，因为制度会对地区改进和研发新技术的动力产生影响，会影响地区获取新机遇的能力，还会对地区物质和人力资本的

积累动力产生影响。总体来说，制度创新对要素禀赋变化产生的影响主要
表现在以下几点。

第一，制度创新能够为要素禀赋变化方向提供支撑。每一种制度都有
其相应的价值和功能，制度创新将释放更多符合制度要求的要素。如家庭
联产承包责任制及户籍制度改革为我国释放大量廉价劳动力；教育政策和
制度改革使大量低素质廉价劳动力转换为高素质人力资本；投资政策改革
使更多资金流向符合制度需要的领域，并产生相应的物质资本和技术创
新。所以，制度创新应当结合当前生产力发展现状和趋势，为利于生产力
发展的要素禀赋提供导向作用，比如对我国来说，新能源、互联网+、人
工智能、虚拟社区建设等是未来发展方向，那么制度设计就应当向这一领
域重点倾斜。

第二，制度创新能够为要素禀赋变化的稳定性提供保障。制度包含正
式制度和非正式制度，目的是确定经济秩序以减少不确定性。技术进步是
要素禀赋变化的根本动力，但这只是技术进步的潜力，要想使这一潜力变
成事实并能够形成永久驱动力，就必须制定相应制度规范对新技术的有效
利用和推广进行约束和激励。当有了适宜技术进步的制度后，技术创新的
不确定性将会降低，从而可以提升要素禀赋变化产生影响的可预测性，使
要素禀赋变化的稳定性得以保证。

第三，制度创新能够为新旧要素更迭提供相应的进入或退出机制。要
素禀赋变化主要体现在新要素出现和原有要素的逐步改造或退出。之所以
提出原有要素应当逐步改造升级或退出，主要是因为经济发展是持续的，
当原有要素的增长动力不足时，为保持经济稳定，应当首先挖掘原有要素
的增长潜力，随着新要素的发展成熟，原有要素的动力空间也接近衰竭，
此时应当逐步淘汰原有要素或原有要素主导下的生产模式，新要素将成为
下一轮经济发展的主导。制度创新可以通过优胜劣汰机制实现新旧要素更
迭，在提高要素使用效率的同时，还能保持经济的持续稳定。

应当说，制度创新和技术进步分别从不同角度对要素禀赋变化产生了
重要影响。技术进步通过外延扩大对要素禀赋产生影响，主要体现为生产
可能性曲线的外移，而制度创新主要通过内涵扩大对要素禀赋的利用效率
产生影响，主要体现为向生产可能性曲线的靠近。当然，制度和技术对要

素禀赋的影响必须相互适应，否则，即使要素禀赋自身具有一定自我协调功能，也可能出现较大不适应，从而对经济增长产生负面影响。如英国在19世纪后期的衰落，主要原因就是制度调整在面临新技术出现时，调整速度过慢所致。在对地区要素禀赋产生影响并推动经济增长的过程中，制度需要不断调整，尤其应当和技术变革同时进行。当然，因为制度变迁速度较慢，相对来说，制度和技术同时发生变革的难度较大，所以当技术变革发展迅速，尤其是发生划时代意义的技术革命时，制度和技术的不匹配程度会增强，从而对地区要素禀赋变化产生更加复杂的影响。

第五节　本章小结

高质量发展是经济发展迈向了新阶段。为了探寻经济发展阶段转变的理论支撑及实现高质量发展的落脚点，本章首先利用熊彼特的"循环之流"理论和郝寿义的区域经济发展循环理论，从需求和供给视角验证了高质量发展的必然性。由于高质量发展的关键在供给层面，因此，着重利用区域经济发展循环理论，对要素禀赋不变和变化下的经济发展动力机制进行分析。研究表明，经济发展循环升级的关键是要素禀赋或生产要素的变化，因为要素禀赋变化与否是导致分工专业化提高及聚集强度增加的关键，进而决定了经济增长动力的强弱。要素禀赋不变时，分工专业化只能在既有要素决定的价值链上不断深化，这虽然会因为聚集经济的存在而促进经济增长，但聚集成本会逐步超过聚集收益，从而使经济增长动力弱化。当要素禀赋发生变化时，分工专业化可以在多个价值链上不断深入，从而产生的聚集收益不但在绝对强度上大于聚集成本，在增速上也会持续高于聚集成本，经济增长动力将不断增强。据此可以认为，只有对要素禀赋进行全面分析才是理解经济增长动力及其转换的关键。因此，第二节对要素禀赋及其结构进行详细分析。主要包括对要素禀赋的概念进行界定，并分别从静态和动态两个视角对要素禀赋进行分类。另外，还从规模经济角度阐述了如何理解要素禀赋结构的内涵，并总结要素禀赋结构的特点。第三节讨论要素禀赋的变化与产业结构优化的协同演变。主要是根据要素丰裕度和要素密集度两个核心概念，把要素禀赋的变化模式归纳为要素禀赋类型变化、要素禀赋结构变化和主导要素变化。这三种模式的变化呈现极强的阶段性，并分别与新产业新业态的出现、产业结构合理化和主导产业升级相匹配。第四节分析了影响要素禀赋变化的因素，认为技术进步是推动要素禀赋变化的根本动力，而制度创新是推动要素禀赋变化的重要途径。技术进步和制度创新分别从不同角度对要素禀赋产生影响，技术进步通过外延扩大增加要素禀赋的规模，而制度创新通过内涵扩大提升要素禀赋的利用效率。

第四章

要素禀赋变化影响经济增长
动力的机理分析

本章从理论机理上，对要素禀赋类型变化、要素禀赋结构变化和主导要素变化三种模式下的经济增长动力进行分析。

第一节　要素禀赋类型变化下的经济增长动力

不同领域和学科在认识要素时都会有自身独特的视角和名称。在经济增长理论中称为生产要素；在区位论中，主要研究企业或个人的区位选择，因此称为区位因子；在聚集理论中，主要从聚集视角研究企业或其他各种要素做出的区位选择，因此称为聚集因子。但本质上它们的含义基本一致。在区域经济学中，聚集可以看作推动经济增长的根本动力，这里主要从该学科出发，研究要素类型转换如何导致聚集演变从而对经济增长产生影响的机理。之前对要素禀赋类型进行划分时，主要包括静态和动态两个视角，这里主要从静态视角进行分析。

一般来说，非经济要素和经济要素的转换会导致聚集重心发生变迁，而非区域性要素和区域性要素的转换会导致聚集模式发生变化，图 4-1 给出了演变过程，下文将分别对两种转换进行详细分析。

一　经济要素和非经济要素的转换

人类社会为了发展，会不断寻找能够产生经济价值的新要素，因此对经济要素的认识范畴也在不断拓展。另外，不同时期、不同制度环境下，

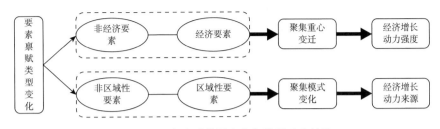

图 4-1　要素禀赋类型变化与增长动力转换

一些经济要素也可能因无法再发挥应有的经济价值而成为非经济要素。早期经济学家对经济要素的认识较为狭隘，除了配第在其著作《政治算术》中提出"土地是财富之母，劳动是财富之父"之外，恩格斯也说"劳动和自然界一起才是一切财富的源泉，自然界为劳动提供材料，劳动把材料变为财富"。可以说，人类社会早期只把劳动和土地当作经济要素，但随着人类认识水平提升，资本、技术、制度乃至当下的数据等要素都不断被纳入生产经营活动，成为经济要素，使经济要素的范围和界限得到拓宽和延伸。当经济欠发达时，要素的经济价值是关注重点，因此，人们更重视能够直接产生经济价值的要素，我国之前的 GDP 崇拜充分说明了这一事实。但是，随着需求层次提升，能够给人类带来效用的产品越来越多，人类需求也在逐步发生转变。心理需求、社会价值认可、生态环境舒适等都开始成为关注焦点，因此，能够满足人类这些效用的产品拥有了经济价值，从而使一些非经济要素转变为经济要素，或者由于技术条件提高，一些原本难以得到开发利用的要素可以为人类所用，比如页岩气资源、太阳能以及由于纳米技术、生物技术提高带来的废物回收利用等。这大大拓宽了人类对生产要素的认识范畴。与此同时，还有一些经济要素由于人类需求结构变化而失去了原有经济价值，成为非经济要素。比如新能源技术提高使一些传统能源丰富地区逐渐陷入衰落；一些拥有非物质文化遗产的地区都曾因相关技能或产品而繁荣昌盛过，但现在这些技能或产业却因难以产生经济价值而受到政府保护；人工智能发展会促使更多原本具有经济价值的要素逐渐失效，同时也会培育出更多新经济要素。

人类需求会使相关产业聚集到经济要素多的地区，从而经济要素的丰裕度及品质决定了经济聚集重心。经济要素越多、品质越好，该地区所能承载的要素和产业就越多，并成为经济增长核心区。但是，如果该地区的经济要素较为单一，当经济要素失去经济价值而变为非经济要素时，该地区的核心地位将发生变化，成为经济增长边缘地区。比如在解放初期，以及在改革开放初期，东北都是拉动我国经济增长的核心区域，但现在却成为经济增长动力严重弱化的问题区域。相反，如果一个地区的经济要素能够得到充分开发，产生新经济价值，则该区域可能从经济聚集的边缘地区转换为核心地区，成为经济聚集重心，如改革开放以来我国经济地位在全球范围的变迁史就说明这一点。改革开放以前，我国有大量农村剩余劳动力难以得到利用，无法实现经济价值或经济价值很低，因此，经济聚集程度非常低，但随着改革开放的深入，大量农村劳动力得以利用，成为推动经济增长的重要动力，从而使我国经济聚集程度越来越高，承载的经济要素也越来越多，世界经济聚集重心开始发生转移。图 4-2 对经济要素比重变化导致的聚集重心的变迁给出了说明。

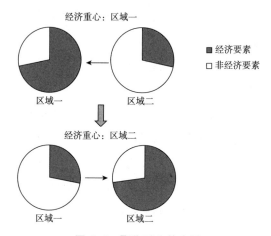

图 4-2 聚集重心的变迁

二 区域性要素和非区域性要素的转换

区域性要素和非区域性要素有着自身独特的性质。区域性要素具有非流动性、不可复制性、排他性和动态性的特征，其实质是指区域性要素具有一定垄断性，当一些地区拥有区域性要素时，可以依靠这种垄断性，形成自身特有的经济聚集优势，推动经济增长。但正像垄断可以被打破一样，区域性要素和非区域性要素的划分在一定程度上也是动态的，两者之间会发生相互转换。非区域性要素由于具有流动性特征，因此随着要素累积叠加，非区域性要素将会固化到一定区域，变成区域性要素。比如资本，单纯来看它具有极强的流动性，属于非区域性要素，但由于规模经济存在，资本逐利性必然导致扎堆聚集，并随着资本转化为实体产业在一个地区固化、沉淀，形成该区域特有的产业结构，所形成的资本结构就成为该地区的区域性要素。东北的重工业产业结构、浙江和温州的制鞋业等其实都是相关资本累积固化之后成了本地经济发展的特有优势。另外，虽然有些区域性要素如河流、自然生态环境等因素在属性上完全不可移动，但其他地区依靠自身其他要素，通过一定方式改造后也能具备与上述要素类似的功能，并由此产生一定程度的替代。比如，我国东部地区依靠其临海、临河等区域性要素享有交通优势，而内陆地区无法享受这种交通优势，但是，随着"一带一路"倡议实施，我国全球化方向开始向西推进，铁路线路的完善以及航空基础设施的大量建设使内陆地区可通过建设"内陆港""无水港""航空港"等设施享受交通便利带来的好处。

另外，对区域性要素和非区域性要素的转换，在当前网络经济不断深化背景下，一方面两类要素转换越来越容易，另一方面两类要素自身的一些特点也会被不断强化。以信息技术和物联网技术为代表的新技术实现了万物互联，促使人们从只注重实体空间向实体和虚拟空间相结合转变，这一转变使以往一些只在特定区域存在的要素不仅可以为本地提供生产力，还可以通过网络为其他地区提供服务，从而原本因物理空间限制而被定义为区域性的要素，现在可以使其功能实现非区域化和遍在化。与此同时，由于网络经济的"放大效应"，即一个节点原本非常小的优点，由于较早连接上了网络就可以和更多节点产生联系，从而能够无限放大这一极小优势，使原本并不突出的一个非区域性要素成为优势明显且具有一定垄断性的区域性要素。

之前提到，经济聚集重心会向经济要素多的地区转移，随着这些经济要素的累积，区域性越来越强，由此形成的经济聚集模式一定是核心边缘式，传统工业化和城市化下的聚集模式大都如此。中国的长春、十堰，美国的底特律，日本的丰田等以汽车产业为主的城市都属于这类，并且传统商业模式下也一定会出现以实体商场、步行一条街等为中心的聚集模式。主要原因是传统模式下经济收益增加主要都来自实体空间形成的规模经济，而区域之间又存在运输成本，所以最优聚集模式一定是核心边缘式。但是，一方面，随着人类收入水平提高和需求层次提高，规模化生产的作用有所下降，小批量、个性化生产使一些小规模厂商有了生存空间，这使之前由资本积累产生的区域性优势有所下降，少量投资即可产生较大收益，资本流动性不断增强，交通条件的改善使一些区域性要素变得非区域化；另一方面，移动互联网技术使信息交流成本大大降低，可以更便捷地享受信息外部性带来的好处，现代物流技术使运输成本所占比重大大降低，这使得欠发达地区的一些非经济要素开始显现经济价值，非经济要素转换为经济要素。这些条件共同使聚集模式呈现分散化和网络化趋势。经济聚集模式从传统的核心边缘模式转换为现在的由"海量小前端"控制的大量分散实体店在虚拟空间"巨平台"上聚集的模式，① 即现在有些产业的聚集模式是实体空间内大幅分散，但却在虚拟电子商务平台上呈现规模空前的聚集，即平台经济。图4-3对聚集模式的演变做了简要说明。

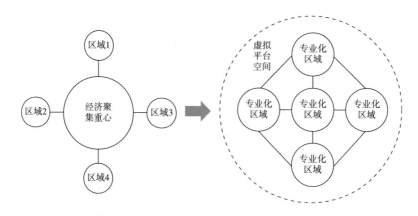

图4-3　聚集模式的演变

注：图中圆形大小代表该区域聚集规模的大小。

---

① "海量小前端+巨平台"这种提法由阿里研究院学术委员会主任梁春晓首次提出。

第二节　要素禀赋结构变化下的经济增长动力

对于结构变化产生的影响，德内拉·梅多斯等（2013）在《增长的极限》一书中曾从系统论角度有过分析。他们认为"结构不改变的结果将是不同的人浪费同样多甚至更多的时间和资金在一个新组织中去完成同样的目标，但只能产生和过去一样的结果。因此，必须改变一个系统的反馈结构，尤其需要通过对信息系统结构的改变来改造社会和物理的结构，这将会带来新的法律、新的组织、新的技术和新的机械等。并且这种转变是自然演进、没有计划且激动人心的"。已经提到，要素禀赋结构是指一个地区的自然禀赋、劳动力、人力资本、物质资本等生产要素的相对富裕状态。由于不同生产要素具有不同特点，因此，一个地区的要素禀赋结构会对经济增长动力产生重要影响。孔宪丽等（2015）认为，在要素禀赋结构不变情况下，如果技术进步偏向和要素禀赋结构相适应，那么该生产部门的生产率将得到极大提高，并且偏向程度越高，部门生产率增长速度越快；对于技术进步偏向和要素禀赋失衡的部门来说，技术进步将对部门生产率产生负面影响，并且失衡越严重，效率损失越大。要素禀赋结构并非一成不变，它在每个特定经济发展阶段上虽然是给定的，但却会随发展水平变化而发生变化（林毅夫等，2012；任保平，2015）。林毅夫等提出，一个经济体最优的产业结构和技术结构内生地取决于其要素禀赋结构。实际上，产业结构和技术结构是要素禀赋结构决定经济增长的实体形态和虚拟形态，因此，下文将从技术进步和产业结构两个视角来分析要素禀赋结构变化对经济增长动力产生的影响。

一　技术进步视角下要素禀赋结构变化的增长动力分析

主流经济学对技术进步的研究主要是创新经济学，新增长理论是其中极具代表性的范例，它吸取了很多关于创新经济学的成果，比如，对社会制度适应性的分析、对默示性知识和可编码知识的区别，以及对外溢效应和技术外部性的理解。但它却忽视了非均衡条件下经济增长要素之间相互协同耦合的理论。创新经济学提出，在研究经济系统的所有结构性要素时，必须考虑新技术的影响，这能更好地理解技术创新结果及决定因素。只有细致研究经济系统中各组成部分的基本关系结构，才能更好地理解技术进步对经济系统产生的直接或间接动态关系（克瑞斯提诺·安东内利，2006）。也就是说，不同技术进步类型决定了要素禀赋之间的相互动态关系，而不同要素禀赋结构又决定了不同的技术进步类型，从而决定经济增长率的差异。

根据内生经济增长理论，技术进步是经济增长的动力源，而创新（innovation）和模仿（imitation）是两个推动技术进步的基本途径（Grossman and Helpman，1991）。另外，对于后发国家来说，通过资金购买直接引进也是一条普遍且有效的途径。所以对一个地区来说，技术进步包含技术引进、模仿性技术创新和自主式创新三种模式。但是，技术进步是否能够提高企业生产效率，为产生新一轮技术进步打下基础，并最终推动经济增长，这取决于地区要素禀赋的状况和结构。在市场经济条件下，要素禀赋结构的直接表现形式是生产要素的价格变动，这一变动会使企业改变当前生产技术和工艺，进而引起生产模式发生变化。基于这一过程，宾斯瓦格和鲁坦（Binswanger and Ruttan，1978）提出，生产要素价格变动会引起生产要素组合的各种变化，同时这种变化又会诱发新的技术。也就是说，要素禀赋结构决定了生产要素的价格水平，这种价格水平变化又导致生产要素组合方式变化，并最终诱发新的技术创新，所以要素禀赋结构和技术进步之间有着非常强的关联性和协调性。如果要素禀赋结构相对技术进步水平来说过于落后，或者是过于先进，其对地区经济增长的推动就会存在较大不确定性。比如阿布拉莫维茨（Abramovitz，1989）就提出，一味追求引进和开发与自身要素禀赋不匹配的先进技术，将不利于对现有技术的消化和吸收，进而导致技术进步难以为继。阿西莫格鲁（Acemoglu）也指出一个地区的技术进步并非哈罗德中性，而是该地区有目的、有组织地进行研发活动的结果，因此，技术进步是一个地区生产环境、资本、劳动、土地、制度等要素禀赋构成达到最优的结果。我国很多学者也验证了要素禀赋与技术进步相匹配的重要性，陈友芳（2009）认为在进行技术选择时，不能盲目追求技术先进性，而是必须重点考虑这项生产技术是否符合地区要素禀赋状况。余泳泽等（2015）也据此提出了适宜性创新模式，并认为无论是模仿性创新还是自主创新，都应当和地区经济发展水平、要素禀赋水平和制度环境相适应。宋高燕等（2021）发现我国不同省区的资源禀赋结构差异导致发达省区与欠发达省区的技术选择轨迹出现分岔，前者逐步逼近发达国家，更多进行自主创新，而后者则主要依靠后发优势去引进技术。技术进步演进规律决定了一个后发地区要想实现技术赶超和经济可持续发展，就必须走技术引进—消化吸收—模仿创新—自主创新之路，但是每个阶段所需经历的时间长短取决于要素禀赋结构的状况。

本质上，不同技术进步模式只要能带来企业或地区的生产效率提升，都能为经济增长提供动力支持。同时，不同技术进步模式之间既可以相互替代，又可以相互补充。但是，由于不同技术进步模式自身特点的差异，它们将在影响范围、自生性和动力持续性上产生较大不同。图4-4对比了要素禀赋结构决定的技术进步模式及其增长动力差异。

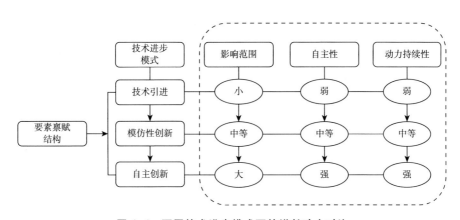

图4-4　不同技术进步模式下的增长动力对比

技术引进是一个地区通过直接购买或者外商直接投资获取先进技术。这种方式在成本和时间的节约上都有很大优势，能够快速促进地区经济发展，从而对地区经济差距收敛产生非常明显的效果（李光泗和徐翔，2008）。但是，从国际经验来看，一方面，以西方国家为首的发达国家为了维持自己的技术领先优势，一般不会对外出售核心的技术和知识产权，这使得产业链高端的利润被发达国家瓜分，技术引进国家只能在低端价值链上获取收益，而这种在产业链末端获取的技术进步只能带来极少收益。另一方面，单纯依靠技术引进会使企业或者地区忽略自主研发，陷入对技术引进的过度依赖，由于只有不断创新才能实现技术突破和赶超，所以技术引进地区在缺乏创新的前提下将陷入"引进—落后—再引进—再落后"的恶性循环。也就是说，完全依靠技术引进无法拥有自生能力，从而产生的经济增长动力将缺乏可持续性。对于技术创新来说，模仿性创新虽然对地区技术进步的自生能力有了一定增强，但毕竟相对发达国家来说，仍属"跟随战略"。当欠发达地区掌握这类创新技术后，发达国家将开始低价出售这类技术，使欠发达地区难以获取足够利润以弥补技术研发所付出的高额成本。这类创新因为已经开始向产业链中高端演进，所以影响范围有所扩大，产生的经济增长动力也具有较强可持续性。自主创新相对模仿性创新则更进一步，其战略选择从"跟随"转变为"赶超"和"引领"。重点领域主要集中在产业链高端，具有极高的先导性，一旦实施成功，将可能对整个产业链都产生影响，甚至重构整个产业链，经济增长动力具有极强的可持续性。当然，自主创新对经济增长的影响并非如此简单，由于工业文明下的自主创新更依赖于自然科学理论的积淀和可控性实验，而欠发达地区的这类积淀非常欠缺，加上自主创新会挤出生产性投资，生产性投资减少又意味着产出减少，进而降低经济增长水平。所以，自主创新存在较高的机会成本和风险。

二　产业结构视角下要素禀赋结构变化的增长动力分析

经济增长主要体现为地区生产总值的增加，而不同产业由于生产效率和所处产业链环节的差异会呈现出投入产出比的不同，因此产业结构差异将导致产出量及增长率出现差异。一个地区的产业结构本质上是其要素禀赋及利用方式的综合体现。产业结构内生于要素禀赋结构，会随着要素禀赋结构的升级而升级，虽然恰当的产业政策会促进产业结构升级，但有效性会受到要素禀赋结构的制约。因此，经济增长动力培育的核心是通过要素禀赋结构带动地区产业结构发生变化，并最终导致地区总产出发生变化。

　　按照经济发展理论，结构变化对经济增长的影响主要表现在三个方面，即结构多元化、结构合理化以及结构高级化。同样，要素禀赋结构也包含这三个方面，从这三个方面决定了产业结构的多元化、合理化和高级化，并最终对经济增长动力的来源、强度和潜力产生影响，如图 4-5 所示。

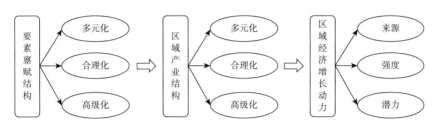

图 4-5　产业结构视角下的要素禀赋结构与经济增长动力

　　要素禀赋结构多元化是指由于生产要素多样性带来的多种组合配置。多元化要素禀赋结构可以为多种产业发展提供基础，当一个地区的要素禀赋较为单一时，产业结构和类型也必然非常单一或薄弱，这造成了区域产出来源的单一化。但是，当一个地区具有多元化要素禀赋时，各种产业都有了可以支撑其发展的要素。根据新经济地理学的本地市场效应（home market effect），产业发展必然引致更多相关要素流入，形成一个正向循环累积，从而通过多种产业的发展为经济增长带来持续动力。另外，多元化还会通过范围经济带来雅各布斯外部性收益，通过搜寻匹配成本降低带来产出的增加。可以说，在我国这几十年的发展里，要素禀赋结构的多元化程度不断增强，但是，要素禀赋结构合理化和高级化程度还有很大不足。要素禀赋结构合理化是指既有要素禀赋的配置趋向于合理，实现既有要素禀赋类型不变前提下，较低投入得到较大产出的过程。它衡量了要素配置结构和产出结构的耦合程度。而要素禀赋结构高级化是指一个地区所具有的要素禀赋中高级生产要素比重的增加。由于产业分工甚至国际分工的本质是要素分工，根据比较优势理论，一个国家或地区必然会根据自身要素禀赋状况，大力发展密集使用自身相对富足生产要素的产业，要素禀赋结构越合理，产业发展配比和关联效果就越好，前后联系的加强必然增加总产出，经济增长动力得以强化。根据价值链理论和"微笑曲线"原理，鉴于高级生产要素的稀缺性，如果一个地区高级生产要素越多，其往往可以取得相对更高的收益，在区域分工和产业链延伸中，该区域就可以参与到更高的价值链分工环节，从而拓展经济增长潜力。应当说，要素禀赋结构合理化是经济产出不断向生产可能性曲线靠近的过程，而要素禀赋结构高级化会由于高级要素的高效性，在提供更多产出的同时，还能有效提升低等级要素的使用效率，通过内涵式扩大增强各种生产要素的外延，增加地区要素禀赋总体规模。这种要素禀赋总体规模的增加将使生产可能性曲线外推，这就是经济增长动力的潜力。潜力越大说明经济增长动力的可持续性越强。干春晖等（2011）研究了中国产业结构变迁对经济增长和波动的影响，结果表明产业结构合理化和经济增长之间的关系非常稳定，而产业结构高级化是经济波动的重要来源。这验证了产业结构合理化是经济增长动力强度的重要来源，而产业结构高级化是经济增长动力潜力的重要来源的观点。

第三节　主导要素变化下的经济增长动力

生产要素是多元的，也是异质的。在实践中可以发现，经济增长是由多种要素共同推动的。动力最早是物理学的概念，根据物理学理论，动力不仅包含强度上的度量，还包含方向上的度量，动力要素分散化的弊端是可能会由于方向和强度上的差异造成系统合力在规定方向上的不足。因此，主导动力强度和方向会对事物发展方向起到决定性作用。根据这一理论，要素禀赋和经济增长动力之间的关系可以归纳到主导要素的选择和确定上，因为它决定着经济增长动力的方向、强度和转换。

当把一个地区的经济增长看作一个经济体沿时间轴不断前行的过程时，就和物理学研究非常类似。物理学研究物体的空间运行规律，而经济增长理论研究的是经济系统在时间上的运行规律，两者有极强的相似性。因此，本节借鉴王冬和孔庆峰（2013）的思路，利用物理学建立的变加速模型，研究主导要素与经济增长动力之间的关系，为了更直观地分析这一关系，本节还将利用更具体的经济学函数形式对其进行模拟分析。

一　主导要素变化下的经济增长动力转换模型

（一）模型建立

变加速直线运动是指物体沿直线运动时，位移变化除了受到初速度影响外，还受到随时间发生变化的加速度的影响，表示为微分形式是 $a = \dfrac{d^2R}{dt^2}$，其中，a、R、t 分别是物体运行的加速度、位移和时间。在确定物体初始状态 $V = V_0$，$a = a_0$ 的前提下，变加速直线运动可以表示为：

$$R = V_0 t + \int_0^t \int_0^t a_\tau d\tau dt \qquad (4.1)$$

以下将该公式赋予经济学含义。R 是经济增长；V_0 是由资本、劳动力等生产要素投入对经济增长的贡献，$V_0 = (\overline{Q} - Q)E$，$\overline{Q}$ 是现有技术水平下能够使用的生产要素数量，Q 是未使用的生产要素数量，因此 $\overline{Q} - Q$ 就是现有技术水平下，已经投入经济增长的生产要素数量；E 是要素使用效率；a_τ 是 τ 时刻经济增长的加速度；加速度是经济增长受到外部冲击的结果，因此 $\int_0^t a_\tau d\tau$ 就是经济增长受到外部冲击所产生的瞬时速度。在众多可能影响经济增长的冲击中，方便起见，这里只关注技术进步这个对经济增长产生最重要影响的冲击，因此 a_τ 就是技术进步速度。当然，如果将其理解为制度等其他因素也可。

（二）主导要素变化下经济增长动力转换的作用机制

在经济增长的不同阶段，主导要素存在差异。一般情况下，主导要素对非主导要素的影响要高于非主导要素对主导要素的影响，另外，高级要素对初级要素的影响也要高于初级要素对高级要素的影响。因此，可以认为在经济增长的初级阶段，初级要素起主导作用，从而不会对高级要素产生较大影响而可以忽略内生性，但到了经济增长的高级阶段，高级要素将发挥主导作用，这时，高级要素就会影响初级要素，从而必须考虑其中的内生性。结合（4.1）式，可以认为第一项代表初级要素部分，第二项代表高级要素部分，两者共同构成一个区域的要素禀赋。下文将按主导要素类型对不同阶段的经济增长进行分析。

第一，初级要素起主导作用下的经济增长动力分析。在这个阶段，虽然初级要素起主导作用，但是由于初级要素难以对高级要素产生影响，而高级要素由于没有处于主导地位，无法对初级要素产生影响，所以在这一阶段可以忽略两者之间相互作用而产生的内生性。根据（4.1）式可以看出，经济增长的动力包含 $\overline{Q}$、Q、E 和 a_τ 4 个方面。当区域生产要素越丰富（$\overline{Q}$ 越大），投入生产要素越多（Q 越小），要素使用效率越高（E 越大）时，经济增长动力就越大，经济增长的位移也就越大，也就是说经济增长可以达到更高水平。而经济增长速度则由外生技术进步 a_τ 决定。这里需要区分（4.1）式中的第一项和第二项，第一项导致经济增长的变化是水平方向上的，而第二项是斜率上的变化。由于这一阶段，初级要素的影响只是相对简单的数量、规模上的变化，因此主要对第二项做出分析。

假设存在一个最优技术进步水平 $\overline{A}$，此时经济增长速度达到最快（$v = \overline{v}$），而在技术效率最差时（A_0），经济增长动力完全来自初级要素投入所带来的水平效应，现实情况介于两者之间。每个技术进步都能带来经济增长速度的提高，两者是一一对应关系，因此可以假设 $v_t = \mu A_t$，代入加速度公式可得 $a = \dfrac{d^2 R}{dt^2} = \lim\limits_{\Delta t \to 0} \dfrac{v_{t1} - v_{t2}}{t_1 - t_2} = \mu \lim\limits_{\Delta t \to 0} \dfrac{\Delta A}{\Delta t}$。其中，$\Delta A$ 是现有技术进步状况，$\dfrac{\Delta A}{\Delta t}$ 是技术进步速度。因此，技术进步状况决定了经济增长的增速，而技术进步速度决定了经济增长增速的速度，也就是经济增长的加速度。

重新回到力学角度考虑，一个物体在没有外力作用下，会保持静止或以其初始速度匀速前行，一旦物体受到外力作用，速度就会变化。物理学中研究物体运动中受力、加速度和质量之间关系的公式是 $a = \dfrac{F}{m}$。经济增长也有同样规律，外部条件不变时，经济增长动力是 $V_0 = (\overline{Q} - Q) E$。当存在技术进步时，经济增长会受到推动作用，产生一个加速度，此时，公式 $a = \dfrac{F}{m}$ 中的 a、F 和 m 分别是技术推动力、技术进步和地区经济规模。"技术推动力"和"技术进步"存在本质区别，一项技术被发明出来后必须经过市场检验，能够产生效益后才会产生技术推动力。另外还需注意，有些技术发明从出现到产生经济效益可能非常缓慢，比如罗伯特·索洛1987 年在《纽约时报》所提出的"索洛悖论"："你可以在任何领域感受到计算机时代，唯独在生产率的统计测算中不能。"

技术推动力与技术进步正相关。一项新技术产生推动力的大小主要需要考虑通用性和有用性两点。通用性越高，该项技术发明可以应用到的领域越广，从而可以利用规模经济产生更强的推动力。技术进步的有用性则决定了其实用价值，实用价值越大，该项技术进步越容易推广。需要注意的是，技术进步的这两个特点会随外部条件发生变化。比如"索洛悖论"中强调的计算机的作用，"索洛悖论"是在 1987 年提出的，但从 1995 年美国出现"新经济"迹象后，其存在性受到极大质疑，就连索洛本人也于 2000 年宣告"索洛悖论"不再存在。

技术推动力与地区经济规模负相关。这是基于短期的情况，长期情况下，技术进步通过其通用性渗透到所有产业后会产生内生性，并产生更加复杂的影响，这将在下一阶段分析。在这里，新的技术进步相当于一项新制度或行为规范，虽然可能会提高效率，但它从被接纳、实施到对整个区域产生推动力，必然会因为地区经济规模扩大而付出更多成本。比如，要想在一个城市实施信息化工程，必然是城市规模越大，付出的学习和建设成本就越高，虽然完成之后会大大提升城市生产率，但不能否认在前期推广阶段由较大城市规模所带来的困难。

通过分析可以看出，影响一个地区经济增长的因素主要是现有技术水平下能够使用的生产要素数量 $\overline{Q}$、未使用的生产要素数量 Q、生产要素使用效率 E、技术进步状况 F 和地区经济规模 m。在这个阶段，$\overline{Q}$、m 和 E 相对稳定，同时也由于技术进步 F 不占主导地位，所以经济增长的主要动力就是对 Q 的开发。但是在现有技术条件下，投入使用的初级要素 $\overline{Q}-Q$ 存在上限。即随着时间推移，即使经济增长由（4.1）式中的第一项能够达到新阶段，但如果没有第二项为经济增长提供加速度，经济增长会陷入停滞状态，当第一项较小时是低收入陷阱，较高时就是高收入陷阱。因此，必须为经济增长寻找新动力。

第二，高级要素起主导作用下的经济增长动力转换。技术进步属于高级要素，如果它还是主导要素，就会对初级要素产生影响，（4.1）式将存在内生性。首先分析技术进步的类别及作用路径。根据经济学家 Farrell（1957）对技术效率所做的研究可知，索洛增长核算方法 $Y = AK^\alpha L^\beta$ 中的全要素生产率 A 可以分解为效率提升和技术进步两个部分。前者是基于向生产可能性边界的靠近，而后者是生产可能性边界的移动，两者具有不同含义，所以在此将这两种导致全要素生产率变化的因素称为技术效率（A_1）和技术创新（A_2）。技术效率可以理解为较小的技术进步，只能在现有要素禀赋基础上通过效率提升来促进经济增长，而技术创新则能够通过对现有要素禀赋的重新认识，产生质和量两个维度的提高，从而对经济增长产生更大影响。因此，这里假设技术效率只能影响生产要素的使用效率（E），而技术创新不仅会影响区域中能够使用的要素数量 $\overline{Q}$，也会提升要素使用效率（E），此时（4.1）式改进为：

$$R = \left[\overline{Q}(A_2) - Q\right]E(A_1, A_2)t + \int_0^t\!\!\int_0^t a_\tau d\tau dt \tag{4.2}$$

其中，$\frac{\partial \overline{Q}}{\partial A_2}>0$，$\frac{\partial E}{\partial A_2}>0$，$\frac{\partial E}{\partial A_1}>0$。上文提到技术进步的推动力主要取决于通用性（$\varphi$）和有用性（$\gamma$）。因此一项技术进步可以表示为 $F = (A_1 + A_2)\varphi\gamma$。由于不同技术进步产生的影响可能不同，比如赵彦云等发现，技术含量高、原创性强的专利相较于实用新型和外观设计专利来说，前者更能促进经济增长方式的转变。所以假设技术效率提高的有用性（γ_1）要低于技术创新的有用性（γ_2），同理还可以认为 $\frac{\partial E}{\partial A_2}>\frac{\partial E}{\partial A_1}$。至于技术进步通用性（$\varphi$），则受到现有技术条件（$A$）和地区经济规模（$m$）的影响。现有技术条件越好，一项新技术进步的普及难度就越小。地区经济规模越大，根据大数定律，技术进步的作用范围会越广，从而能产生更大影响。为了研究方便，这里考虑 $\varphi = \theta_1 A + \theta_2 m$ 的特定形式，在此基础上，技术进步 F 产生推动力的完整形式可以表示为：

$$a = (A_1\gamma_1 + A_2\gamma_2)\frac{\theta_1 A + \theta_2 m}{m} \tag{4.3}$$

将（4.3）式代入（4.2）式可以得到新的经济增长表达式：

$$R=\left[\overline{Q}(A_2)-Q\right]E(A_1,A_2)t+(A_1\gamma_1+A_2\gamma_2)\frac{\theta_1A+\theta_2m}{m}t^2 \tag{4.4}$$

为了和初级要素主导下的经济增长动力比较，首先列出初级要素主导下经济增长与主导要素的关系，即对（4.4）式关于$\overline{Q}-Q$求导，可以得到$\dfrac{\partial R}{\partial\left(\overline{Q}-Q\right)}=Et$。然后计算技术进步主导下经济增长与主导要素的关系，为了比较不同类型技术进步的作用，还需对（4.4）式关于A_1和A_2分别求导，可以得到：

$$\frac{\partial R}{\partial A_1}=\left[\overline{Q}(A_2)-Q\right]t\frac{\partial E}{\partial A_1}+\frac{\theta_1A+\theta_2m}{m}\gamma_1t^2$$

$$和\quad\frac{\partial R}{\partial A_2}=\left[\overline{Q}(A_2)-Q\right]t\frac{\partial E}{\partial A_2}+E(A_1,A_2)t\frac{\partial\overline{Q}}{\partial A_2}\frac{\theta_1A+\theta_2m}{m}\gamma_2t^2。$$

将$\dfrac{\partial R}{\partial\left(\overline{Q}-Q\right)}$，$\dfrac{\partial R}{\partial A_1}$和$\dfrac{\partial R}{\partial A_2}$结合$\dfrac{\partial E}{\partial A_2}>\dfrac{\partial E}{\partial A_1}$和$\gamma_2>\gamma_1$之后，可以得到$\dfrac{\partial R}{\partial A_2}>\dfrac{\partial R}{\partial A_1}>\dfrac{\partial R}{\partial\left(\overline{Q}-Q\right)}$。即技术进步主导下的经济增长动力要高于初级要素主导下的经济增长动力，而技术进步中，技术创新又高于技术效率提升的作用。原因在于效率提高只会对初级要素产生影响，技术创新还会拓展要素禀赋外延，并获取更多要素投入。

可以看出，主导要素升级是经济增长动力转换的关键，主导要素等级越高，影响面越广，所带来的动力提升才能惠及更多领域，为了更清晰地看出主导要素升级对经济增长的影响，下文用经济学更通用的函数进行模拟分析。

二　主导要素变化下经济增长动力转换的模拟分析

（一）基本模型

假设一个地区存在两个部门，部门产出增加代表其促进了经济增长，反之则代表其未促进经济增长，并因此导致经济增长动力弱化。部门 1 以初级要素为主导，部门 2 以技术进步为标志的高级要素为主导。借鉴 Dixit 和 Stiglitz（1977）的建模思路，并参考中国经济增长前沿课题组（2015）的研究方法，技术进步主导下的生产方式是在标准生产函数基础上，嵌套进其他生产函数。假设初级要素主导下部门 1 的生产函数为：

$$Y_G = A_G L^\alpha K^\beta，满足 0<\alpha, \beta<1, \alpha+\beta=1 \tag{4.5}$$

其中，Y_G 是产出量；A_G 是部门 1 的技术进步；L 和 K 是劳动和资本投入量；α 和 β 是相应的产出弹性。可以看出，部门 1 也存在技术进步 A_G，但只作为外生冲击存在，并不对初级要素 L 和 K 产生影响，因此也不会对其产出弹性产生影响。

至于部门 2 的生产方式，技术进步主导下，高级要素将对初级要素产生影响，可以理解为技术进步通用性所引致的技术外溢，此时的生产函数为：

$$Y_H = \chi Y_G^\varepsilon，\varepsilon>1 \tag{4.6}$$

其中，Y_H 是部门 2 的产出量；ε 是技术进步向初级要素渗透所产生的外溢指数，其大小受到技术进步通用性和有用性的影响，结合（4.3）式可以认为 $\varepsilon = \frac{\partial E}{\partial A_1}dA_1 + \frac{\partial E}{\partial A_2}dA_2$；$\chi$ 可以看作技术进步主导下，要素禀赋外延扩大造成的产出增加，结合（4.3）式可以认为 $\chi = \frac{\partial \overline{Q}}{\partial A_2}dA_2$，$\chi$ 和 ε 的增加代表技术进步主导作用增强，最终可以得到部门 2 的人均产出 $y_H = \chi A_G^\varepsilon k^{\beta\varepsilon} = A_H k^{\beta\varepsilon}$，其中，$A_H = \chi A_G^\varepsilon$。根据（4.5）式可以得到部门 1 的人均产出 $y_G = A_G k^\beta$。可以看出，部门 1 人均产出的凹凸性仅取决于 β，而部门 2 人均产出的凹凸性则取决于 β 和 ε 两项。

（二）不同要素主导部门生产函数的动态演变模拟

当 $\beta\varepsilon>1$ 时，部门 2 的生产函数是向上凹的；当 $\beta\varepsilon<1$ 时，是向上凸的；当 $\beta\varepsilon=1$ 时，就是条直线。所以，为了看清部门 2 的不同技术进步强度如何影响部门 1，下文将分别进行模拟分析。

根据部门 1 和部门 2 的人均产出可以得到它们的边际产出，令部门 2 的边际产出和部门 1 的边际产出相等时，可以得到两个部门边际产出相等时的人均资本 k^*。两个部门的边际产出和 k^* 的表达式分别为：$\frac{\partial y_H}{\partial k} = \beta \varepsilon A_H k^{\beta-1}$，$\frac{\partial y_G}{\partial k} = \beta A_G k^{\beta-1}$，$k^* = \left(\frac{\varepsilon A_H}{A_G}\right)^{\frac{1}{\beta(1-\varepsilon)}} = (\varepsilon \chi)^{\frac{1}{\beta(1-\varepsilon)}} A_G^{-\frac{1}{\beta}}$。当 $k < k^*$ 时，部门 1 的边际产出大于部门 2 的边际产出，从而部门 1 得以维持，初级要素投入是经济增长的动力；当 $k \geq k^*$ 时，部门 1 的边际产出小于部门 2 的边际产出，这时可能会出现两种情况：一是部门 1 退出，由技术进步主导下的部门 2 直接替换部门 1，形成新动力；二是部门 1 通过技术创新，提高自身技术水平 A_G，并最终实现 $\frac{\partial y_G}{\partial k} \geq \frac{\partial y_H}{\partial k}$，这时，技术进步在部门 1 的地位得以提升，两个部门共同成为经济增长的动力。

图 4-6 是 $\beta \varepsilon = 1$ 时，部门 1 与部门 2 产出的动态演变 I。部门 1 的生产函数 y_{G1} 至 y_{G3} 的技术进步在不断增大。当 $k < k_1^*$ 时，部门 1 按原有形式 y_{G1} 生产，此时的部门 2 还处于初级阶段，主导作用或技术进步程度还不够强，因此它的边际产出低于部门 1；当 $k_1^* < k < k_2^*$ 时，部门 2 的技术进步主导性增强，边际产出也得到提升，这会造成不愿进行技术创新的部门 1 中的企业逐渐退出，而做出技术创新的企业会沿新的生产函数 y_{G2} 生产，从而提高了技术进步的主导作用；当 $k > k_2^*$ 时，技术进步继续提高其主导作用，使部门 1 按照 y_{G3} 生产。技术进步主导下的部门 2 不断倒逼初级要素主导的部门 1 加大对技术进步的重视，从而减弱初级要素的主导作用，并最终也转变为以技术进步为主导的生产方式。图 4-7 是当 $\beta \varepsilon > 1$ 时，部门 1 和部门 2 产出的动态演变 II 的情况，此时，部门 2 的生产效率更高，技术进步强度也更高，从而不仅能够倒逼原有生产方式转型升级，提高技术进步的主导作用，还会加快提高的速度。由此可以看出，以技术进步为主导的生产方式会逼迫初级要素为主导的生产方式不断升级，从而使技术进步的主导性得以增强；另外，技术进步强度越大，即主导要素越高级，则生产方式升级的速度就越快。所以，主导要素的转变升级是推动经济增长动力转换的关键。

如果部门 2 不坚持以技术进步为主导，即 $\beta\varepsilon<1$，此时部门 2 的生产函数是向上凸的。此时部门 1 会出现两种情形：一是部门 1 按原有技术扩大生产，二是部门 1 为了获取更多利润，技术进步弱化导致初级要素的主导性增强，从而加大对初级要素的投入而扩大生产。图 4-8 是 $\beta\varepsilon<1$ 时，部门 1 和部门 2 产出的动态演变 Ⅲ 的模拟结果。可以看出，部门 2 中技术进步的主导性弱化，因此其生产函数上凸，可以理解为部门 2 表面上是高科技产业，但实际生产率、技术进步率却并不高。部门 1 从 y_{G1} 到 y_{G3} 的技术进步强度在逐步弱化。当 $k<k_1^*$ 时，部门 1 沿着 y_{G1} 生产，此时部门 1 的边际产出大于部门 2；当 $k_1^*<k<k_2^*$ 时，部门 1 仍可按 y_{G1} 生产，但由于技术创新需要增加投入，而此时不需增加技术创新投入仍可以获取更大利润，因此部门 1 会选择 y_{G2} 生产，此时部门 1 的边际产出仍然大于部门 2；当 $k>k_2^*$ 时，部门 1 将沿着 y_{G3} 生产，部门 2 的边际产出依然较高。由此可见，在部门 2 的生产函数上凸时，为了获取更多利润，部门 1 将采取跟随战略，不断弱化技术进步在经济中的主导性，使整个经济都按初级要素主导的生产方式生产，这样的结果是人均产出不断下降，经济增长动力缺失。综上，当技术进步程度弱化时，初级要素将逐步占据主导地位，同时也会诱使初级要素主导部门不断萎缩，两部门技术进步水平的降低共同导致经济增长动力缺失。

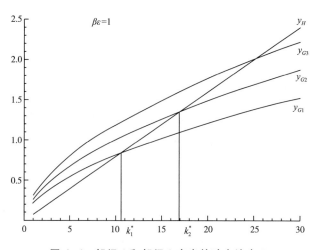

图 4-6 部门 1 和部门 2 产出的动态演变 Ⅰ

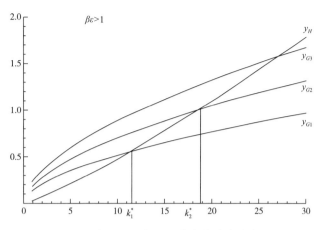

图 4-7　部门 1 和部门 2 产出的动态演变 II

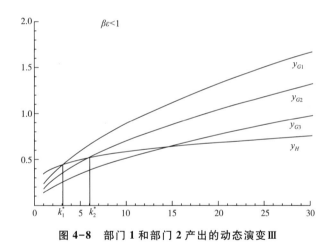

图 4-8　部门 1 和部门 2 产出的动态演变 III

第四节　本章小结

　　本章系统分析了要素禀赋类型变化、要素禀赋结构变化以及主导要素变化这三种模式下的经济增长动力。对于要素禀赋类型的变化，经济要素和非经济要素的转换会由于要素经济价值变化而导致聚集重心发生变迁，从而对经济增长动力强度产生影响；区域性要素和非区域性要素的转换会由于要素禀赋专有化程度的变化而导致聚集模式的演化，进而又将导致经济增长动力来源的变化。对于要素禀赋结构变化产生的影响，从技术进步视角来看，要素禀赋结构决定了技术进步模式，不同技术进步模式的影响范围会导致自生能力存在差异，从而影响经济增长动力的持续性；从产业结构视角来看，要素禀赋结构具备多元化、合理化和高级化的特征，从而决定了产业结构的多元化、合理化和高级化，并最终决定经济增长动力的来源、强度和潜力。最后，主导要素变化也是经济增长动力转换的关键。经济发展中的生产要素众多，但所发挥的作用存在差异，当主导要素等级较高时，产生的技术进步能够更好地带动其他领域的转型升级，但是当主导要素等级较低时，技术进步弱化将会诱使其他部门产出不断降低，从而导致经济增长动力持续弱化。

第五章

要素禀赋数字化推动高质量
发展的动力转换机理

当下，中国乃至世界正面临新一轮技术革命主导下的巨大变革，大数据正主导着我国的要素禀赋发生重要变化。"数据是新的生产要素，是基础性资源和战略性资源，也是重要生产力"已成为共识，数据已直接参与到经济价值的创造过程中。党的十九届四中全会通过的《中共中央关于坚持和完善中国特色社会主义制度 推进国家治理体系和治理能力现代化若干重大问题的决定》首次提到数据是一种生产要素，也就是说，数据拥有了与劳动、资本和土地同等重要的地位。吴军（2020）认为，如果把资本和机械动能作为大航海时代以来全球近代化的推动力，那么数据将成为下一次技术革命和社会变革的核心动力。大数据是数据要素分化和活化的技术支撑，大数据作为一种技术创新，促使数据、资料等信息从传统生产要素中分离出来，其独特的优势为其他生产要素赋予了新的能量，并引致新的社会分工，为经济发展提供了新的动力。本部分将基于数据要素的特征，继续沿着"要素—产业—经济发展"的思路，对数字主导下的要素禀赋变化模式、产业优化路径及动力转换机制进行阐述。

第一节　大数据驱动要素禀赋变化的模式分析

一　数据要素的特征

数字经济是以数据为关键要素的经济形态，已有很多学者对数字经济的特征进行了归纳。泰普斯科特（Tapscott，1996）认为数字经济的显著特征是数字化、知识化、虚拟化、互联互通等。宋洋（2019）认为数字经济具有高成长性、强扩散性、降成本性等。蔡跃洲（2018）认为数字经济的特征可以归纳为替代性、渗透性和协同性。这些研究都从不同侧面反映了数据要素的特征。为更加全面了解数据要素，这里借鉴邹传伟的观点，从技术和经济学两个维度对数据特征进行归纳总结。

（一）数据的技术特征

数据的技术特征主要包括以下几个方面：从数量上是指数据规模或容量的大小，有多少样本量、变量个数等；从质量上是指所搜集到的数据是否能够代表总体，包括局部特征数据质量和总的特征数；从数据的搜集方法上是指数据是由观测所得还是实验所得；从数据类型上是指数据的存在形式，包括文字、数字、图片、视频等；从数据的时效性上是指随着时间变化，数据是否能反映观测对象的即时状态，并产生经济价值。

对数据技术特征的认知不仅限于上述几种，其最大的外在特征是形态层面的虚拟性，正是在这一基础上，数据产生了有别于其他有形要素的根本性差异。

（二）数据的经济学特征

数据的经济学特征可以从排他性和竞争性进行分析。排他性是指只有对商品支付价格才可以使用；竞争性是指如果已经有人使用了某个商品，则其他人将无法再同时使用。

从排他性上看，尽管很多数据也需要支付价格才能使用，如一些电子书籍、在线课程以及数据资料等。但是，需要注意的是，这些数据一旦被获取后，还可以通过其他手段将其下载、录制、截屏后，免费共享给其他人，此时，数据的原始所有者将难以获取任何附加收益。

从竞争性上看，对于诸如衣服、水果、影院座位等物品，一旦有人消费后，其他人就无法同时、同等程度地享用。但对于数据来说，一方面，数据对其拥有者来说是平等的，大家都可以无差别地进行数据挖掘，获取数据的内在价值；另一方面，数据的价值并不完全取决于谁先拥有它，而是取决于获取者的数据分析能力。数据价值对不同使用者或在不同使用场景下，可能存在明显差异。因此，数据存在较大的非竞争性。

数据的这些经济学特征主要源于难以对其所有权进行保护和界定。一方面，由于数据的虚拟性和可复制性，其可以被低成本地广泛传播，且无法获知所有的数据使用者；另一方面，很多数据的产权难以给出清晰界定，比如个人用户的上网数据信息，究竟应当属于数据的产生者还是搜集者？这些共同导致数据具有了较强的公共品属性。

二　大数据驱动要素禀赋变化的模式

在数字经济时代，数据成为主导要素。从社会经济角度看，所谓"时代"变迁，本质上是物质生产和流通过程中起主要作用的"要素"的演变，居于主导地位的发展要素不同，要素结合形式也不尽相同。主导要素特征决定了一个时代的要素组合形式和生产效率。总体上，土地、资本、技术和数字分别主导了人类社会在农业时代、工业时代、知识技术时代和数字经济时代的发展。这些主导要素特征的变化呈现出由有形向无形的转变、由不可再生向可再生的转变、由有限向无限的转变等，进而使生产要素体现出更强的扩展效应、外溢效应和协同效应。总体上，在数字经济时代，数字主导下的要素禀赋变化可以从经济价值、空间分布和要素形态上进行归纳。大数据驱动要素禀赋实现从非经济性向经济性的转变（资产化）、从区域性向非区域性的转变（去中心化）、从实物型要素主导向虚拟型要素主导的转变（数字化）。这些转变对地区要素禀赋的规模、质量、利用效率和形式都产生了重大影响。

第一，从经济价值上看，数字经济推动生产要素实现资本化变革，即从非经济性向经济性的转变，或是从低经济价值向高经济价值的转变。在数字时代，数字技术渗透到生活的方方面面，依靠廉价方便的芯片技术，可以搜集到几乎所有要素各种维度下的海量信息，解决以往各时代存在的信息不对称，甚至是信息不完全和不完美的问题，高效联结了各经济主体，从而大幅拓展了市场经济规模。在数字时代，废旧物资价值通过 58 同城、拍拍等网络平台，令闲置物品价值得以重新发现甚至实现增值，通过绿色循环使万物获得新生，相应主体获取新的经济价值。换句话说，数字技术在大幅挖掘要素使用价值的基础上，更加有效地对接供求，扩大了地区生产要素的规模。另外，数据信息除了能够推动其他生产要素实现资本化变革外，其自身也将基于这一功能实现资本化的过程。郝寿义提出，当具备了技术—经济范式的转变、应用场景的出现和制定信息生产要素标准这三个因素后，信息本身将成功地实现自身的资本化转变。

第二，从要素的空间分布上看，数字技术通过打通时间和空间的分隔，实现生产要素在虚拟空间上的去中心化变革。数字时代之前，要素的生产投入在时间层面上是有时序的，在空间层面需要通过聚集才能呈现收益倍增。但是，在数字时代，芯片技术赋能后的生产要素可以在"互联网+"的操控下，在云端与其他空间的生产要素，通过5G技术实现实时、动态的协同一体化。这对传统实体空间下的物理性生产流程和组合产生了颠覆性影响。尽管暂时仍难以看到基于物理接触后化学反应层面的变革，但是，随着量子理论的发展和应用，相信在不远的将来，当人类在某项技术上跨越"奇点"之后，突破时空限制的要素、生产组合以及社会行为必将大幅增加。当下，以5G技术为基础的异地合奏音乐会、远程手术等都是这方面的具体表现。数字技术将改变生产要素的利用形式，推动空间从非均质向均质转变，数字经济正推动形成"集聚逆转"的事实。

第三，从要素形态上看，数据替代了资本和劳动力等有形要素的主导地位，实现从实物型要素主导向虚拟型要素主导的转变，即要素禀赋的数字化转型。这种转型与以往实物型要素引致的变革存在极大差异。在工业时代及之前，主导要素大都是基于稀缺性产生的，哪种要素稀缺，那么这种要素就成为这个时代的主导要素。这源于经济学中的边际收益递减规律，即当某种要素较为稀缺时，该要素投入带来的边际收益将大于那些规模较大要素带来的收益。但是到了数字时代，数据打破了这一传统认知和规律。数据量越大，产生的效益反而越高，呈现出边际收益递增的特征，同时也延缓或推迟了实物型要素呈现边际收益递减的时间，提升了各种生产要素的利用效率。

第二节 数字技术影响要素配置效率的机理

要素禀赋变化不仅包括要素自身的变化，还包括不同要素之间的配比组合。如果要素组合未能达到经济学中的帕累托有效配置，就被称为

"要素错配"。如果所有要素都可以基于市场机制自由流动，实现帕累托最优，那就是有效配置。

总体上，数字经济对要素配置效率的影响主要基于数字技术的三大特征，即渗透性、替代性和协同性。渗透性是指数字技术作为一种通用性技术，能够渗透到社会生活的各领域；替代性是指由于摩尔定律的存在，使得芯片化、数字化产品的价格持续快速下跌，从而使数字化要素可以显著替代其他要素；协同性是指生产要素数字化之后，能够提升数字化产品的非竞争性，通过互联网实现信息共享，降低交易成本，增强要素之间的协同性。随着数字技术的发展，这三大特征的主导地位呈现次序更替的过程，在促使生产要素发生多维变化的同时，也使要素禀赋的变化呈现阶段性特征。一般情况下，企业配置生产要素的方式包括两个过程：要素搜寻和要素利用，数字技术正是基于自身特征从这两个方面提升要素配置效率，具体理论机制及阶段演进如图 5-1 所示。

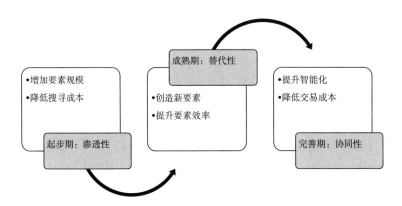

图 5-1　数字技术提升要素配置效率的理论机制及阶段演进

一　渗透性：搜寻并改造既有要素，实现要素信息的双向反馈，降低要素搜寻成本

在数字经济发展初期，数字化建设主要通过软硬件设施搜集各种要素信息，实现要素的数字化转型，并从中挖掘更多空闲要素或其他有价值的要素，增加可利用要素的规模。要素的数字化转型能够避免或有效降低使

用者在实体空间的搜寻成本。

数字经济时代之前，信息传输方式主要是语言、文字或模拟信号等。这些传输方式虽然直接，但很难实现生产要素供求双方的实时互动。比如，将某种生产要素的信息通过报纸或电视发布，这则信息只有当要素需求者或供给者看到报纸或电视后才能知晓，一旦错过时间，该信息将很可能失效。这种情况下，信息传输的范围或效率会受到传输媒介的限制。但是，在数字经济下，数字技术可以渗透到所有生产要素，实现对既有要素的数字化转型，通过芯片或其他手段将生产要素的信息具体化、动态化，并借助互联网技术在云端共享，以供任何主体随时随地查询。也就是说，互联网的公平性和实时交互性可以使要素需求者或供给者突破信息获取在时空层面的局限，实现供求双方的实时双向反馈，有效降低要素的搜寻成本。鲁元平和王军鹏（2020）发现互联网的信息搜索和传播功能产生的信息福利效应非常显著，而且这种效应在弱势人群中更加明显。

二 替代性：创造新要素替代传统要素，改变要素利用方式的同时增强生产效率

随着数字技术的不断渗透，更多生产要素实现了数字化转型，为数字经济进一步发展建立了基础，数字经济进入成熟期。此时，数字技术替代性的主导地位开始显现，即数字技术开始大范围的改造传统要素，在创造更多新要素、新服务和新产品的同时，也改变了要素的利用方式和效率。王春云和王亚菲（2019）认为，无形资产的增加促使资本服务的作用已经超越了资本存量，数字化资本有效提升了中国的资本回报率，这种效应在以信息通信技术资本生产和使用为主的交通运输、通信和房地产租赁等行业中更加明显。

从现有数字经济发展来看，在替代过程早期，数字技术主要是对服务部门的替代，包括 ATM 机、网上银行、企业资源规划、客户关系管理等。当前，这一演进正在向工业制造业传导，如智能机器人和 3D 打印。该替代过程正在对当下中国的劳动力结构产生影响。孙早和侯玉琳（2019）发现，工业智能化正导致中国的劳动力结构呈现两极化特征，即工业智能

化促使先进设备替代了中等教育程度的劳动力，并增加社会对高、低等教育程度劳动力的需求。当然，数字化要素在实施替代的同时也大大提升了要素利用效率。中国信息通信研究院发布的《中国大数据与实体经济融合发展白皮书（2019 年）》显示，武汉石化在部署了大数据方案后，企业业务系统数据分析效率提升 40%，实现"亿条数据、秒级响应"，并降低了 60% 的人力成本。

三　协同性：产业数字化与数字产业化协同演进，降低交易成本，提升要素配置效率

随着数字经济的不断成熟，一方面，数字技术需要实现对更多微观要素的渗透，更加注重要素信息的全面性，这需要产业数字化的继续推进；另一方面，多元化、多维度的要素信息提升了对大数据产业的依赖，这又推进了数字产业化的建设。数字经济进入全面发展时期，此时产业数字化和数字产业化的相互协同显得更为重要。

这里的协同在微观层面体现为数字化要素通过大数据和云计算实现的协同，在宏观层面则体现为产业数字化和数字产业化之间的协同。宏观和微观的协同发展降低了生产生活中的各项交易成本，共同提升要素配置效率。数字技术的渗透性和替代性使数字化产品越来越多，产生的数据量呈爆炸式增长。据报道，2015 年以来，全球数据量每年增长 25%，到 2025 年，全球数据量估计达到 175ZB，相当于 65 亿年时长的高清视频内容。尽管数据量大幅上升，但并不会因为数据量的大幅增加而降低有用性，反而还会提升数据算法的准确率。准确率提高可以对生产生活中的大量交易实施精准的数字化调控，降低交易成本。比如，可以通过数字技术对物流运输车辆的调度，降低空载率；美团点评等应用可以通过历史交易记录，提升交易双方的信任程度，降低交易成本；自动驾驶可以通过更多的场景学习，提升驾驶安全水平。

产业数字化带来大规模的数据和数据基础设施需求，为数字产业化提供研究内容和资金，带动了数字产业化的发展。数字产业化则可以有效降低产业数字化成本，提供更多专业化服务，使产业数字化的实施变得更加低廉和快捷。两者的共同发展将促使更多要素流入大数据产业，同时由于

大数据产业属于高科技、高效率产业，这又从另外的方面提升了要素配置效率。

根据上述作用机制和路径可以认为，数字经济建设能通过降低搜寻成本、提升要素利用效率、优化要素配置结构，有效降低要素错配水平。但是，由于数字技术发展存在阶段性，在不同要素中的数字化渗透率可能存在差异，数字经济发展对不同要素的错配水平将产生不同效应，因此，必须结合地区数字经济发展现状，有针对性地对数字化建设提出对策，从而为中国经济的高质量发展提供更有效的动力。

第三节　要素禀赋数字化下的产业高质量发展机理

无论是生产要素实现网络化、智能化，还是通过数字技术改变不同要素的配置结构，都可以称为要素禀赋的数字化。要素禀赋数字化将有效推动地区产业的高质量发展。产业高质量发展的内涵是多维的，研究视角大致涵盖产业结构演进、产业链延伸、价值链攀升、产业基础高级化等。其中，产业结构是考察产业高质量发展水平的重要方面，也是研究产业优化升级的最早衡量指标。因此，产业高质量发展包括产业结构的高级化、合理化和高效化。本节将基于这三个维度对要素禀赋数字化下的产业高质量发展机理进行分析。

一　数字经济背景下产业高质量发展的演进逻辑

数字经济是继农业经济、工业经济之后一种新的经济社会发展形态。它改变了国民经济的生产、消费和分配方式，形成了更高效的经济运行模式，在生产力和生产关系上都发生了巨大变革。党的十九届五中全会明确提出，数字产业化和产业数字化是加快数字经济发展的两条道路。这两个方面同时也是产业优化升级的重要内容，主要阐释了如何从产业演进视角，看待数字经济由内至外地推动产业高质量发展，演进逻辑如图5-2所示。

对于数字产业化，主要是指基础电信、电子制造和软件信息服务业等信息产业的快速发展。通过这些产业的发展，可以提升数据清洗、整理和分析能力，进而为市场上相关主体提供价值增值服务。由此可以看

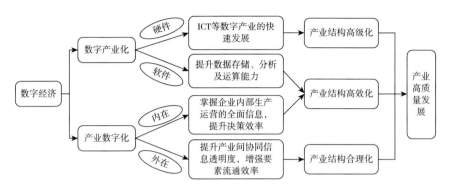

图 5-2　数字经济推动产业高质量发展的演进逻辑

出，在实体硬件上，数字产业化的推进将增加基础电信、电子制造和软件信息服务业等产业的比重，而这些产业属于第三产业，即数字产业化将提升产业结构的高级化水平；在虚拟软件上，数字产业化引致的数据清洗、整理和分析能力的提升，将增强经济运行绩效，提升产业结构的高效化水平。

对于产业数字化，主要是指将信息技术应用于传统行业，提升传统产业效率，推动数字化、自动化和智能化转型，并基于网络再造公司，通过利用信息技术，生产大量数据资产、建立平台生态系统。根据党的十九届五中全会精神，"十四五"期间将完成对占我国 80% 的传统产业的数字化改造。当传统产业实现数字化改造后，从企业内部经营看，可以帮助企业更加全面地掌握生产运营信息，提升企业决策效率，进而提升产业结构的高效化水平；从外在角度考虑，产业数字化增强了不同企业、不同产业之间要素使用的信息透明度，有利于提升生产要素的市场化流动效率，增强产业之间的耦合协调水平，促进产业结构合理化。

二　要素禀赋数字化推动产业高质量发展的传导机制

数字产业化和产业数字化是从产业视角得到的数字经济的主要内容，但是，产业结构内生于要素禀赋结构，因此，有必要从要素禀赋视角，把要素禀赋数字化与产业高质量发展相互结合，从而可以更加清晰地把握数字经济推动产业高质量发展的微观机理和传导机制。

　　数据主导下的要素禀赋结构将通过数据的形态特征，驱动要素禀赋发生变化，并引致地区产业结构发生变化。关于数据形态，可以从价值形态、赋存形态和分布形态分别归纳出信息化、虚拟化和网络化的特征。数字经济正是依靠数据的这些特点，提升要素使用效率、增加要素规模和等级，拓展要素利用形式，进而推动产业结构的高效化、高级化和合理化，具体传导机制如图5-3所示。

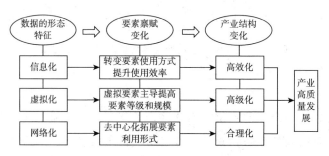

图 5-3　要素禀赋数字化推动产业高质量发展的传导机制

（一）信息化挖掘更多要素使用价值，转变要素使用方式，通过提升要素使用效率推动产业结构高效化

　　效率提升是产业高质量发展的根本，数字经济将增加对要素信息的采集和传递，拓展要素使用方式和方法，增强要素使用效率，进而通过产业结构的高效化推动高质量发展。

　　生产要素为什么会使用效率不高？也就是说，为什么会存在低效的要素使用方式？从现实情况看，一是对要素使用价值认识不清，或者说缺乏相关技术能力去挖掘要素真正或完全的经济价值。但是，数字技术却可以通过其强大的渗透力，全面采集各种生产要素的信息，挖掘要素使用价值，提升要素的供求对接能力。这是数字时代平台经济存在且快速兴起的首要原因。二是对要素投入生产后的运行过程、消耗过程缺乏认识，从而难以对生产过程进行更好的控制和改进。数字技术发展至今，当前的硬件技术已经可以很廉价地实现万物互联，通过芯片收集要素的综合信息，以辅助生产生活中的各种决策。这不仅能够提升要素使用效率，还能大幅降低能源损耗。普华永道咨询公司的报告显示，到 2030 年，流程和运输车辆的数字化和自动化将使物流成本降低 47%，交付时间减少 40%，货车利用率达到 78%。

但是，通过索洛悖论可知，数字技术的效率提升会由于渗透水平不同而存在显著差异。韩先锋等（2019）发现互联网能显著提升中国区域创新效率，在提升程度上呈现中部强于西部，西部强于东部的特征。布拉约尔松等（Brynjolfsson et al.，2017）认为人工智能时代的索洛悖论仍将延续。另外，在能源效率上，汪东芳和曹建华（2019）发现，数字经济对能源效率的影响并非单调存在，互联网发展对地区全要素能源效率的影响存在显著的双重门槛效应，在网络使用规模较低时，影响并不显著，当达到一定程度后，其影响将会跳跃性变大。所以，数字经济的效率提升效应会因渗透率不足而呈现不同的强度。

（二）虚拟化创造更多高级要素，通过要素规模的增加推动产业结构高级化

美国经济学家迈克尔·波特将生产要素分为一般要素和高级要素，其中高级要素包括现代通信、信息、交通等基础设施、受过高等教育的人力、研究机构等。可以发现，这些高级要素的核心是"信息"。它们都在围绕信息生产、传递和利用而存在。数据的价值形态特征是其信息化能力。从赋存形态上看，数据是无形的、虚拟的。正是由于这种虚拟化特征才使数据可以更容易地赋存到其他生产要素上，或者说通过数字技术可以更容易、更完整地挖掘出传统生产要素、商业模式和产业运行中的问题、潜力以及发展方向，并通过创造更多高级要素，推动产业结构的高级化变迁。

一块瑞士手表可以依靠其精湛的制表技术提升准确率，而一块智能手表不仅可以通过网络即时显示任意时区下的精确时间，还可以通过传感设备实时采集人体的多项身体指标，并同步传递给医生进行健康监测。现在很多智能手环都可以记录穿戴者的心率、睡眠质量等信息，并将数据发送到指定的智能设备上以备使用。拉尔夫·劳伦公司设计出一种智能运动衫，可以实时测量出汗量、心率、呼吸强度等运动数据（克劳斯·施瓦布，2016）。这种围绕信息化而实现的要素数据化转型，不仅使传统要素有了"智能"，催生更多高级要素，同时，围绕相关智能设备的生产，又催生出更多高科技产业和技术。主导要素虚拟化，不仅实现了要素禀赋结构的高级化，还促进了高科技产业的快速发展，两者共同推动产业结构的高级化变迁。

（三）网络化突破要素使用的空间限制，通过要素使用渠道的多元化推动产业结构合理化

产业结构合理化是产业结构从不合理向合理转变的过程，它是指为了提高经济产出，要求在一定经济发展阶段，依据消费结构水平、生产技术能力和要素禀赋条件，对初始不理想的产业结构进行调整，使要素在产业间实现合理配置和有效利用。产业结构合理化的前提是要素配置的市场化和地区产业的多元化。一方面，生产要素可以自由流动；另一方面，生产要素还拥有多元化的流通渠道和方向。

在数字经济下，大数据解决了市场信息的不完全和不对称问题，保证市场经济中价格机制、供求机制、竞争机制和风险机制可以有效运行，增强了市场的选择和激励功能，从而有利于构建统一开放、竞争有序的市场经济秩序。数字经济使各种生产要素的流动更加充分、更加合理，从而有利于提升要素配置效率。在此基础上，新一代信息通信技术不断增强的低延迟和可靠性可以实现要素使用的主客体在不同空间的协作，突破空间束缚，为要素使用的异地化，创造更多可能性和方式。当要素拥有更加便捷和多元的使用渠道后，基于要素禀赋形成的比较优势即可在数字技术调配下得到充分合理的利用。即，不同区域可以基于5G技术，通过优势互补，构建相互协同的产业体系。对要素所处的空间来说，这拓展了本地产业类型，产业多元化水平得以增强。据报道，在2019年1月，中国1名外科医生利用5G技术，通过操控50公里外的机械手，实施了全球首例远程外科手术。如果连安全标准这么高的生命科学都可以突破空间限制，那么，工业生产、教育、餐饮等各行各业都将可以基于该技术，实现产业布局的去中心化，进而通过不同区域要素价值的趋同，实现经济体的产业结构合理化。

综上所述，数字经济背景下，数字技术基于其各种形态特征，通过提升要素使用效率、创造更多高级要素以及拓展要素使用渠道，推动产业结构的高效化、高级化和合理化，最终实现产业高质量发展。

第四节　要素禀赋数字化推动经济增长动力转换的机理

本节从产业链视角，研究要素禀赋数字化带动产业数字化转型，实现经济增长三大变革的相关机理。

一　要素禀赋数字化转型推动产业链重构，实现产业的数字化变革

随着分工水平的细化，社会生产的迂回程度不断提升，经济格局呈现环环相扣的链条特征。在传统模式下，产业链各环节基于要素投入、供需结构及空间差异等产生的增加值差异，形成了相应的价值链，这构成了"微笑曲线"理论的基础。在曲线两侧的研发、销售环节附加值高、利润空间大，而曲线弧底的加工制造环节附加值低、利润低。该理论在数字技术渗透下，各环节都被数字要素主导，呈现出高级化趋势，重构了产业链上各环节的运作模式与联系。微笑曲线底部将不断抬高，出现趋平化趋势（高翔等，2020）。

在研发环节上，数字技术推动创新模式由"精英主导"转向"大众创新"，提升创新速度。对于基础研究来说，创新主体依然是"精英型"的基础研发人员，但是，数字技术可以提供大量数据资料和更加便捷的研究工具，提升基础研发速度。对于应用型创新来说，各种新产品、新技术的目标都是要通过满足消费者需求来创造价值，实现"产品到货币这一最后惊险的跳跃"。数字经济下，一方面，更多敢于探索的创新型人才不断涌现，原本小众化的需求可以在网络传播基础上获取规模收益，进一步扩大创新规模；另一方面，数字技术使普通大众可以更加便捷地参与研发，推动研发方向摆脱标准化限制，实现"定制化"和"个性化"。如海尔智家定制平台，通过打造开放式社群生态平台，它使用户与海尔优秀的设计师一同参与产品设计和定制过程，令用户创新可以变成真实有温度的产品。

在生产环节上，制造业实现从"制造"向"智造"转变，通过降低生产成本、提高产品品质及助力产品研发提升附加值。芯片技术和算法可以搜集产品生产过程中各个环节的大量数据，在快速分析后为经营生产提供参考。对于生产过程中的物料使用、组合及效果进行全方位评价，可以

得到最佳的生产投入结构，节约原材料成本；对于产品性能的改进，不再局限于有限且造价高昂的物理实验，而是可以通过数字模拟和基于算法基础上的智能反馈设备，从多个维度改进产品品质，另外，还可以通过产品售后的运行数据，为产品品质提升和零部件更换及维护提供解决方案。当缺乏关于产品生产及运行的充足信息时，制造环节只能依附于研发和销售，获取价值增值，但是，当制造企业通过数字技术获取大量关于产品生产的各项信息后，便可以轻松地向产业链两端延伸，实现各协作部门的有效互动，获取更高的附加值。

在销售环节上，销售模式从"单向渠道为王"转向"交互式平台营销"，并通过平台上的用户评论形成新的品牌塑造模式。传统模式下，用户必须依靠实物体验才能产生购买意愿，因此，构建强大的销售渠道被认为是从市场竞争中胜出的关键，即"渠道为王"。此时，大规模的广告宣传是公司实力及品牌塑造的主要方式。当前，数字技术构建的网络平台不断普及，淘宝、京东以及各类直播电商平台等基于虚拟现实（VR）和增强现实（AR）等技术，为平台上所有企业和产品都提供了舒适便捷的用户体验，并可通过强大的物流快递企业，将实物产品快速寄达用户手中。一些电商平台搭建了直接从品牌生产商到消费端的网络平台，大幅降低用户购买价格，线上线下的消费融合得到深化。另外，用户不仅可以通过销售平台获取消费信息，还可利用平台上的用户评论功能，监督和了解产品及服务的品质，这也成为小微企业塑造品牌形象、提升信用等级的普遍方式。

二 产业的数字化转型通过推动三大变革，实现经济增长的动力转换

产业的数字化转型可以通过微观化和精准化推动经济发展实现质量变革。数字技术不仅限于对虚拟空间的渗透、改造和利用，根据美国作家雷·库兹韦尔在《奇点临近》中的描述，数字技术和纳米技术结合后，可以通过对纳米机器人的控制，从微观层面提升产品品质，提高劳动力的身体素质。数量型增长的特征是产品品质的低端、粗放，而纳米机器人可以从分子和原子角度对产品进行完善，有效提升产品质量。另外，数字技术还可以通过编程，使纳米机器人无限自我复制，原子层面的运行还解决

了能耗过高的问题，最终实现产品质量变革的可持续性。纳米技术、3D
打印技术以及量子技术将大大拓展人类对微观世界的认知，提升人类对微
观世界的改造能力，并通过数字技术助力人类从客观世界到主观世界
界（人类神经元）的精准调控，实现各个维度的质量变革。

产业的数字化转型可以基于数字孪生，降低要素错配水平，推动经济
发展实现效率变革。数字孪生是综合运用感知、计算、建模等信息技术，
通过软件定义，对物理空间进行描述、诊断、预测、决策，进而实现物理
空间与赛博空间的交互映射。通过数字孪生模拟不同场景下，经济运行中
各种要素和产业的协同过程，可以清晰把握各种要素的协同配比过程以及
配置效率，提前预判在不同环境下，从产品设计、生产布局到过程优化等
各个环节中可能存在的潜在风险及收益，实现工厂智能化、产业智能化。
可以说，数字化转型使原本不可预知、复杂多变的经济运行过程增加了确
定性和可知性，打开了全要素生产率这一黑箱。

产业的数字化转型标志着数字经济时代的到来，"算力"成为提升产
业效率、推动经济增长的主导动力。数字时代下的"算力"替代了工业
时代下的电力，使经济增长从数量型向质量型转变。"算"的对象是基于
要素数字化和产业数字化得到的大量数据。"算"的目标是要通过在虚拟
空间对实体经济的模拟，得到最有效的要素组合方式。在工业时代及之
前，规模经济和范围经济是挖掘经济增长动力的主要源泉，但难以精准把
控规模经济和范围经济实现的深度和广度，仅能凭借管理经验等在实践中
不断摸索。数字经济时代，万物互联搜集到从静态到动态、从过程到结果
等各个维度的大量数据，此时，基于算法改进带来的算力提升，解决了信
息不对称不完善的问题，要素投入主导下的增长被要素组合优化式增长所
替代，这种基于要素组合的改变将产生大量创新，最终实现经济增长的动
力变革。

第五节　本章小结

本章主要研究数字经济背景下，要素禀赋数字化推动经济高质量发展
的动力转换机理。首先，结合之前的理论基础，对数据要素的技术和经济

特征进行归纳总结，并据此研究了大数据驱动要素禀赋变化的模式，主要从经济价值、空间分布和要素形态角度，提出数字经济推动要素实现资本化变革、去中心化变革和数字化变革。其次，从数字技术的渗透性、替代性和协同性三大特征入手，阐述数字技术如何通过优化要素搜寻和要素利用过程，提升要素配置效率的理论机制和阶段演进过程。再次，在研究完微观要素层面后，第三节从中观产业层面研究了要素禀赋数字化如何通过产业结构高效化、高级化和合理化三个维度，推动高质量发展的产业演进逻辑，并从数据的信息化、虚拟化和网络化三个特征出发，对数字经济提升要素使用效率、增加要素规模和等级、拓展要素利用形式，进而推动产业高质量发展的传导机制进行详细阐述。最后，本章从产业链视角，研究了要素禀赋数字化如何通过质量变革、效率变革和动力变革，推动经济增长动力转换的机理。本章研究表明，数据要素主导下，既有要素禀赋结构将发生重大变革，这种变革将对经济体的方方面面产生颠覆性影响，将通过重构产业链、产业结构的高效化、高级化和合理化，推动经济增长实现三大变革，迈入高质量发展新阶段。在数字经济时代，大数据主导下的要素禀赋将成为中国经济高质量发展的重要动力。

第六章

要素禀赋视角下中国经济
增长动力的实证研究

结合之前的理论分析，为了更准确地把握要素禀赋视角下中国经济增长的动力所在，本章从要素禀赋、新要素和要素禀赋结构三个视角，实证研究要素禀赋优势度、数字新要素和初高级要素比例下的中国经济增长动力。

第一节　中国各区域要素禀赋优势度的初步观察

一　要素禀赋指标体系的构建

要素禀赋的内容非常广泛，另外，随着技术进步以及人们认识和改造世界能力的提高，还会不断出现一些新要素。考虑到区域之间的可对比性及通用性，同时结合已有学者对中国经济增长动力因素的研究，如郭熙保（2009）曾经提出，中国经济高速增长的潜能主要来源于资本、劳动、技术制度和结构等后发优势的充分发挥。本章选取自然资源、劳动力、人力资本、物质资本、技术禀赋、制度禀赋和结构禀赋七个动力因素进行评价。其中自然资源衡量该地区的自然禀赋状况，自然禀赋越丰富，代表该地区经济发展的初始动力越大，但也越容易陷入"资源诅咒陷阱"而影响经济发展；劳动力反映该地区劳动禀赋变动状况；人力资本反映该地区高素质人才的投入和培养状况；物质资本反映该地区资本禀赋状况；技术禀赋反映该地区的科技创新状况；制度禀赋反映该地区的市场化程度及政策制度环境状况；结构禀赋反映该地区资源在不同区域、产业等领域的配置状况。为全面反映地区各类要素禀赋的具体情况，对个别要素从多个角度选取了不同指标进行评价，具体说明如下。

1. 自然资源

由于自然资源种类繁多，不可能用一种或几种矿产资源规模完全代表，这里借鉴徐康宁等（2006）和邵帅等（2010）的做法，以采掘业从业人员数衡量地区自然资源的变化状况。

2. 劳动力

选取各省（市、自治区）城镇就业人员数作为该地区的劳动力禀赋。

3. 物质资本

通过永续盘存法对相关年份各省（市、自治区）的固定资本存量进行测度。计算公式为 $K_{it} = K_{it-1}(1-\delta_{it}) + I_{it}$。$K_{it}$、$\delta_{it}$ 和 I_{it} 分别指第 i 个地区 t 年的固定资本存量、固定资本折旧率和固定资本形成总额。借鉴张军等（2004）的做法，所有地区的固定资本折旧率设定为 9.6%。各地区的固定资本投资都利用固定资本投资价格指数进行折算。

4. 人力资本

利用从业人员受教育程度的地区密度衡量地区人力资本状况。从业人员受教育程度借鉴胡永远（2011）的方法，具体计算步骤如下：①搜集统计资料提供的从业人员各级受教育水平的人口比例 E_i（$i=1$，2，3，4 分别代表小学、初中、高中和大专以上）；②计算各级教育水平的受教育年限 HE_i，$HE_i = T_i \sum_{i=1}^{4} E_i$，其中 T_i 分别是 6、3、3 和 4 年；③设定小学、初中、高中和大专以上的教育折算系数 φ_i 分别是 1、1.2、1.4 和 2，最终得到总的平均受教育年限 $H_i = \sum_{i=1}^{4} (\varphi_i \times HE_i)$。

5. 技术禀赋

为全面反映一个地区的技术禀赋状况，这里利用地区研发投入人员工作当量、万人发明专利授权数和技术市场成交额分别从投入、产出和市场价值角度进行综合考察。

6. 制度禀赋

市场经济条件下，地区的市场化程度和对外开放程度是衡量一个地区制度环境优劣的重要指标，因此，选取市场化收入水平衡量地区市场化程度（市场化收入用当地 GDP 扣除政府一般预算收入代替），地区进出口总额衡量对外开放水平。另外，由于 FDI 的流动性较强，所以对地区投资营商环境的敏感性非常强，为全面考察地区制度环境，还选取地区 FDI 投资总额来进行评价。三个指标分别从市场化程度、对外开放程度和市场环境角度衡量地区制度禀赋状况。

7. 结构禀赋

结构的调整和优化会对经济增长产生重要影响，但是经济结构包含的内容非常丰富，这里选取较为重要的城乡结构、产业结构和金融结构来衡量。其中，城乡结构采用一个地区的城镇化率衡量；产业结构采用一个地区的非农产业产值占比衡量，非农产业包括第二产业和第三产业；金融结构采用金融业增加值占第三产业的比重衡量。

上述指标选取的理论基础是柯布-道格拉斯（Cobb-Douglas）式的两要素生产函数，原始生产函数形式是 $Y = AK^{\alpha}L^{\beta}$，其中 Y 代表经济产出，K 代表物质资本投入，L 代表劳动力投入，A 代表全要素生产率，α 和 β 代表物质资本和劳动力投入的产出弹性。卢卡斯（Lucas，1988）提出人力资本是促进经济增长的主要生产要素之一，从而可以将两要素的 Cobb-Douglas 生产函数拓展为 $Y = AK^{\alpha}L^{\beta}H^{\gamma}$，其中 H 代表人力资本，相应地，γ 是人力资本的产出弹性。对于将物质资本、劳动力和人力资本扣除后的全要素生产率（TFP），在当前中国的现实背景下，主要源于三个方面的因素，一是制度因素，二是结构因素，三是技术进步水平。虽然人力资本的提高和技术进步有一定相关性，但是为了更清晰地比较两者对经济增长的贡献，同时也为了了解我国经济增长中是否存在劳动力素质提高的红利，这里将人力资本和技术进步分开研究。另外，为了能够从质和量两个层面把握中国各区域的要素禀赋状况，这里把自然资源、劳动力和物质资本认定为数量型要素，把人力资本、技术禀赋、制度禀赋和结构禀赋认定为质量型要素。要素禀赋状况的指标评价体系如表 6-1 所示。

表 6-1　要素禀赋状况的指标评价体系

		要素类型	计算指标	反映内容或视角
要素禀赋	数量型	自然资源（F1）	采掘业从业人员（F11）	自然资源禀赋状况
		劳动力（F2）	从业人员（F21）	劳动投入状况
		物质资本（F3）	地区固定资本投资（F31）	资本投入状况
	质量型	人力资本（F4）	人文发展指数（F41）	人力资本状况
		技术禀赋（F5）	R&D 投入人员工作当量（F51）	投入角度
			万人发明授权数（F52）	产出角度
			技术市场成交额（F53）	市场价值角度
		制度禀赋（F6）	地区进出口总额（F61）	对外开放强度
			市场化收入（F62）	市场化程度
			外商投资企业投资（F63）	市场环境角度
		结构禀赋（F7）	城镇人口占总人口比重（F71）	城乡结构
			非农产业产值比重（F72）	产业结构
			金融业增加值占第三产业比重（F73）	金融结构

二　要素禀赋优势度的计算方法

随着新经济地理学的发展，聚集对经济发展产生的影响日益引起人们重视。在度量上，为剔除因区域单元面积或人口规模过大产生的偏差，更全面地从聚集角度比较不同单元之间的要素禀赋优势度，这里对各个指标均基于区位熵的计算思路，从地均聚集度和人均聚集度两个层面衡量。相对于其他衡量聚集度的指标，区位熵方法不仅计算方式简明便捷，还不失拟合效果，因而在判断要素集聚程度、专业化水平和优势产业方面都存在较大优势。

由于结构禀赋考虑的是相对水平，因此不再做人均和地均处理，而是将各指标与全国指标相比后，得到该禀赋的区域优势度。最后，将各单项要素禀赋优势度指标经几何平均加权后，可以得到各区域的综合优势度。除结构禀赋以外其他要素禀赋优势度的计算流程是：先汇总各区域的指标，计算各单项指标的地均优势度和人均优势度，然后几何平均后得到该指标的综合优势度。各单项指标综合优势度、单个要素优势度及地区总要素禀赋优势度的具体计算公式为：

$$F_{ij}\text{地均优势度} = \frac{\text{地区}\ F_{ij}/\text{地区面积}}{\text{全国}\ F_{ij}/\text{全国面积}}$$

$$F_{ij}\text{人均优势度} = \frac{\text{地区}\ F_{ij}/\text{地区人口数}}{\text{全国}\ F_{ij}/\text{全国人口数}}$$

$$F_{ij}\text{综合优势度} = \sqrt{F_{ij}\text{地均优势度} \times F_{ij}\text{人均优势度}}$$

$$\text{要素}\ F_i\ \text{的优势度} = \sqrt[k]{\prod_{j=1}^{k} F_{ij}\text{综合优势度}}$$

$$\text{地区总要素禀赋优势度} = \sqrt[6]{\prod_{i=1}^{6} F_i}$$

其中，F_{ij} 是各类要素的原始数据；i 是第 i 种要素禀赋；j 是衡量第 i 种要素禀赋状况的第 j 个指标；k 是第 i 种要素禀赋考虑的单项指标数量。

三　数据来源及缺失数据处理

考虑到数据可得性，本章将重庆的数据并入四川省，西藏由于数据缺失严重而不列入考察，所以这里研究了 1996~2018 年我国除港澳台和西藏地区外的 29 个省（市、自治区）的数据。数据主要来源于相关年份的《中国统计年鉴》、《中国工业经济统计年鉴》、《中国劳动统计年鉴》、《中国科技统计年鉴》、中经网和国家统计局网站。另外，由于 1997 年以前国家并未统计地区 R&D 人员全时当量，因此，采用邻近 5 年的平均增长率向前递推的方法予以补齐。2003 年《中国工业经济统计年鉴》只给出分行业从业人员数，未给出综合数据，故选取前后两年相关地区指标的算术平均值予以补齐。2000 年未给出分地区从业人员的受教育构成，也按同样方法处理。

四　区域要素禀赋优势度的总体分析

根据上述指标体系及计算方法，为初步了解各地区要素禀赋优势度及变化趋势，这里分别计算了我国东、中、西部和东北地区 1996~2018 年各单项要素禀赋的优势度及总要素禀赋优势度，[①] 另外，还分别计算了各

---

① 东部地区包括北京、天津、河北、上海、江苏、浙江、福建、山东、广东、海南 10 个省（直辖市），中部地区包括山西、安徽、江西、河南、湖北、湖南 6 个省，西部地区包括内蒙古、广西、四川、贵州、云南、陕西、甘肃、青海、宁夏、新疆 10 个省（自治区），东北地区包括黑龙江、辽宁和吉林 3 个省。

区域数量型要素禀赋和质量型要素禀赋的优势状况。为便于考察地域差异和时间差异，本节还将各地区相关指标分五个时间段进行比较。下文从总体优势度和单项优势度两个维度进行分析。

（一）总要素禀赋优势度的对比分析

1996～2018 年分阶段东部、中部、西部和东北地区四个地区的总要素禀赋优势度、数量型要素禀赋优势度、质量型要素禀赋优势度的结果如表6-2、表6-3、表6-4所示。图6-1、图6-2、图6-3绘制了1996～2018 年这些指标的变化趋势。根据这些图表可以初步得出以下几点结论。

第一，从总要素禀赋上看，东部地区处于绝对优势，西部地区处于绝对劣势，东北地区原本具有较高的优势度，但优势度不断下滑，在 2013 年之后被中部超越。东北下滑迹象非常明显，且中、西部地区都处于上升态势。第二，从数量型要素禀赋上看，总体上，仍然呈现出东部处于绝对优势，西部处于绝对劣势的特征，但东部地区在数量型要素上的优势并不是很大，且有所下滑，东北地区在 2003～2009 年与中部地区基本持平，之后被中部地区超越，东北地区的数量型要素禀赋也处于持续下滑态势，中、西部地区则处于上升态势。第三，从质量型要素禀赋上看，东部地区的绝对优势非常明显，东北地区仍呈现快速下滑特征，且在 2014 年前后被中部地区超越，中、西部地区在 2008 年前的状况基本比较稳定，但之后开始上升，尤其是中部地区上升迹象非常明显，表明国家的西部大开发和中部崛起战略起到了一定作用。

综上所述，东部地区的要素禀赋优势度非常强，西部较弱；东部地区的质量型要素禀赋优势要强于数量型要素禀赋；东北的要素禀赋状况恶化严重，尤其是数量型要素禀赋优势，下滑速度较快；中、西部地区的要素禀赋状况有所改善，尤其是中部地区的改善效果更加明显。

表6-2　1996～2018 年分阶段东部、中部、西部和东北地区总要素禀赋优势度

地区	1996～2000 年	2001～2005 年	2006～2010 年	2011～2015 年	2016～2018 年	变化趋势
东部	2.0502	2.1286	2.1046	2.0220	1.9952	倒 U 形
中部	0.9339	0.9131	0.9256	1.0097	1.0625	上升
西部	0.4419	0.4345	0.4398	0.4966	0.5111	上升
东北	1.3444	1.1570	1.0874	0.9800	0.8492	下降

表 6-3　1996~2018 年分阶段东部、中部、西部和东北地区数量型要素禀赋优势度

地区	1996~2000 年	2001~2005 年	2006~2010 年	2011~2015 年	2016~2018 年	变化趋势
东部	1.8968	1.9477	1.8596	1.7755	1.7399	倒 U 形
中部	1.2195	1.2839	1.3557	1.4351	1.4916	上升
西部	0.4712	0.4921	0.5178	0.5579	0.5834	上升
东北	1.6207	1.3980	1.3783	1.2352	0.9602	下降

表 6-4　1996~2018 年分阶段东部、中部、西部和东北地区质量型要素禀赋优势度

地区	1996~2000 年	2001~2005 年	2006~2010 年	2011~2015 年	2016~2018 年	变化趋势
东部	2.1735	2.2752	2.3095	2.2292	2.2110	倒 U 形
中部	0.7646	0.7074	0.6953	0.7760	0.8238	上升
西部	0.4213	0.3959	0.3891	0.4552	0.4628	上升
东北	1.1687	1.0041	0.9105	0.8238	0.7752	下降

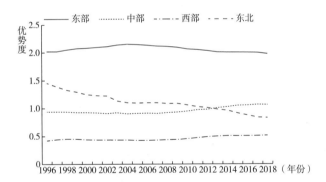

图 6-1　1996~2018 年分阶段东部、中部、西部和东北地区总要素禀赋优势度

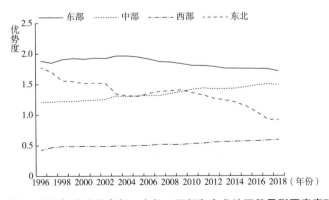

图 6-2　1996~2018 年分阶段东部、中部、西部和东北地区数量型要素禀赋优势度

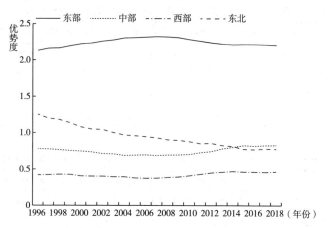

图 6-3　1996~2018 年分阶段东部、中部、西部和东北地区质量型要素禀赋优势度

（二）单项要素禀赋优势度的对比分析

以下对各区域单项要素禀赋的优势度变化趋势进行分析，虽然总体上单项要素禀赋变化趋势与总趋势相似，但也有一些不一样的特征，具体见表 6-5、图 6-4 至图 6-10。

第一，对于自然资源，在 2009 年之前，东北的自然资源优势度最高，其次是中部、东部和西部。东部的优势度呈微弱的倒 U 形；东北的优势度在 2009 年之后被中部地区超越，但东北在近几年的优势度有所上升，东北地区整体呈下降趋势；中、西部地区均稳步上升。

第二，对于劳动力，东部呈现持续上升态势，与其他地区的差距越来越大，东北呈现持续下滑态势，且在 2008 年之后被中部地区超越，中、西部地区的优势度相对比较平稳。

第三，对于物质资本，东部的资本禀赋优势较大，但呈现持续下滑态势，在 2014 年之后有所企稳；东北和中部地区在 2014 年之前的优势相当且变化趋势类似，但之后东北地区开始快速下滑，而中部地区稳步上升；西部地区体现为平稳上升态势。

第四，对于人力资本，总体上各区域的优势比较稳定，一直都是东部强于东北，东北略强于中部，中部又强于西部的特征，并且东部优势非常明显。

第五，对于技术禀赋，东部处于绝对优势，且优势非常明显，呈现出倒 U 形趋势，西部处于绝对劣势；东北的优势在持续下滑；中部在稳步上升，并于 2012 年前后超越东北地区。

第六，对于制度禀赋，东部仍处于绝对优势，尽管从 2006 年之后，由于西部大开发、中部崛起、东北振兴等区域政策的实施，使得东部的制度优势有所下滑，但优势地位仍然非常突出；东北的制度优势在持续下滑，并于 2015 年前后被中部超越；西部则一直处于劣势。

第七，对于结构禀赋，各区域之间尽管有差异，东部也有一定优势，但并不像技术和制度的优势那么明显；东北的结构禀赋优势在 2000 年之前下滑较为严重，之后与中部、西部保持基本一致的强度和变化趋势。

表 6-5　1996~2018 年分阶段东部、中部、西部和东北地区单项要素禀赋优势度

要素类型	地区	1996~2000 年	2001~2005 年	2006~2010 年	2011~2015 年	2016~2018 年
自然资源	东部	1.1516	1.2522	1.1511	1.0950	0.9912
	中部	1.5000	1.7750	1.8857	1.9959	2.0421
	西部	0.5406	0.5167	0.5794	0.6435	0.6829
	东北	2.8953	2.2510	1.9866	1.6138	1.5870
劳动力	东部	1.9893	2.0940	2.2549	2.3759	2.4286
	中部	1.2934	1.2721	1.2049	1.1836	1.1833
	西部	0.5267	0.5334	0.5201	0.5071	0.5096
	东北	1.5757	1.3404	1.1546	0.9608	0.8214
物质资本	东部	2.9823	2.8194	2.4816	2.1532	2.1900
	中部	0.9353	0.9394	1.0984	1.2515	1.3737
	西部	0.3698	0.4325	0.4611	0.5327	0.5708
	东北	0.9337	0.9105	1.1467	1.2171	0.6861
人力资本	东部	1.9838	1.9487	1.9449	1.9067	1.9118
	中部	1.0609	1.0746	1.0754	1.0866	1.0649
	西部	0.6818	0.7039	0.7058	0.7379	0.7342
	东北	1.3159	1.2435	1.2286	1.1361	1.1893
技术禀赋	东部	2.6968	3.0699	3.4304	3.3601	3.2649
	中部	0.8563	0.7488	0.6055	0.7059	0.8068
	西部	0.4073	0.3379	0.2567	0.2952	0.3127
	东北	1.4241	1.0906	0.8321	0.6223	0.5678

续表

要素类型	地区	1996~2000 年	2001~2005 年	2006~2010 年	2011~2015 年	2016~2018 年
制度禀赋	东部	3.8327	3.9255	3.7911	3.5404	3.5983
	中部	0.4253	0.3750	0.4258	0.5312	0.5753
	西部	0.1327	0.1175	0.1436	0.2094	0.2088
	东北	0.8838	0.8144	0.7338	0.7083	0.5596
结构禀赋	东部	1.0888	1.1421	1.1253	1.0888	1.0641
	中部	0.8854	0.8322	0.8445	0.8931	0.9321
	西部	0.8565	0.8827	0.8889	0.9425	0.9577
	东北	1.1309	0.9224	0.9187	0.9273	0.9561

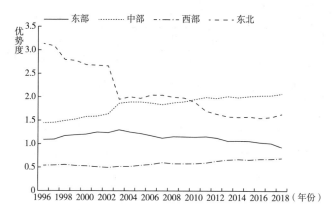

图 6-4　1996~2018 年分阶段东部、中部、西部和东北地区自然资源优势度变化趋势

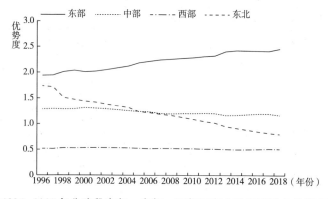

图 6-5　1996~2018 年分阶段东部、中部、西部和东北地区劳动力优势度变化趋势

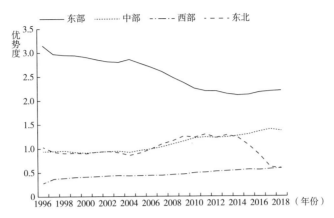

图 6-6　1996~2018 年分阶段东部、中部、西部和东北地区物质资本优势度变化趋势

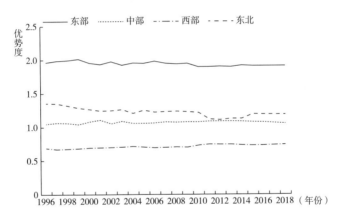

图 6-7　1996~2018 年分阶段东部、中部、西部和东北地区人力资本优势度变化趋势

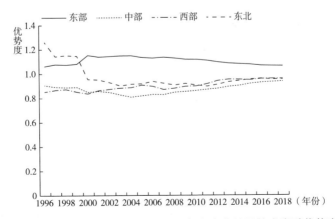

图 6-8　1996~2018 年分阶段东部、中部、西部和东北地区技术禀赋优势度变化趋势

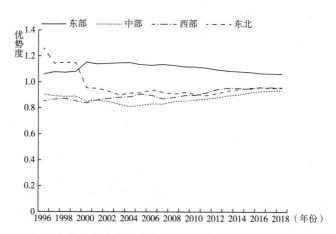

图 6-9　1996~2018 年分阶段东部、中部、西部和东北地区制度禀赋优势度变化趋势

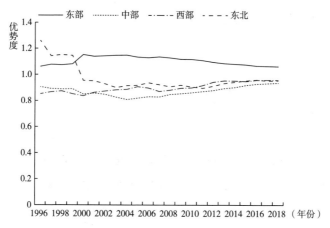

图 6-10　1996~2018 年分阶段东部、中部、西部和东北地区结构禀赋优势度变化趋势

第二节　要素禀赋优势度下的中国经济增长动力

要素禀赋优势度是基于区位熵的思路，从聚集角度对不同要素禀赋的人均和地均优势进行的计算。上一节主要是利用描述性统计方法对我国东部、中部、西部和东北四个区域进行研究。本节首先利用同样方法，计算省级层面的相关指标，然后，考虑到要素禀赋状况及经济增长都具有极强的空间相关性，因此选用不考虑空间相关性及考虑空间相关性的多种计量模型进行实证研究。数据来源及缺失数据的处理方法和上一节相同。

一　空间相关性检验

空间计量模型是在普通模型基础上纳入研究单元的位置信息，可以更好地研究单元之间的空间依赖关系。但是，在采用考虑空间相关性的计量模型之前，首先需要对中国经济增长水平的空间相关性进行检验。常用做法是计算变量的 Moran's I 统计量，计算公式为：

$$Moran's\ I = \frac{\sum_{i=1}^{n} \sum_{j=1}^{n} W_{ij}(Y_i - \overline{Y})(Y_j - \overline{Y})}{S^2 \sum_{i=1}^{n} \sum_{j=1}^{n} W_{ij}}$$

其中, $S^2 = \frac{1}{n} \sum_{i=1}^{n} (Y_i - \overline{Y})$; $\overline{Y} = \frac{1}{n} \sum_{i=1}^{n} Y_i$; Y_i 是 i 地区的观测值; n 是地区总体数量; W 是 $N \times N$ 的空间权重矩阵。对于空间权重矩阵，通常是考虑空间单元的毗邻性。如果两地相邻，则权重矩阵中对应元素为 1，否则为 0。但是，很多学者认为这种地理上的邻接矩阵不足以体现区域之间的关联性，一方面，经济活动并不限于行政区域的划分；另一方面，经济策略很容易被相邻省份复制学习，同时按照贸易引力模型的思路，两地的空间关联会因距离而产生衰减。在此基础上，借鉴白俊红等（2017）的做法，选用反距离权重矩阵来表征各地之间的空间效应，即主对角线元素为0，非主对角线上的元素为 1/d，其中 d 为两区域地理中心位置之间的距离。据此得到 1996～2018 年中国各地区经济增长水平的 Moran's I 指数，如表 6-6 所示。

表 6-6　反距离权重矩阵下 1996～2018 年实际人均 GDP 的 Moran's I 检验

年份	Moran's I	P 值	年份	Moran's I	P 值
1996	0.2965	0.0070	1999	0.3014	0.0070
1997	0.2956	0.0070	2000	0.3071	0.0070
1998	0.2981	0.0070	2001	0.3091	0.0070

续表

年份	Moran's I	P 值	年份	Moran's I	P 值
2002	0.3159	0.0060	2011	0.3571	0.0030
2003	0.3366	0.0060	2012	0.3482	0.0030
2004	0.3380	0.0060	2013	0.3311	0.0040
2005	0.3434	0.0040	2014	0.3129	0.0050
2006	0.3447	0.0040	2015	0.2927	0.0070
2007	0.3351	0.0040	2016	0.2781	0.0110
2008	0.3690	0.0030	2017	0.2681	0.0130
2009	0.3604	0.0030	2018	0.2553	0.0170
2010	0.3617	0.0030			

可以看出，1996~2018 年中国经济增长水平的 Moran's I 指数均为正数，在 1996~2015 年通过了 1%水平上的显著性检验，在 2016~2018 年通过了 5%水平上的显著性检验。这表明，尽管 Moran's I 指数在整体上呈现"倒 U 形"变化趋势，近些年各地区经济增长的空间关联有所下降，但是，总体上中国经济增长水平仍存在显著的空间自相关。结合图 6-11 可以发现，处于第 I 、IV 象限的高收入省区主要集中在东南沿海和首都经济圈，呈现比较明显的集聚特征，广东省周边地区收入水平相对较低。第 II 象限中内蒙古、安徽、河北和江西相对于周边地区的收入水平较低。中、西部地区主要集中在第 III 象限，呈现"低低集聚"特征。因此，确实有必要采用空间计量模型对中国经济增长的动力因素进行实证研究。

二　计量模型确定与估计策略的选择

几类常规的空间计量模型可以利用广义嵌套模型进行归纳，其一般形式是：

$$Y = \rho WY + \alpha I_N + X\beta + WX\theta + \mu, \mu = \lambda W\mu + \varepsilon \tag{6.1}$$

式中，Y 是 $N \times 1$ 的因变量向量；X 是 $N \times K$ 的自变量矩阵；WY 是因变量的内生交互项；ρ、α、β、θ 和 λ 是各参数的待估系数，ρ 和 λ 通常被认为是空间相关系数；I_N 是元素均为 1 的 $N \times 1$ 阶列向量；ε 服从 （0，

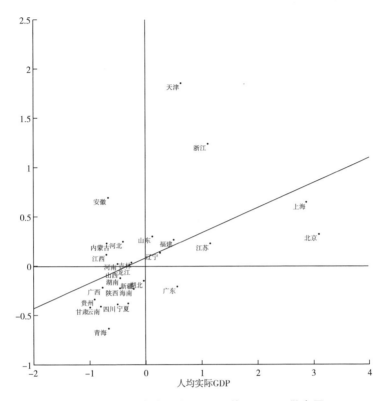

图 6-11　2018 年人均实际 GDP 的 Moran'I 散点图

$\sigma_\varepsilon^2 I$) 分布；μ 是 $N\times1$ 的扰动列向量，所以 $W\mu$ 是扰动项的交互项。式中，如 $\lambda=0$，则模型退化为空间杜宾模型（SDM）。在空间杜宾模型中，如 $\theta=0$，则为空间自回归模型（SAR）；如 $\theta=-\rho\beta$，则为空间误差模型（SEM）；如 $\rho=0$，则为空间滞后模型（SLX）。

对于最优模型的选择，首先，利用 Wald 检验和 LR 检验判断空间杜宾模型能否简化为空间自回归模型和空间误差模型，如无法拒绝 Wald 检验的原假设则选择空间自回归模型；如无法拒绝 LR 检验的原假设则选择空间误差模型。检验结果表明应该选择空间杜宾模型，同时考虑到该模型在分析内生和外生交互作用上被广泛使用，故选取该模型进行实证研究。其次，利用 Hausman 检验判断选用固定效应模型还是随机效应模型。在选择固定效应模型后，还需要考虑个体固定和时间固定两种效应。最后，Lee 和

Yu（2010）认为，无论 SAR、SEM 和 SDM 模型是只包含空间固定效应和时间固定效应中的一种，或是同时包含两种效应，采用直接法得到的估计都是有偏的，都需要对参数进行校正，即应当采用固定效应偏误校正模型。

为尽量消除异方差对模型估计带来的影响，在实证研究中对所有变量均取对数处理。各要素禀赋相关变量的描述性统计如表 6-7 所示。为验证估计结果的稳健性，表 6-8 列出了不包含空间相关性的固定效应模型，包含空间相关性的个体固定效应、时间固定效应、时空双固定效应模型和时空双固定偏误校正模型的估计结果。对不包括空间相关性的固定效应模型，主要借鉴霍奇勒（Hoechle）提出的 D-K 标准误结构对参数的 t 值进行稳健性检验，且对地区和时间都进行了控制。

表 6-7　各要素禀赋相关变量的描述性统计

变量	英文符号	观测值	均值	标准差	最小值	最大值
经济增长水平	RPGDP	667	8.7063	0.4601	7.5844	9.9399
自然资源	NAT	667	-0.2371	1.1268	-3.8852	2.2586
劳动力	LAB	667	0.2051	0.8383	-1.7140	2.4247
物质资本	CAP	667	0.1342	0.9870	-2.6250	3.4149
结构禀赋	STR	667	-0.0260	0.2784	-0.7295	1.0414
人力资本	HUM	667	0.4116	0.9115	-1.0158	2.9106
技术禀赋	TEC	667	-0.3144	1.4896	-3.8131	3.7370
制度禀赋	INS	667	-0.3790	1.5015	-3.2915	3.3752

三　实证结果与分析

（一）全样本回归

从表 6-8 中 1996~2018 年的估计结果可以看出，在控制不同固定效应下的 4 个空间计量模型中，空间自回归系数均为在 1% 水平上显著为正，表明我国省域层面本地区经济增长会受到周边毗邻地区经济发展水平的影响，存在正的空间相关性。在模型拟合效果上，根据之前的思路，同时参考白俊红等（2017）的研究，应当选择拟合效果最佳、估计系数一致性和显著性都最优的模型进行分析，因此，这里选择时空双固定偏误校正模型进行分析。

表 6-8 1996~2018 年的估计结果

决定因素	固定效应模型	个体固定效应模型	时间固定效应模型	时空双固定效应模型	时空双固定偏误校正模型
空间相关性	否	是	是	是	是
W×RPGDP	—	0.7130 *** (23.53)	0.3280 *** (7.27)	0.1650 *** (2.77)	0.2607 *** (4.58)
NAT	0.0353 *** (2.98)	0.0128 (1.19)	−0.1138 *** (−12.72)	0.0060 (0.60)	0.0081 (0.77)
LAB	−0.0071 (−0.19)	0.0428 *** (1.85)	−0.1684 *** (−5.41)	0.0409 * (1.83)	0.0407 * (1.76)
CAP	0.1081 *** (6.35)	0.0719 *** (5.44)	0.0012 (0.05)	0.1023 *** (8.19)	0.0997 *** (7.70)
STR	−0.1176 *** (−3.82)	−0.0751 *** (−3.44)	0.1731 *** (4.39)	−0.0976 *** (−4.57)	−0.0978 *** (−4.41)
HUM	0.3742 *** (5.79)	0.2496 *** (5.19)	0.0273 ** (2.19)	0.2601 *** (5.80)	0.2538 *** (5.46)
TEC	0.0140 (1.33)	0.0159 *** (1.74)	0.0040 (0.30)	0.0213 ** (2.38)	0.0224 ** (2.41)
INS	0.1349 *** (4.48)	0.1509 *** (9.02)	0.2722 *** (15.72)	0.1282 *** (8.02)	0.1281 *** (7.72)
W×NAT	—	−0.0675 *** (−3.14)	0.1718 *** (8.99)	−0.0531 ** (−2.46)	−0.0551 ** (−2.46)
W×LAB	—	−0.1580 *** (−3.22)	−0.0910 (−1.00)	−0.0221 (−0.41)	−0.0267 (−0.48)
W×CAP	—	0.1432 *** (3.70)	0.4480 *** (6.82)	0.2767 *** (7.29)	0.2628 *** (6.69)
W×STR	—	0.1453 *** (3.14)	−0.3918 *** (−4.02)	0.0208 (0.43)	0.0294 (0.58)
W×HUM	—	−0.0253 (−0.24)	0.1758 *** (4.89)	0.1944 * (1.95)	0.1508 (1.47)
W×TEC	—	−0.1370 *** (−5.91)	0.2061 *** (4.92)	−0.0735 ** (−2.46)	−0.0703 ** (−2.27)

续表

决定因素	固定效应模型	个体固定效应模型	时间固定效应模型	时空双固定效应模型	时空双固定偏误校正模型
W×INS	—	0.0816 ** (2.12)	-0.4687 *** (-7.79)	0.0315 (0.69)	0.0151 (0.32)
样本量	667	667	667	667	667
σ^2	—	0.0035	0.0214	0.0030	0.0032
R-Square	0.8364	0.9844	0.9021	0.9859	0.9860
LogL/F 统计量	418.12	921.05	399.28	991.84	991.84

注：*、** 和 *** 分别表示 10%、5% 和 1% 的显著性水平。（下同）

关于各要素增长动力效应的解释，由于存在空间滞后变量，估计结果的解释变得较为复杂，不能直接从模型估计系数推断各变量的影响。Lesage 和 Pace 提出在空间杜宾模型中可以通过直接和间接效应来分析相邻空间在不同动力因素之间的相互影响。模型应当关注解释变量的直接效应是否显著，解释变量空间效应的存在性则应当关注间接效应，而不是解释变量的滞后项，整体效应应参照总效应的结果。

估计的 1996~2018 年的直接效应、间接效应及总效应如表 6-9 所示。其中的直接效应表示本地区某个解释变量的变化对本地区经济增长产生的影响。间接效应表示毗邻地区某个解释变量变化对本地经济增长产生的影响。总效应为直接效应和间接效应之和，代表某个解释变量变化对所有地区经济发展产生的总影响。

表 6-9　1996~2018 年的直接效应、间接效应及总效应

	NAT	LAB	CAP	STR	HUM	TEC	INS
直接效应	0.0057 (0.54)	0.0391 (1.64)	0.1130 *** (8.48)	-0.0983 ** (-4.25)	0.2671 *** (5.92)	0.0192 * (1.97)	0.1305 *** (7.64)
间接效应	-0.0687 ** (-2.40)	-0.0208 (-0.27)	0.3762 *** (6.76)	0.0047 (0.07)	0.2900 ** (2.34)	-0.0849 ** (-2.11)	0.0621 (1.02)
总效应	-0.0630 ** (-2.15)	0.0183 (0.21)	0.4892 *** (8.21)	-0.0936 *** (-1.15)	0.5571 *** (4.24)	-0.0657 (-1.48)	0.1926 (2.92)

第一，直接空间溢出效应，也叫作区域内溢出效应。在基于 1996～2018 年的全样本回归中，物质资本、人力资本、制度禀赋在 1% 水平上通过了正的显著性检验，技术禀赋在 10% 水平上通过了正的显著性检验，结构禀赋在 5% 水平上通过了负的显著性检验，自然资源和劳动力未通过显著性检验。这表明在 23 年的全样本研究区间内，物质资本、人力资本、技术禀赋和制度禀赋对本地经济增长产生的动力效应明显。从系数值上看，人力资本的强度最大，其次是制度禀赋、物质资本和技术禀赋。这与我国这段时间经济发展的事实是吻合的。因为，我国经济的快速增长主要得益于改革开放以后市场机制的不断完善，在制度环境逐渐优化的同时，依靠大规模固定资产投资和农村转移劳动力来促进产业发展，同时产业结构的不断转型升级需要充足的高素质劳动力提供支撑，所以，一方面我国加大义务教育的普及力度，另一方面扩大职业教育和大学招生规模，这些都为我国社会经济发展储备了大量人力资本，也为经济增长提供了持久动力。需要注意的是，结构禀赋呈现出的负向效应，表明我国可能存在较为严重的城乡失衡、区域不协调以及产业不协调问题，即党的十九大报告中提到的"不平衡不充分"问题。普通劳动力和自然资源的直接效应尽管为正，但未通过显著性检验，说明初级要素产生的经济增长动力较为有限。

第二，间接空间溢出效应，也叫作区域间溢出效应。从表 6-9 可以看出，物质资本和人力资本的间接效应分别在 1% 和 5% 水平上通过了正的显著性检验，自然资源和技术禀赋在 5% 水平上通过了负的显著性检验，其他几个变量均未通过显著性检验。说明物质资本和人力资本存在较明显的共聚特征，且溢出效应明显。毗邻地区丰富的自然资源和技术禀赋可能会对本地产生虹吸效应，影响本地区经济增长。从间接效应的估计值来看，物质资本和人力资本的值都较大，甚至强于直接效应，主要是物质资本和人力资本的流动性相对较高，同时如果所有这些要素都聚集到一个区域的话，将会增加竞争效应，抬高拥挤成本，转向毗邻地区则可以避免这些问题出现，说明物质资本和人力资本有着较强的溢出红利。

（二）分阶段回归

为更准确地得到各要素产生的经济增长动力差异及变迁，同时考虑到 2008 年世界金融危机对我国经济增长产生的重要影响，本部分将研究期间划分为 1996~2008 年和 2009~2018 年两个部分进行回归。表 6-10 列出了不包含空间相关性的固定效应模型和包含空间相关性的时空双固定偏误校正模型的估计结果。两个估计结果在系数符号上完全一致，仅个别变量的显著性存在差异，包含空间相关性的模型在系数显著性和可决系数上均优于无空间相关性的模型，故这里仍依据时空双固定偏误校正模型进行分析。表 6-11 和表 6-12 分别是 1996~2008 年和 2009~2018 年空间杜宾模型估计的直接效应、间接效应和总效应。

表 6-10　1996~2018 年分阶段的估计结果

决定因素	固定效应模型		时空双固定偏误校正模型	
研究区间	1996~2008 年	2009~2018 年	1996~2008 年	2009~2018 年
W×RPGDP	—	—	0.3745 *** (5.3565)	0.0471 (0.5014)
NAT	0.0488 *** (5.13)	0.0053 (0.90)	0.0284 ** (2.3642)	−0.0129 (−0.8956)
LAB	−0.0096 (−0.36)	0.1354 *** (2.82)	−0.0256 (−0.9297)	0.0627 ** (2.0790)
CAP	0.0736 * (1.91)	0.0641 *** (3.05)	0.0427 *** (3.2986)	0.0788 *** (2.8881)
STR	−0.0586 *** (−5.07)	−0.2471 *** (−5.11)	−0.0171 (0.3968)	−0.2936 *** (−7.8164)
HUM	0.0523 (0.57)	0.0367 (0.44)	0.0775 * (0.0663)	0.0747 (1.0851)
TEC	−0.0148 ** (−2.40)	0.0492 *** (3.58)	−0.0022 (0.8015)	0.0527 *** (3.7882)
INS	0.0658 *** (13.24)	0.1134 *** (5.93)	0.0438 *** (3.0602)	0.0698 *** (3.2166)
W×NAT	—	—	0.1739 *** (5.5762)	−0.0937 *** (−2.8220)
W×LAB	—	—	−0.2042 *** (−2.9897)	−0.0922 (−1.2996)
W×CAP	—	—	−0.0226 (−0.3736)	0.3991 *** (6.4084)

续表

决定因素	固定效应模型		时空双固定偏误校正模型	
研究区间	1996~2008 年	2009~2018 年	1996~2008 年	2009~2018 年
W×STR	—	—	−0.0991 * (−1.8114)	−0.2230 * (−1.8671)
W×HUM	—	—	0.1596 (1.5078)	0.5418 *** (3.4592)
W×TEC	—	—	−0.0619 ** (−2.3684)	0.0310 (0.7131)
W×INS	—	—	−0.0153 (−0.4249)	−0.0952 (−1.2783)
样本量	377	290	377	290
σ^2	—	—	0.0012	0.0011
R-Square	0.8007	0.6540	0.9956	0.9933
LogL/F 统计量	728.99	2827.26	748.8676	602.0428

表 6-11　1996~2008 年的直接效应、间接效应及总效应

	NAT	LAB	CAP	STR	HUM	TEC	INS
直接 效应	0.0424 *** (3.5542)	−0.0405 (−1.3803)	0.0420 *** (2.9035)	−0.0253 (−1.1431)	0.0913 ** (2.0793)	−0.0072 (0.7919)	0.0438 *** (2.9953)
间接 效应	0.2820 *** (5.1594)	−0.3280 *** (−2.8659)	−0.0111 (−0.1199)	−0.1597 * (−1.8267)	0.2893 * (1.7302)	−0.0943 ** (−2.2134)	−0.0009 (−0.0169)
总效应	0.3244 *** (5.5382)	−0.3685 *** (−2.8486)	0.0309 (0.3099)	−0.1851 * (−1.8892)	0.3806 ** (2.0477)	−0.1016 ** (−2.1791)	0.0429 (0.6995)

表 6-12　2009~2018 年的直接效应、间接效应及总效应

	NAT	LAB	CAP	STR	HUM	TEC	INS
直接 效应	−0.0130 (−0.8923)	0.0623 ** (2.1513)	0.0832 *** (3.1691)	−0.2969 *** (−8.0212)	0.0779 (1.1723)	0.0519 *** (3.7148)	0.0686 *** (3.0907)
间接 效应	−0.0998 *** (−2.8570)	−0.0904 (−1.1663)	0.4234 *** (5.8028)	−0.2471 * (−2.0312)	0.5721 *** (3.5663)	0.0336 (0.7062)	−0.0963 (−1.2504)
总效应	−0.1128 *** (−3.1483)	−0.0281 (−0.3263)	0.5066 *** (6.4147)	−0.5441 *** (−4.1366)	0.6501 *** (4.0295)	0.0854 (1.6243)	−0.0276 (−0.3293)

第一，直接空间溢出效应。从自然资源看，1996~2008 年的估计结果显著为正，之后不再显著。这表明我国经济增长方式发生了转变，即以往发展模式对自然资源的依赖和损害较大，自然资源发挥的正向作用比较明显，但随着环境逐步恶化和收入水平的提高，整个社会对环境改善的欲望日益强烈，便不再追求以环境换增长的发展方式，由此才导致自然资源在经济增长中发挥的作用不再明显。从劳动力看，2008 年之前的估计结果并不显著，之后则显著为正。这充分体现出劳动力在经济增长中日益重要的作用。之前我国有大量农村劳动力，但随着劳动力红利的逐步消失，用工数量不断变少，最明显的标志就是 2011 年之后，东部和中西部开启了"农民工争夺战"，东部地区企业甚至开着大巴车到中西部接农民工到东部就业，这凸显了劳动力在地区经济增长中的作用。从物质资本看，物质资本投入在中国经济增长中的作用一直显著为正，效应值也有所增强，表明物质资本投资仍是推动我国经济增长的重要动力。从结构禀赋看，估计结果一直为负，在 2009 年后不仅系数的显著性增强，系数绝对值也明显增大，表明了我国经济结构的不合理状况。从人力资本看，估计结果都为正，2008 年前在 5% 水平上显著，之后则不再显著。主要原因可能是人力资本的培育及其对经济增长的效应存在长期性，在短期难以体现明显作用，我国人才红利的效应较弱。从技术禀赋看，2008 年前的估计结果为负但不显著，之后则显著为正，表明技术禀赋对我国经济增长的重要性越来越强。图 6-12 绘制了 1996~2019 年中国专利授权数变化趋势，可以明显地看出，中国专利授权数从 2008 年后进入一个快速增长阶段，增速与以往相比明显加快，这也从另一方面佐证了技术进步在我国经济运行中的作用，同时这也是我国持续重视创新的结果。从制度禀赋看，估计结果一直都显著为正且系数值有所增强，表明以改革开放和市场机制完善为主要特征的制度环境优化一直都是中国经济增长的重要动力，尤其是在经历了 2008 年世界金融危机和 2016 年美国发动贸易战之后，我国传统的劳动力红利、资本红利以及外部需求红利都有弱化迹象，当前更加需要继续推动制度变迁，深挖制度红利，充分发挥超大规模市场优势和内需潜力，构建国内国际双循环相互促进的新发展格局，这才是实现我国经济高质量发展的重要源泉。

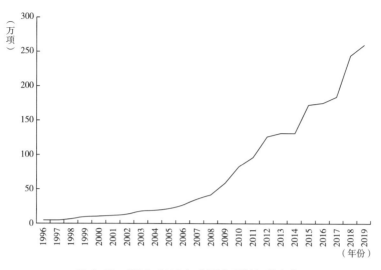

图 6-12　1996~2019 年中国专利授权数变化

　　第二，间接空间溢出效应。从自然资源看，1996~2008 年的估计效应显著为正，之后则显著为负，表明之前毗邻地区丰富的自然资源可以为本地提供发展机会，但随着生态环境恶化，自然资源成为稀缺的竞争性资源，开始对毗邻地区产生虹吸效应。从劳动力看，2008 年之前显著为负，之后为负的非显著性，表明各区域经济发展对普通劳动力的竞争程度有所弱化。从物质资本看，2008 年之前为负的非显著性，之后则显著为正，且系数值较大，表明当前物质资本的区域共聚特征明显、区域协同性有所提升。从结构禀赋看，间接效应一直都是显著为负，且负向效应有所增强，表明结构失衡问题是各区域普遍存在的问题，而且影响到了其他地区的发展。从人力资本看，间接效应值一直为正的显著性，且无论是显著性还是系数值都有所增强，表明人力资本的共聚特征也在不断增强，形成了较好的合作效应。从技术禀赋看，间接效应从显著为负转变为正的非显著性，说明随着各区域经济发展水平的总体提升，技术进步产生的虹吸效应有所弱化。从制度禀赋看，间接效应一直都是负的非显著性，表明毗邻地区制度变革对本地经济增长的溢出效应并不明显。

第三节 要素错配视角下数字经济的动力效应研究

数字作为一种新的独立要素，开始逐步占据社会经济的主导地位，改变了传统的要素配置方式和途径，提升了要素配置效率，成为推动当前中国经济增长动力转换、实现高质量发展的关键要素。本节将基于要素错配视角，对数字在当前中国经济发展中发挥的作用进行实证分析。

随着中国经济市场化水平的提升，尽管要素配置水平不断提高，但仍存在较强的要素错配现象，从而为经济增长及其动力转换产生阻碍。已有研究表明，要素错配水平的降低能提升中国全要素生产率30%~50%的水平（C. Hsieh and P. J. Klenow，2007），中国要素错配水平的改善空间平均能达到160%，即使改善一半也能保证年均3.85%的经济增速（尹恒和李世刚，2019）。袁志刚和解栋栋（2011）认为中国劳动力错配造成的TFP损失高达20%。李静等（2012）认为，如果能有效消除资本和劳动的要素错配，中国全部工业企业的总量TFP能提升51%以上。王林辉和袁礼（2014）认为资本错配使中国实际产出仅占潜在产出的70%~89%。曹东坡和王树华（2014）的研究表明，2004~2010年，要素错配对中国服务业产出造成9%~11%的损失，且呈逐年扩大趋势。对要素错配形成的原因及对策，国内外大量学者做了广泛且深入的研究。其中，优化国内外资本和劳动等要素的流动效率是重要内容，而信息不对称是导致生产要素难以流向高效地区、形成要素错配的重要因素，因此，通过大力发展数字经济来缓解信息不对称、优化要素配置效率，必将为中国经济发展提供强大动力。与此同时，数字经济也正在为改善中国要素错配水平产生作用，如黄群慧等（2019）发现互联网技术可以通过减少资源错配来提升制造业生产率。韩长根和张力（2019）认为互联网对资源错配的影响存在门槛效应，只有当互联网普及率达到一定水平时才能对资本或劳动力的错配产生改善效果。

上述文献主要是从互联网发展或信息通信技术角度，研究信息化对降低要素错配水平的影响。互联网发展属于应用层面，信息通信技术属于技术和基础设施层面，都无法完全等价数字经济的整体状况。中国信息通信研究院、阿里研究院等机构从 2017 年至今，相继发布了我国数字经济发展的评价指数，尽管相对准确，但时期跨度较短，难以据此进行深入研究。本节参考已有成果，构建省级层面的数字经济评价体系，从改善要素错配视角，研究数字新要素在推动经济增长中的动力效应。

一　模型、变量与数据说明

（一）模型构建

为研究数字经济对降低要素错配水平的影响，构建如下计量模型：

$$\tau_{Kit} = \alpha_0 + \beta DIGE_{it} + \sum \gamma_j X_{it} + \mu_i + \lambda_t + \varepsilon_{it} \tag{6.2}$$

$$\tau_{Lit} = \alpha_0 + \beta DIGE_{it} + \sum \gamma_j X_{it} + \mu_i + \lambda_t + \varepsilon_{it} \tag{6.3}$$

其中，下标 i 代表地区，下标 t 代表年份。τ_{Kit} 和 τ_{Lit} 分别代表资本错配和劳动力错配水平，以反映地区要素错配状况；$DIGE_{it}$ 是核心解释变量，代表数字经济发展水平；X_{it} 代表其他控制变量；μ_i 代表不可观测的地区个体固定效应；λ_t 代表时间固定效应；ε_{it} 代表随机干扰项，服从正态分布，且 ε_{it} 和 μ_i 无相关性。

上述模型为静态模型，考虑到要素错配可能存在时间惯性，本文在上述模型基础上，加入资本和劳动要素错配水平的一阶滞后，以控制可能存在的动态效应。构造动态模型如下：

$$\tau_{Kit} = \alpha_0 + \alpha_1 \tau_{Ki,t-1} + \beta DIGE_{it} + \sum \gamma_j X_{it} + \mu_i + \lambda_t + \varepsilon_{it} \tag{6.4}$$

$$\tau_{Lit} = \alpha_0 + \alpha_1 \tau_{Li,t-1} + \beta DIGE_{it} + \sum \gamma_j X_{it} + \mu_i + \lambda_t + \varepsilon_{it} \tag{6.5}$$

其中，$\tau_{Ki,t-1}$ 和 $\tau_{Li,t-1}$ 分别代表资本错配和劳动力错配水平的一阶滞后项。

（二）变量描述和数据说明

1. 地区要素错配水平

借鉴白俊红和刘宇英（2018）的研究成果，地区要素错配可分为资本错配指数 τ_{Ki} 和劳动力错配指数 τ_{Li}，具体衡量方式如下：

$$\gamma_{Ki} = \frac{1}{1+\tau_{Ki}}, \gamma_{Li} = \frac{1}{1+\tau_{Li}} \tag{6.6}$$

其中，γ_{Ki} 和 γ_{Li} 代表要素的绝对错配系数，衡量要素在不存在扭曲时的相对加成状况。实际测算中可以用价格相对扭曲系数代替：

$$\hat{\gamma}_{Li} = \left(\frac{L_i}{L}\right) \Big/ \left(\frac{s_i\beta_{Li}}{\beta_L}\right), \hat{\gamma}_{Ki} = \left(\frac{K_i}{K}\right) \Big/ \left(\frac{s_i\beta_{Ki}}{\beta_K}\right) \tag{6.7}$$

其中，s_i 代表 i 地区产出占整个经济产出的份额，$\beta_L = \sum\limits_{i}^{N} s_i\beta_{Li}$ 代表产出加权的劳动力贡献。L_i/L 代表 i 地区劳动力占全国劳动力的份额，$s_i\beta_{Li}/\beta_L$ 代表劳动力完全自由流动，实现有效配置时 i 地区拥有的劳动力占比。两者比值代表劳动力实际使用量与有效配置相比的偏离度，即 i 地区的劳动力错配水平。如比值大于 1，表明 i 地区的劳动力使用成本偏低，导致地区劳动力配置过多；反之，代表 i 地区的劳动力使用成本偏高，劳动力配置不足。当前，发达地区过高的房价以及社保政策的改变，导致劳动力在发达地区的居住成本过高且企业用工成本过高，这些都可能导致劳动力流入减少。

根据（6.6）式和（6.7）式，计算资本错配指数 τ_{Ki} 和劳动力错配指数 τ_{Li} 需要首先估算资本和劳动的产出弹性 β_K 和 β_L。借鉴已有研究，利用索洛余值法进行测算。假定生产函数规模报酬不变，函数形式为 $Y_{it} = AK_{it}^{\beta_{Ki}}L_{it}^{1-\beta_{Ki}}$。对生产函数取对数后，在模型中加入个体和时间效应进行回归，具体形式为：

$$\ln(Y_{it}/L_{it}) = \ln A + \beta_{Ki}\ln(K_{it}/L_{it}) + \mu_i + \lambda_t + \varepsilon_{it} \tag{6.8}$$

对产出水平 Y_{it}，采用各地区 GDP 衡量，考虑到数据可得性和测算结果的准确性，采用 GDP 平减指数折算至以 1990 年为基期的实际 GDP。

对资本投入 K_{it}，采用各地区固定资本存量衡量，并使用永续盘存法计算，也折算至以 1990 年为基期的水平，公式为 $K_t = I_t/P_t + (1-\delta_t)K_{t-1}$。其中，$K_t$ 是 t 期固定资本存量，I_t 是 t 期的固定资产投资额，P_t 是固定资本投资价格指数，δ_t 是折旧率，采用 9.6%。对于基期各地区固定资本存量采用张军等（2004）的估算结果。

对劳动力投入水平 L_{it}，采用各地区城镇单位就业人数衡量。

在上述基础上，估算资本和劳动力的产出贡献。考虑到各地区资本和劳动力的产出弹性可能存在差异，这里利用最小二乘虚拟变量法估算各地区的要素产出弹性，并在（6.8）式基础上引入个体虚拟变量与 ln（K_{it}/L_{it}）的交互项，以便使每个截面拥有不同的估计系数。结果表明，个体虚拟变量与 ln（K_{it}/L_{it}）的交互项都非常显著，表明设定的变系数模型合理。在估算出各地区的要素产出弹性后，根据（6.6）式和（6.7）式计算各地区的资本错配指数与劳动力错配指数。为整合资本配置不足和过度两类情况，对两个指数均取绝对值。如果被解释变量系数为负，表明被解释变量增加有利于降低要素错配水平。

2. 数字经济发展水平（DIGE）

国内近几年有很多机构都发布了数字经济指数，如中国信息通信研究院、腾讯研究院、阿里研究院等，涵盖领域主要是数字基础设施、产业和社会发展等。学术界也有不少基于年鉴或调研数据构建的评价体系。这些研究存在时期跨度较短或者地域性局限等问题，无法直接应用。在充分借鉴相关成果基础上，依据当前对数字经济认识的新态势，遵循全面性、可获得性、可比性和前瞻性的原则，这里从数字基础设施建设、数字化应用、数字化发展潜力三个角度构建指标体系。其中数字化应用包含生产和生活两个方面，进而拓展为包含数字基础设施、生产应用、生活应用和发展潜力的四个要素层。在具体指标选择中，参考上述权威机构发布的数字经济发展报告或白皮书，有针对性地选取符合本研究视角、能体现数字经济某方面特征的指标纳入，最终确定了包含 12 个具体指标层的评价体系。

在构建的评价体系中，基础设施主要衡量当前数字经济发展的人员和网络传输基础，涉及三项三级指标。其中，城镇单位就业人员中信息传输、软件和信息技术服务业占比反映人员配备情况；人均光缆长度反映网络传输基础；人均移动电话交换机数量反映网络承载能力。生产应用主要衡量数字经济在生产层面的渗透水平，涉及三项三级指标。其中，每百人使用计算机数反映生产层面数字化程度；电子商务销售额占

GDP 比重反映数字化产出效率；有电商交易活动的企业占比反映数字经济在企业的参与水平。生活应用主要衡量数字经济在居民生活中的应用水平，涉及三项三级指标。发展潜力主要衡量数字经济的发展空间，涉及三项三级指标。考虑到数字技术相关企业大都属于高科技企业，因而选取研发内部经费支出中高科技企业占比反映数字经济的资金投入强度；选取研发人员全时当量中高科技企业占比反映劳动投入强度；另外，由于利润越高预示该行业发展前景越好，故选取软件业务收入占 GDP 比重衡量数字经济的直接收益。具体的数字经济发展水平评价体系见表 6-13。

表 6-13　数字经济发展水平评价体系

目标层	要素层	指标层	指标衡量方式	单位
数字经济发展水平	基础设施	网络传输基础	光缆长度/人	公里/万人
		网络承载能力	移动电话交换机容量/人	部/人
		人员配备	城镇单位就业人员中信息传输、软件和信息技术服务业占比	%
	生产应用	参与水平	有电商交易活动的企业比重	%
		数字化产出效率	电子商务销售额/GDP	%
		生产层面数字化程度	每百人使用计算机数	台
	生活应用	宽带生活	互联网宽带普及率	部/人
		移动生活	移动电话普及率	部/百人
		互联网消费	快递收入/GDP	%
	发展潜力	直接收益	软件业务收入/GDP	%
		资金投入强度	研发内部经费支出中高科技企业占比	%
		劳动投入强度	研发人员全时当量中高科技企业占比	%

在建立评价指标体系后，采用熵权 TOPSIS 方法进行测算。首先利用熵权法计算各指标权重，然后利用 TOPSIS 方法对各地区数字经济发展水平进行综合。该方法可大大降低主观因素干扰，结果相对合理。

3. 控制变量

要素错配水平还受其他因素的影响，参考已有研究选取以下控制变量：(1) 外资依存度 (FDI)。外商投资的市场敏感性非常强，同时也极其重视投资收益，因此外资流入不仅会增强市场竞争，还会引导更多生产要素流入高效率领域，改善要素错配状况。另外，外资流入还会带来很多先进管理经验和技术，这些都会提升要素使用效率。采用外商投资企业投资总额占 GDP 比重衡量。(2) 金融发展水平 (FINA)。金融信贷政策及水平能够引导资金流向，从而影响要素配置水平。由于金融业在发放贷款时，不仅考虑贷款收益，更要考虑自有资金的安全性和稳定性，在我国国有经济、大企业占据主导的情况下，金融贷款大都流向了收益率相对不高但比较稳定的领域，但近两年我国大力发展互联网金融，金融机构也创新了很多金融产品去解决中小企业融资难融资贵的问题，因而，金融业快速发展可能对要素错配产生改善效果。采用金融业增加值占 GDP 的比重衡量。(3) 市场化水平 (MKT)。市场经济下，价格是配置要素的最有效手段，提升市场化程度会增强竞争，使价格信号更加准确，进而改进要素配置水平。一般情况下，市场化水平越高，非国有经济比重将越低，从而人们的收入将主要来自非国有经济，故选取工资总额中非国有经济工资收入占比衡量。(4) 产业结构 (STRU)。市场经济下，产业结构演变是高生产率行业对低生产率行业的逐步替代过程。它优化了生产要素在不同行业的配置水平，降低了要素错配水平。相对来说，由于服务业成本病的存在，二产生产率总体高于三产，故采用各地区第二产业产值占 GDP 的比重衡量，后续实证分析中还选用第三产业产值占 GDP 的比重进行了比较。(5) 创新水平 (INNO)。一般情况下，创新水平高的行业都拥有较高的资本收益，从业人员收入水平较高，具有较高的社会地位，因此，相关要素的利润敏感性强，更有利于降低成本，从而提升创新水平会有利于改善要素错配。采用三项专利中发明的万人授权数衡量。(6) 贸易开放水平 (TRADE)。开放条件下，只有高效率企业才会突破地域限制进入其他市场，加剧市场竞争程度，淘汰更多低效率企业，从而使要素流向高效率企业，降低要素错配水平。采用地区进出口贸易总额占 GDP 的比重衡量。

4. 研究区间及数据来源

在构建的数字经济评价体系中，很多数据从 2013 年以后才开始统计，因此在研究数字经济影响要素错配的实证分析中，样本选择是 2013~2018 年中国各省（市、自治区）的平衡面板数据（未包括中国西藏和港澳台地区）。另外，在估算资本和劳动的产出弹性时，考虑到数据的可得性和一致性，同时由于样本研究区间越长，估计结果会更准确，因此将样本选择区间延长为 1998~2018 年。所有原始数据均来自国家统计局网站、CSMAR 经济金融数据库和相关年份各省（市、自治区）的统计年鉴。另外，为降低模型的异方差问题，对所有变量均取对数处理。

二　实证结果与分析

（一）要素错配与数字经济状况的描述

根据上述方法，本书得到了中国各省（市、自治区）2013~2018 年资本错配指数、劳动力错配指数和数字经济指数。两个要素错配指数的绝对值越大，表明错配程度越高。指数大于 0 表明该地区的要素配置不足，反之要素配置过度。在进行回归分析之前，首先绘制资本错配指数、劳动力错配指数与数字经济的偏相关图，并以此初步判断两者可能存在的关系，如图 6-13、图 6-14 所示。可以发现，数字经济与资本错配指数呈负向关系而与劳动力错配指数呈正向关系，表明数字经济发展有助于降低资本错配程度，却未对降低劳动力错配产生明显效果。

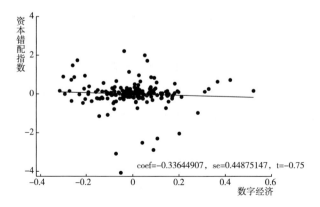

图 6-13　数字经济与资本错配指数的偏相关关系

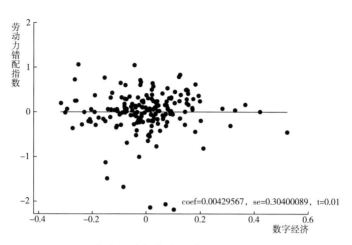

图 6-14　数字经济与劳动力错配指数的偏相关关系

（二）模型估计结果

对于模型估计，首先采用基于 DK 标准误的静态面板模型对（6.2）式和（6.3）式进行估计，然后再估计构建的动态面板模型（6.4）式和（6.5）式。广义矩估计（GMM）可以有效解决内生性问题，另外，为综合检验结果的稳健性，分别采用差分 GMM 和系统 GMM 进行估计。为保证 GMM 估计的一致性，需要对模型残差序列进行自相关检验，并检验工具变量的有效性。通过 Arellano-Bond 的检验结果可以看出，资本错配和劳动力错配方程的差分 GMM、系统 GMM 都不存在二阶序列相关，方程通过了自相关检验。Sargan 检验的 P 值大于 0.1，表明模型选取的工具变量都是外生和有效的。因此差分 GMM 和系统 GMM 的估计结果都是一致和有效的。估计结果见表 6-14。

表 6-14　数字经济影响要素错配的估计结果

	静态面板模型		动态面板模型			
	固定效应模型		差分 GMM	系统 GMM	差分 GMM	系统 GMM
	资本错配	劳动力错配	资本错配		劳动力错配	
$L.\tau$			0.4904 *** （0.000）	0.6774 *** （0.000）	0.2783 *** （0.000）	0.5149 *** （0.000）

续表

	静态面板模型		动态面板模型			
	固定效应模型		差分 GMM	系统 GMM	差分 GMM	系统 GMM
	资本错配	劳动力错配	资本错配		劳动力错配	
DIGE	-0.3364 ** (0.044)	0.0043 (0.980)	-0.8872 *** (0.000)	-0.7092 *** (0.000)	-0.5741 *** (0.000)	-0.0976 (0.555)
FDI	-0.0250 (0.913)	-0.2007 (0.174)	0.3388 *** (0.000)	0.2953 *** (0.000)	-0.2675 *** (0.001)	-0.0208 (0.815)
FINA	1.1350 ** (0.013)	-0.0719 (0.835)	-1.3909 ** (0.015)	-0.7478 *** (0.000)	-0.6876 (0.338)	0.4088 (0.349)
MKT	0.8409 (0.272)	1.2321 * (0.088)	-1.1453 *** (0.003)	-0.7600 ** (0.027)	2.9837 *** (0.000)	-0.0945 (0.887)
STRU	-0.3507 (0.794)	-0.9013 (0.411)	-2.2785 ** (0.022)	-1.3694 *** (0.000)	-4.2078 *** (0.001)	-0.1374 (0.828)
INNO	0.0874 (0.735)	-0.1397 (0.419)	-0.2034 *** (0.005)	-0.1164 * (0.064)	-0.5761 *** (0.000)	-0.2127 *** (0.001)
TRADE	-0.2833 * (0.055)	-0.5114 ** (0.049)	0.3597 *** (0.001)	0.5076 *** (0.000)	-0.3724 (0.279)	0.2323 (0.160)
样本量	180	180	120	150	120	150
Ar (2)			0.6932	0.6630	0.9966	0.4480
Sargan			0.9953	1.0000	0.9771	1.0000

在估计结果中,静态面板模型显示数字经济发展指数对资本错配的影响显著为负,对劳动力错配的影响为正,但并不显著。在加入被解释变量的一阶滞后项以后,对资本错配指数,差分 GMM 和系统 GMM 的结果显示,数字经济发展指数产生的影响仍显著为负;对劳动力错配指数,差分 GMM 的结果显著为负,而系统 GMM 的结果虽然为负却并不显著。这表明数字经济发展有效降低了资本错配水平,但对劳动力错配水平的降低却并不稳健,或者说影响程度较弱。

把该结论与理论机制相结合,并参照中国数字经济发展的实践,便不难发现上述情况的原因：当前中国数字经济发展的主要方向是物联网、工业互联等，数字技术对资本等生产要素的渗透率较高，可以认为数字技术对资本要素的影响已经到了成熟期，至少是成熟期的初级阶段。再加上资本的流动性强、流动成本低，因而，资本更容易通过网络信息的共享，提升收益率，降低错配水平。对劳动力错配来说，虽然企业用工信息会通过网络等各种渠道发布，但相对来说，各地对劳动力具体信息的采集和数字化工作关注较少，仅有的关注可能只是劳动力总量、年龄分布以及文化程度等表层信息，而对劳动力擅长的领域、愿意就业的行业、地域以及曾经的工作经历等信息较为缺乏。同时由于对个人隐私的保护，即使已经数据化的劳动力信息也很难实现有效共享。另外，对很多普通劳动力来说，当他们有外出工作意愿时，主要依靠的还是熟人或劳务公司，对通过网络寻找高收入工作的意愿和能力都非常有限。也就是说，数字经济对劳动力的影响主要集中在消费领域，从劳动供给角度的数字技术渗透率严重不足，因此，数字经济发展对劳动力错配的影响并未呈现像资本错配一样的理想效果。另外，根据动态面板的回归结果还可以发现，资本错配指数和劳动力错配指数的一阶滞后项均在1%水平上显著为正，表明要素错配存在路径依赖，以往的要素错配会加剧错配程度。

对于控制变量，差分 GMM 和系统 GMM 的结果与静态面板模型存在一定差异，但考虑到静态面板模型未考虑可能存在的内生性问题，因此主要结合动态面板模型进行分析。对于资本错配的回归结果，差分 GMM 和系统 GMM 的差异主要是回归系数的大小，系数符号及显著性基本一致；对于劳动力错配的结果，差分 GMM 的显著性更好，这里将主要基于差分 GMM 的估计进行分析，同时兼顾系统 GMM 的估计差异，这样既考虑了分析结论在模型选择上的一致性，又同时考虑了模型结果的差异。

估计结果显示，外商直接投资对资本错配指数的影响显著为正，对劳动力错配指数的影响在差分 GMM 中显著为负，而系统 GMM 的估计结果并不显著。这表明外资进入会改善劳动力错配，但却会加剧资本错配程度。说明我国各地的招商引资政策虽然能为本地带来资本积累，但从全国来看，竞争性、分散性的资本积累难以发挥规模优势，地方政府的招商引资政策扭曲了资本的市场化配置，加剧了资本错配。当然，外资引入会解决地方就业问题，同时外资企业的高收入也有助于劳动力的合理配置，降低劳动力错配水平。金融发展水平对资本错配的影响显著为负，对劳动力错配的影响却并不显著。主要原因是 2012 年以后，中小企业融资难融资贵开始成为社会焦点，解决这一困境的手段就是大力发展金融业，增加金融衍生品和服务，这才能为中小企业提供更多资金，避免所有资金都流入效益较低但却比较稳定的大企业，进而改善了资本错配，但对劳动力错配的改善却相对有限。市场化水平对资本错配的影响均显著为负，对降低劳动力错配却并未产生理想效果。这表明非国有企业发展在资本收益提升上的作用明显，能够增强市场竞争，降低资本错配水平，但由于劳动力各项保障成本和权益的提高，非国有企业在这方面的竞争力依然有限，对劳动力的吸引程度较弱。产业结构对资本和劳动力错配的影响均为负，且只有在系统 CMM 模型中对劳动力错配的影响不显著。这表明第二产业发展对资本和劳动力错配均能起到改善作用。有意思的是，本书还尝试将该变量更换为第三产业占比，回归结果中该指标系数均由负转正，两个结果与白俊红和刘宇英（2018）类似，表明中国第二产业效率总体高于第三产业，第三产业中效率较高的生产性服务业发展较为不足。创新水平对资本和劳动力错配均产生了明显改善。这验证了之前指标选取时的分析，即高技术行业和人才培育能有效克服市场分割，提升要素配置效率。贸易开放水平对资本错配呈现正的显著性，对劳动力错配的影响都不显著。这表明当前中国的进出口贸易加剧了资本错配，同时也未改善劳动力错配水平，主要原因可能是政府为鼓励出口而对市场干预过多，制定的各种出口优惠政策扭曲了相关行业的要素市场价格，造成了要素错配。

（三）稳健性检验

为检验模型结论的稳健性，共采取了两种措施：一是更换核心解释变量，二是对原模型调整控制变量，采取逐步回归的方法。对第一种方法，由于数字经济发展离不开数字技术，而随着我国数字技术由 2G 快速发展到现在的 5G，用户规模不断壮大，电信业务总量也持续高速增长，因此，采用各地电信业务总量占 GDP 的比重替换原模型的核心解释变量后重新估计。结果显示，无论是静态面板模型还是动态面板模型，数字经济都呈现对资本错配指数的改善，而对劳动力错配指数的影响系数均未呈现负的显著性。对第二种方法，在静态面板模型中，对资本错配指数，即使不加入控制变量时，核心解释变量的系数也显著为负，随着控制变量的逐步增多，系数的符号和显著性水平均未发生变化，只是系数值出现了轻微变化；对劳动力错配指数，呈现的系数都是非显著的。这些都佐证了上述结论的稳健性。

随着数字经济的快速发展，如何依靠大数据、云计算等数字技术，提高要素配置效率，降低要素错配水平，是中国深化供给侧结构性改革、快速实现高质量发展的重要议题。本节研究表明，当前中国数字经济发展有利于改善资本错配状况，对改善劳动力错配并未发挥明显作用，在采取不同的稳健性检验后，依然呈现这一特征。这一结论验证了之前理论机制中提出的观点，即数字经济对不同要素的渗透存在阶段性差异，从而导致数字经济会产生不同效果。另外，中国资本错配和劳动力错配都存在较强的路径依赖。

第四节　要素禀赋结构视角下的中国经济增长动力

以上分析了资本和劳动的利用效率，但生产中的要素是相互组合的，要素的不同组合能产生差异化的增长动力，即之前提到的"要素禀赋结构变化可以通过技术进步模式和产业结构对经济增长动力的强度、来源和可持续性产生影响"。也就是说，要素禀赋结构的优化升级也是经济增长动力转换的重要影响因素。鉴于此，本节将从要素禀赋结构视角研究中国经济增长动力的来源和差异。

一　要素禀赋结构的确定

"生产要素通常被宽泛地界定为土地、劳动和资本，但这很难看出不同生产要素和每个产业竞争优势之间的关系。"迈克尔·波特（2007）把生产要素分为人力资源、天然资源、知识资源、资本资源和基础设施五个

大类，另外他还提出了两种分类方法：第一种是按要素等级分为初级生产
要素和高级生产要素，第二种是按专业程度分为一般性生产要素和专业
性生产要素。"一个国家想要经由生产要素建立起产业强大又持久的竞
争优势，则必须发展高级生产要素和专业性生产要素。这两类生产要素
的可获得性与精致程度决定了竞争优势的质量，以及竞争优势将继续升
级或被赶超的命运。"因此可以认为，一个国家或地区要素禀赋结构的
变化和升级主要体现为高级生产要素或专业性生产要素的变化和相对比
重的变迁。

迈克尔·波特（2007）认为，"企业要达到高生产力，必须不断掌
握高级而专业的人力资源、科技知识、经济信息、基础设施及其他生产
要素"。基于这种认识，可以把一个地区的人力资源、技术进步、基础
设施视为高级要素。另外考虑到人力资源、技术和资本等要素具有极高
的流动性，只有那些有能力高效利用这些要素，并提高本地生产率的地
区才具有强劲的增长动力，而"政府通常被视为创造生产要素的发动
机"，所以这里把地方开放性程度和政府能力也视为高级要素。对于初
级要素，一般情况下认为主要包括普通劳动力和天然资源，但考虑到短
期内天然资源的变化程度较低，这里只考虑普通劳动力一种初级要素。
由于高级要素类别较多，性质也各不相同，无法进行简单加总，因此借
鉴许和连和成丽红（2015）的做法，用每种高级要素和初级要素各自
的比例来体现要素禀赋的总体结构状况。鉴于之前理论机制已经提出，
要素禀赋结构的高级化有利于增强地区经济增长动力，因此可以认为，
作为高级要素的人力资本、基础设施、技术进步状况、地方开放性程度
和政府能力相对于初级要素（劳动力）的配置结构都会与经济增长之
间有显著的相关关系。理论上来说，应当存在正的相关性，但由于"门
限效应"或"过犹不及"的存在，这些要素结构也可能呈现不显著或
负向效应，即结构高级化程度过低或过高都可能难以呈现正向效应。过
度追求高级化并不一定能够带来结构的合理化。比如一味追求技术的先
进性、基础设施的全面性，就可能会由于投资过大而对当前经济增长动
力产生负面影响，或者虽然政府能力越强，越能创造更多的生产要素，
但也可能会由于损害市场机制而影响资源配置效率，从而弱化经济增长

动力。

二　指标选择及模型构建

(一)　指标选择及数据来源

考虑到数据可得性并为了保持研究的一致性,这里仍然把四川和重庆的数据合并,选取中国除西藏和港澳台地区的 29 个省(市、自治区)进行实证研究,研究的时间范围是 2003~2018 年。

经济增长水平(RPGDP)仍采用经过 GDP 指数折算后的地区人均GDP 衡量。作为研究中唯一的初级要素劳动力人数,选用我国三次产业从业人员总数衡量。人力资本仍然借鉴胡永远(2011)的方法,即首先计算各级教育水平的人口比例,然后按照受教育年限进行加总,最后再利用相应的系数进行折算。基础设施借鉴世界银行给出的经济基础设施范围,并参考许和连和成丽红(2015)的研究,将各地区 2003~2018 年对"电力、燃气及水的生产供应业""交通运输、仓储和邮政业""信息传输、计算机服务与软件业""水利、环境和公共设施管理业"四个类别的固定资产投资作为各地区的基础设施资本状况,同时,为消除价格水平变化的影响,利用各地固定资产投资价格指数进行折算。技术进步状况采用地区三项专利授权数衡量。政府能力采用地方政府财政支出占 GDP 的比重衡量。自中国改革开放以来,政府支出一直都是投资的重要来源,政府支出越多,一方面代表地方公共基础设施及环境越好,因为政府支出主要投向公共领域;另一方面代表本地政府对经济的调控能力越强,越能发挥体制优势。当然,政府能力越强也代表其对市场机制的干预程度越高,如果政府支出违背了市场机制,就会影响要素配置效率,进而可能对经济增长产生负面影响。贸易开放程度使用地区进出口贸易总额占 GDP 的比重衡量。

基于以上指标,本节以人力资本状况、基础设施资本投资、技术进步状况、政府能力和市场开放程度分别对劳动力人数的比值来代表高级要素相对初级要素的结构。相应变量均取对数处理,各变量的描述性统计结果如表 6-15 所示。

表 6-15　各变量的描述性统计结果

变量	英文符号	观测值	均值	标准差	最小值	最大值
经济增长水平	RPGDP	464	8.7696	0.4221	7.6159	9.8662
人力资本相对结构	HUM	464	-0.4330	0.8892	-1.9080	1.4629
基础设施相对结构	INFRA	464	-0.3805	0.7478	-2.4281	1.4287
技术进步相对结构	TEC	464	-0.4872	1.4542	-3.4452	3.6363
政府能力相对结构	GOV	464	0.0248	0.8630	-2.0445	1.8654
市场开发相对结构	OPEN	464	8.7696	0.4221	7.6159	9.8662

（二）模型构建

首先采用静态面板模型进行实证研究，根据理论分析构建如下计量经济学模型：

$$RPGDP_{it} = \beta_0 + \beta_1 HUM_{it} + \beta_2 INFRA_{it} + \beta_3 TEC_{ie} + \beta_4 GOV_{it} + \beta_5 OPEN_{it} + \lambda_i + \mu_t + \varepsilon_{it} \qquad (6.9)$$

其中，i 表示不同地区；t 表示年份；μ_t 是年份固定效应；λ_i 是地区固定效应；ε_{it} 是截面之间相互独立的扰动项。

其次，因为动态面板模型是研究经济现象动态行为的重要方法，这里通过引入被解释变量的滞后项，并采用广义矩估计方法进行估计，得到如下模型：

$$RPGDP_{it} = \beta_0 + \beta_1 RPGDP_{i,t-1} + \beta_2 HUM_{it} + \beta_3 INFRA_{it} + \beta_4 TEC_{it} + \beta_5 GOV_{it} + \beta_6 OPEN_{it} + \lambda_i + \mu_t + \varepsilon_{it}$$

$$(6.10)$$

其中，μ_t 是年份固定效应；λ_i 是地区固定效应；ε_{it} 是截面之间相互独立的扰动项。

三　实证结果与分析

（一）静态估计结果分析

对于静态面板模型，全国层面的数据结构属于短面板，因此，首先采用 F 检验和 Hausman 检验选择模型。Hausman 检验结果表明应当采用固定效应模型。然后，为了尽可能考虑可能存在的自相关和异方差问题，使用 D-K 标准误结构计算的 t 值来进行显著性推断。至于地区层面数据，数据结构变为长面板或者方形数据，因此在对各地区数据进行截面异方差、序列相关和截面相关检验后，采用对各种效应都考虑到的全面 FGLS 进行估计，检验结果见表 6-16，估计结果见表 6-17。

表 6-16　分地区数据的截面异方差、序列相关和截面相关检验结果

检验类型	东部地区	中部地区	西部地区	东北地区
组间异方差检验	156.39 （0.0000）	22.48 （0.0010）	576.32 （0.0000）	2.18 （0.5360）
序列相关检验	93.894 （0.0001）	272.656 （0.0001）	305.485 （0.0000）	53.779 （0.3741）
截面相关检验	144.651 （0.0000）	89.759 （0.0005）	265.348 （0.0000）	6.036 （0.1099）

表 6-17　要素禀赋结构视角下全国及地区经济增长动力的静态估计

	全国	东部地区	中部地区	西部地区	东北地区
HUM	0.0657 （0.411）	−0.0455*** （0.001）	0.0971* （0.055）	0.1558*** （0.000）	−0.0571 （0.701）
INFRA	0.1450*** （0.000）	0.0302*** （0.000）	−0.0461*** （0.001）	0.0241*** （0.005）	0.1177*** （0.000）
TEC	−0.0165 （0.302）	0.0228*** （0.000）	0.0176* （0.069）	−0.0001 （0.994）	0.0380 （0.276）
GOV	−0.0938 （0.309）	−0.1010*** （0.000）	−0.0881 （0.118）	−0.0087 （0.573）	−0.3681*** （0.000）
OPEN	0.0441*** （0.006）	0.1100*** （0.000）	0.0432** （0.011）	0.0480*** （0.000）	0.0741** （0.021）
常数项	−3.0700*** （−5.7829）	8.5142*** （0.1459）	7.3616*** （0.5740）	8.2957*** （0.1378）	5.5434*** （0.6612）
样本数	464	160	96	160	48
模型选择	固定效应	全面 FGLS	全面 FGLS	全面 FGLS	全面 FGLS
地区效应	控制	控制	控制	控制	控制
时间效应	控制	控制	控制	控制	控制
R-Square	0.7339	—	—	—	—
Wald 检验	—	24483.99 （0.0000）	1352.45 （0.0000）	10160.34 （0.0000）	906.87 （0.0000）

注：*、** 和 *** 分别表示 10%、5% 和 1% 的显著性水平。

从全国层面看，仅有基础设施和对外开放水平的比例结构显著为正，其他高级要素的比例结构系数均不显著。基础设施代表对内开放以及本地经济发展的硬件条件，对外开放代表向世界的开放水平，表明从总体来看，好的营商环境以及对外开放为我国经济提供了重要的增长动力。

从区域层面考虑，由于人力资本和技术进步具有一定关联性，因此将两者结合到一起分析。人力资本在中、西部地区显著为正，在东部地区显著为负，在东北并不显著；技术进步在东部和中部地区显著，其他地区并不显著，表明中、西部地区人才流出严重，尽管东部地区人力资本对本地区经济增长的贡献有限，但来自其他地区人才的流入对本地技术创新产生了较大影响。另外，从这里也可以看出人力资本和技术创新在东北经济增长中的作用非常有限。对于基础设施，除了中部地区外，东、西部和东北地区都呈现显著的正向效应，表明国家大规模的西部崛起和东北振兴政策确实产生了积极影响，而改变中部塌陷的局面仅靠政策制度发挥的作用较为有限。对于贸易开放水平，各区域都呈现正的显著性，这与全国层面的估计结果一样，说明开放不仅是我国整体经济增长的重要动力，对各区域来说也是如此。对于政府能力，东部和东北地区呈现负的显著性，中部和西部虽然也为负，但并不显著，这表明政府干预并未对经济产生明显推动，与该指标的含义相结合，财政支出占 GDP 的比重越大，表明市场化收入越高，说明该地市场化建设产生的增长动力更加有效，据此，可以认为市场化也是推动我国各地区经济增长的重要动力。

（二）动态估计结果分析

经济增长由于惯性的原因，可能存在一定的路径依赖，即上一期经济增长会影响下一期的增长水平。这里估计的动态面板模型，也是对静态分析结论的佐证和稳健性检验。对于动态面板模型（6.10）式的估计方法选择，这里对全国层面数据采用差分 GMM。差分 GMM 对需要估计的动态面板模型取一阶差分，采用被解释变量的高阶滞后项作为工具变量，进行两阶段最小二乘回归，能够得到模型系数的一致估计量。通过模型的 Hansen 检验和一阶序列相关检验、二阶序列相关检验，可以认为差分 GMM 的估计方法设定合理。对区域层面的估计，由于数据结构变为长面板，而蒙特卡洛模拟结果显示，对于样本数较小的长面板，无论在偏差大小还是均方误差方面，偏差校正 LSDV 法都明显优于差分 GMM 和系统 GMM，所以这里对地区层面数据采用偏差校正 LSDV 法进行估计。估计结果如表 6-18 所示。

表 6-18　要素禀赋结构视角下中国经济增长动力的动态分析

	全国	东部地区	中部地区	西部地区	东北地区
L. RPGDP	0.7080 *** (0.000)	1.8334 *** (0.000)	1.0138 *** (0.000)	1.0513 *** (0.000)	0.4479 *** (0.000)
HUM	0.0837 * (0.073)	0.7297 *** (0.000)	0.1195 * (0.075)	0.1116 ** (0.023)	0.0854 (0.672)
INFRA	-0.0285 (0.132)	0.0936 *** (0.000)	-0.0369 * (0.054)	-0.0501 ** (0.015)	0.1129 *** (0.000)
TEC	-0.0020 (0.849)	0.1737 *** (0.000)	-0.0032 (0.858)	-0.0305 * (0.070)	0.0331 (0.346)
GOV	-0.1081 ** (0.019)	-1.0051 *** (0.000)	-0.1451 ** (0.036)	-0.0718 * (0.062)	-0.2678 *** (0.002)
OPEN	0.0373 * (0.0215)	0.2053 *** (0.000)	0.0263 (0.228)	0.0209 * (0.083)	0.1106 *** (0.008)
Hansen 检验	1.000	—	—	—	—
Ar（1）	0.050	—	—	—	—
Ar（2）	0.567	—	—	—	—
样本数	406	150	90	150	45
模型选择	差分 GMM	偏差校正 LSDV	偏差校正 LSDV	偏差校正 LSDV	偏差校正 LSDV

注：*、** 和 *** 分别表示 10%、5% 和 1% 的显著性水平。

可以发现，当把被解释变量一阶滞后项设定为解释变量后，所有区域层面经济增长滞后项的系数均在 1% 水平上显著为正。这说明从动态角度看，前期经济增长对当期的影响极大，总体上我国经济增长保持了一贯性和连续性。从分区域层面被解释变量滞后期的估计系数看，除了东北以外，其他区域的估计系数都大于全国水平，系数大小也近似体现出经济发达地区的被解释变量一期滞后系数更大的特征，说明地区经济增长呈现强者愈强的助推效应，也可以说是正向循环。对于其他解释变量，绝大部分变量的估计系数符号都与静态估计结果一致，仅有个别区域的个别变量在系数显著性水平上存在差异，基本能够验证静态估计结果的解释。出现这些微弱差异的原因可能是在动态模型下，一些变量的效应存在时滞性，难以在短期体现出对经济增长的推动效应，比如赫尔普曼认为新技术的采用与普及要求花费大量时间来补充和新技术相配套的要素，在这一阶段，各种资源被用来开发这些要素，并由此放慢了经济增长速度。

对不同地区的解释变量进行对比后还可以发现，除了原有经济增长带来的惯性作用外，东部作为我国经济发展的排头兵，应当更加重视自身在开放性和市场化程度方面的优势，不断增强在人力资本和技术创新方面的优势，开放性和市场化程度是原有的经济增长动力，而人力资本和技术创新的相对结构则是需要培育的新动力。对于中部和西部地区，估计结果相近，中部和西部地区应当继续加大基础设施建设，优化营商环境，提升市场化程度，通过技术进步，吸引更多东部产业转移。对于东北地区，可以发现，相对于中、西部地区来说，东北地区的基础设施条件较好，但由于人才外流现象严重，人力资本结构的作用并未显现，东北地区经济增长的要素禀赋结构动力面临较为严峻的考验。

第五节　本章小结

要素禀赋是中国经济实现增长动力转换、推动高质量发展的落脚点。本章首先从要素禀赋优势度视角，对中国的要素禀赋状况进行了测算和分析。总体上，对总要素禀赋来说，东部地区均处于绝对优势，西部地区处于绝对劣势，中部和东北地区呈现出中部逐渐超越东北的趋势。从变化趋势上，东部和东北的要素禀赋优势都呈现下降趋势，但是东部是在绝对优势明显的基础上下降，而中、西部的要素禀赋优势呈现上升趋势。单项指标优势度的变化趋势和总体大体类似，但在自然禀赋、劳动力和资本上有一些其他特征。第二节从要素禀赋优势度的视角，利用空间计量模型实证研究了中国经济增长的要素禀赋动力及其变化。总的结论是中国经济增长的首要动力是物质资本投入，其他动力在不同阶段的影响存在较大差异，另外，不同要素产生的推动力变化趋势也存在差异。由于当前正处于新一轮技术革命下，新技术催生了很多新要素，而数字毋庸置疑已经成为当前经济发展中的主导要素。因此，第三节从要素错配视角，对数字经济背景下，数字新要素发挥的动力效应进行实证分析。结果表明，中国各地区均存在不同水平的要素错配，数字经济能有效改善资本错配水平，但对劳动力错配的影响却并不显著。最后一节从结构视角对要素禀赋的动力强度进行实证研究。研究结论验证了要素禀赋优势度视角下的部分观点，同时还发现中国经济增长具有较强惯性，人力资本和技术进步等要素的动力效应具有一定时滞性，必须注重不同要素禀赋之间的结构关系，由此才能为中国经济增长提供更持久的动力。

第七章

产业结构优化推动高质量发展的机理分析

经济发展属于宏观层面的内容。根据新凯恩斯经济学的理论，宏观经济必须建立微观基础，因此，微观要素层面的规模扩张和品质优化是宏观经济发展的根本。之前已经研究了要素禀赋变化影响经济增长动力的理论机制，但是，即使是高品质的微观要素，如果处于无序和离散状态也难以对整个经济产生有效推动。所以，把要素禀赋凝聚为一体的中观层面就成为推动宏观经济发展、提升经济发展质量的关键，即产业结构的优化。换句话说，经济高质量发展属于宏观层面，落实到中观和微观层面必然包含多个维度，由于微观要素的类型和品质等过于繁杂，政府在调控经济时才主要通过制定产业政策、在促使微观要素自发自觉改变的同时，利用产业的不断转型升级去实现宏观经济目标。鉴于此，本章将对高质量发展阶段新旧动力转换的产业演进机理进行研究。首先，对比数量型增长和质量型增长导向下的产业结构演进差异；其次，由于高质量发展是后工业化阶段的主要特征，因此将基于后工业化的演进路径，从产业结构视角，创新性地提出在后工业化阶段，也是高质量发展阶段可能出现的产业结构陷阱；最后，从外在方向和内在约束上，全面阐述高质量发展阶段的产业优化升级路径。

第一节　增长目标转换下的产业结构演进对比

产业结构优化和经济发展的关系密切。发展目标的差异会影响不同维度产业的发展，不同维度产业的演变也将导致经济发展结果的差异。总体上，经济发展不仅是经济总量增加的过程，更是高生产率产业对低生产率产业次序替代的过程，即产业结构的逐步优化。产业结构是经济系统在一定技术条件下，通过专业化和社会分工的不断深化而形成的。亚当·斯密提出分工是国民财富不断增长的源泉，从一定意义上，产业结构的优化升级决定了经济增长的规模和方式，根本原因是主导不同产业发展的生产要素存在差异，而基于不同要素产生的边际报酬递减规律会在时间或难易程度上出现差异，进而引发经济发展动力的强弱。总体上，无形要素强于有形要素，高级要素强于低级要素，这一特征具体到要素层面又体现出技术要素强于资本要素、资本要素强于劳动力要素、劳动力要素又强于土地要素等。这里将基于要素等级和互补性对产业发展及转型的影响，对比数量型增长和质量型增长下的产业优化升级方向。图 7-1 描述了数量和质量角度下产业结构演进的方向和路径。

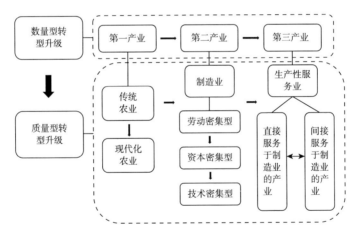

图 7-1　数量和质量角度下产业结构演进的方向和路径

一　数量型增长下的产业结构演进

进入工业时代以后，因为总体上非农产业的主导要素及研发强度要高于农业，所以仅从规模上重视非农产业发展，就可以提高国民收入，此时的产业结构升级主要表现为非农产业比重提高。在工业化中期以前，以制造业为主导，呈现出第二产业比重的快速上升；到了工业化后期以后，经济增长主要以服务业为主导，呈现出第三产业比重的快速上升。无论是第二产业还是第三产业比重的提升，如果不关注更微观层面的产业发展和结构，就容易出现各种各样的问题。刘易斯的二元经济模型主要描述的就是经济增长初期的情况，而当今一些欧美国家出现的经济过度服务化或者过度虚拟化特征则属于工业化后期的事实。在实践中，中国改革开放以来的"人口红利"就主要来源于农业劳动力向非农产业的转移。

由于数量型转型升级对产业间互补性和各产业的内部结构、质量关注较少，同时，农业作为基础性产业，任何经济体都不可能完全放弃，所以数量型产业转型存在极限，必须向质量型转变。另外，对于非农产业比重的提高，必须和地区要素禀赋相适应，如果发展速度过于超前，或者内部结构合理化程度不足，也很难对经济增长产生推动作用。

二 质量型增长下的产业结构演进

质量型增长下的产业结构升级相对来说更加微观和具体，不仅要重视各产业内部的结构升级，更要重视不同产业间的协同发展。

从各产业内部看，即使是第一产业也存在改造升级的问题，即传统农业的现代化。需要注意的是，农业现代化问题相对其他类型的转型升级更容易被忽视，实现难度却更大。舒尔茨（2016）曾指出，无论什么原因，对一个穷国来说，建立现代化的钢铁厂要比现代化农业容易得多。对于第二产业来说，其转型升级是基于要素密集度的变化，即按照劳动—资本—技术的方向转型升级，这里的转变不仅指行业的替代问题，还包括技术进步条件下，由要素密集度逆转带来的行业内的转型升级。对于第三产业，生产性服务业是需要关注的重点。本质上，生产性服务业是制造业内部分工深化的产物，其原本就是制造业为服务自身发展所建立的职能部门。在生产性服务业中，有些行业直接作用于制造业，起效较快，比如仓储、运输、交通、批发零售和金融等行业，还有些则是间接发挥作用，在国民经济中所处的地位更加基础，起效也较慢，比如教育、科学研究和综合技术服务业等。

从产业间协同来看，低等级产业的升级需要高等级产业提供装备或技术支撑，同时低等级产业的转型也为高等级产业发展提供价值实现的场所。对于传统农业现代化问题，西奥多·W. 舒尔茨（2015）认为其关键点包括两个方面，一是改善农业投入品的质量，二是农业投入品的价格要足够低。这两点均离不开制造业的发展，同时也是制造业产品的最终市场。对于制造业升级问题，相对来说，资本和技术密集型产业需要的附加功能更多，比如要求的交通条件更高、金融服务更完善等。因此，这些直接为制造业提供服务的产业将更加有助于推动制造业转型升级。对于教育和科学研究等生产性服务业来说，并不直接面向市场，都属于基础性研究，研发强度大，影响范围也极广。它们能够为所有行业发展提供高素质人才，研究内容的超前性决定了其尽管在短期无法创造经济价值，但却可能是未来发展方向，从而为其他产业的长期发展提供技术支撑，为经济发展提供更强劲的动力。

综上所述，质量型增长下的产业结构升级应当是在持续推动非农产业发展基础上，更加注重各细分产业的结构升级和不同细分产业间的协同发展。随着经济规模增加，产业结构升级应该也必须呈现出更加微观化的演进特征，这样才有助于推动经济实现高质量健康发展。

第二节　后工业化的演进路径及产业结构陷阱

工业化是指工业或第二产业增加值在国内生产总值中比重持续上升的现象。由传统农业社会向现代化工业社会的成功转型，是一个经济体实现现代化的重要标志。"后工业化"是指当工业化发展到一定阶段后，工业比重开始下降，服务业逐步取代工业，成为主导产业的一个阶段（徐朝阳，2010）。当前我国已进入高质量发展阶段，从工业化角度看，有些学者认为这预示着我国已进入工业化后期（黄群慧等，2019），更有学者认为我国已进入后工业化阶段（胡鞍钢，2017；郝寿义和曹清峰，2019）。也就是说，后工业化阶段必然属于高质量发展阶段。考虑到当前以美国为首的发达国家在整体或局部区域出现了一些发展困境，因此，从工业化视角，研究后工业化的演进路径，并从理论机制上解释发达国家在后工业化阶段出现的产业结构陷阱问题，这对我国从产业优化升级角度推进高质量发展具有非常重要的启示意义，同时也是一个极具特色的研究视角。

一 后工业化阶段的演进路径

随着经济发展水平提高，在国民收入和就业中，第一产业比重会逐渐下降，第二产业比重会逐渐上升，最后，第三产业将成为主导产业。库兹涅茨和钱纳里基于当时发达国家的发展历程，对经济增长过程中，不同产业的结构变迁事实进行了归纳，验证了这一规律，被称为"库兹涅茨事实"。进一步，钱纳里等（1989）基于不同产业之间的比例变化，将一个经济体可能经历的工业化过程分成三个时期、六个阶段：工业化初期包括不发达工业阶段和工业化初期阶段；工业化中期包括工业化中期阶段和工业化后期阶段；工业化后期包括后工业化社会和现代化社会。每两个阶段之间的跃迁都依靠产业结构的优化升级来推动。

上述工业化阶段理论具备非常重要的参考价值，但是还可以发现，他们都对后工业化阶段的产业结构演进规律研究得不够深入，当然，主要是因为这些学者受所处时代的限制。配第的结论起源于地理大发现引起的海上贸易对地区经济发展的影响，与工业化关系不大；克拉克的研究是基于发达国家 20 世纪 30 年代中后期的考察；钱纳里等的论断是依据 1950～1970 年九个准工业化国家的数据所得。然而，欧美发达国家真正步入后工业化社会是在克拉克和钱纳里等的研究成果出现二三十年之后才呈现。在这段时期，一方面，全球化加深了制造业分工并延长了产业链，在全球范围内进行了重新布局，这对单一国家的产业选择影响重大，对美国和中国这类超级大国更为重要；另一方面，后工业化阶段的新兴产业，如数字经济、基因技术、纳米技术等，在产业分类和主导要素特征上，与农业社会、工业社会的传统产业具有非常明显的差异。这些后工业化阶段的时代特征在四五十年前是难以预料的。因此，有必要在上述研究基础上，突破时代局限性，并结合近些年美国等后工业化国家的发展事实，总结其产业结构演进特征，为中国探索新型工业化道路、走好后工业化阶段、实现经济高质量发展提供借鉴。

图 7-2 从需求层次升级和供给体系演变出发，对人类社会的演进逻辑，包括在不同阶段的供求特征、主导要素变革及产业结构演变进行了分析，下文将据此阐释人类社会向后工业化阶段演进的逻辑机理及可能存在

的产业结构陷阱。

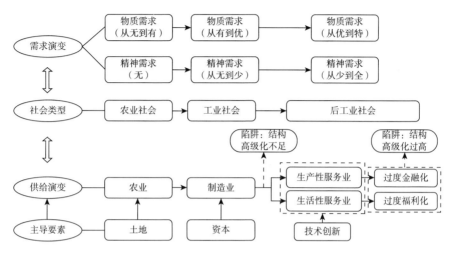

图 7-2　人类社会的演进逻辑

以工业社会为分界点，人类社会可以划分为农业社会、工业社会和后工业社会。这主要是从生产供给角度划分，但由于供给和需求是一体两面，生产供给体系转变必然有相应的需求结构演变与之匹配。因此，对后工业化演进的逻辑分析必须遵循两个视角：一是基于人类需求结构的演变，二是基于生产率提升带来的供给体系变化。

（一）人类需求结构的演变

统计学家恩格尔对统计资料整理后发现了一条有关消费结构的规律，即随着家庭收入增长，人们越来越倾向于消费收入弹性较高的产品，对食品等必需品的相对需求会逐渐减少，消费结构出现从以必需品为主向以奢侈品为主的转变，这被称为恩格尔定律。马斯洛的需求层次理论将人类需求从低到高划分为五个层次，分别是生理需求、安全需求、社交需求、尊重需求和自我实现需求，认为只有当人类从追求低层次需求的满足中解放出来后，才会产生高层次需求。

恩格尔定律和马斯洛需求层次理论表明，一方面，人类从物质需求向精神需求转变的过程就是需求升级的过程；另一方面，在物质需求和精神需求内部，还包含各自的内部升级过程。一般情况下，人类对有形物质产品的需求包含"从无到有"、"从有到优"和"从优到特"三个阶段，即当物质产品因技术所限，产量较少时，人们的主要诉求是"有胜于无"，这就是"从无到有"的升级阶段。当该产品逐渐普及后，人们的主要诉求将变为对产品品质和特色等的追求，也就是开始经历"从有到优"和"从优到特"的转变。对于无形的精神性需求，如社交需求、尊重需求和自我实现需求，都可以划分到奢侈品行列，属于优质产品，因此这类需求只有"从无到优"的转变。也就是说，要么某个精神性需求未被满足，而一旦满足就实现了自身需求的最优。

将这些理论和人类社会发展阶段相结合后，可以认为，当经济发展水平较低时，温饱问题是人类生存的基本诉求，也是主要诉求，所以，以土地为主导要素的农业成为满足人类需求的主要手段，并主要解决人类对相应物质产品从无到有的问题，此时就是农业社会。当人类解决了吃的问题后，穿衣、住房和交通等需求相继迸发，从而促使更多资源流入对这类产品的生产中，制造业由此兴起，并经历了由轻工业为主向重工业为主的转变，这一阶段就是工业社会。在该阶段的前期主要解决的仍是物质产品从无到有的问题，而后期主要解决物质产品从有到优的问题，同时为了提升员工效率，也兼顾了人类部分精神性需求的满足。1924 年美国国家科学院在西方电气公司进行的霍桑实验佐证了这一观点，即金钱这种物质产品对提升生产效率的作用是有限的。在经历了农业社会和工业社会两个阶段后，基本解决了人类对有形物质产品的需求欲望。此时，人类的精神性需求开始爆发，但这种需求形态是虚幻和个性化的，必须依附于独特、高品质的有形物质产品，因而，精神性需求会引致对传统物质产品的重新定义和创造，进而和生产领域融为一体，人类对有形产品的需求呈现出"从优到特"的特征。

（二）生产率提升带来的供给体系变化

提升生产效率是人类生产活动不断追求的目标，也是满足人们无限欲望的有效手段，这带来了生产供给体系的变化和人类社会的不断进步。

当人类处于农业时代时，生产技术水平很低，需求仅限于温饱，土地是生产活动的主导要素，自给自足是主要经营方式。此时，相对于广袤的土地，人类恶劣的生存环境使人口数量增长缓慢且平均寿命过低，因此，能够投入生产中的人口数量过少。这使得产出效率极低的同时，增速也非常缓慢。幸运的是，增速慢并不代表经济状况在退步，随着人类社会缓速发展，市场交易开始萌芽，分工专业化逐渐出现，从而改善了单位土地人均产出过低的问题。温饱问题的解决延长了人类的平均寿命，增加了人口数量，并加深了分工专业化程度。为继续增加农业产出和满足人类日益多样化的需求，生产工具越来越多，制造业变成人类实施生产活动的主要载体，分工专业化和规模经济成为主要经济模式，资本成为生产活动的主导要素，生产效率得到极大提升，人类社会进入工业时代。

工业时代早期仅解决了人类物质需求的"从无到有"，而"从有到优"和"从优到特"的转变需要制造业继续细化分工，提升生产效率，这样才能创造出更多高质量、个性化的产品。这些共同推动工业化进程不断深化。到了工业化后期，一方面，产品设计在制造业中的重要性日益突出，另一方面，生产能力的提升使卖方市场变为买方市场，消费需求对生产供给能力和效率提出更高要求，有形物质产品的"特"不仅是消费者自发提出来的，更是供给方通过不断挖掘、培育等方式创造出来的概念。因此，生产性服务业开始从制造业分离，着重从研发、仓储运输和金融服务等环节提升整个经济的生产效率。另外，精神性需求的大规模迸发使得为满足这些需求的文化、健康、养老和体育等生活性服务业也开始快速发展。表面上看，这是生产供给产业得到了延伸和发展，本质上则是需求升级引领了生产结构和分工的进一步细化，人类社会步入后工业时代。在该阶段，由于一个地区的资源有限，完全依靠自身效率提升，并不足以在一个封闭空间产生"后院资本主义"，所以全球化、外向化水平将不断提升。此时，物质产品生产的多样化以及精神性产品的虚幻特征，促使技术创新成为人类生产活动的主导要素。

二　后工业化阶段可能存在的产业结构陷阱

上述工业化演进历程表明，不同发展阶段的主导要素存在差异，大致经历了从土地到资本再到技术创新的转变。可以发现，主导要素特征发生了很大变化，包括要素流动性越来越强，要素自我复制能力增强带来的高度共享性，以及要素形态虚拟化程度的不断提高等。主导要素决定了产品供给的类型、方式和结构，而要素禀赋内生于产业结构，因此才形成了上述基于不同主导产业及产业结构的社会形态。

需要注意的是，主导要素只是在一个经济系统运行中发挥主要作用的要素，在任何一个封闭经济系统中，主导要素都不可能脱离其他要素而单独支撑起整个经济系统，即便它属于高级要素。所有生产要素只有相互补充，形成合理的要素禀赋结构，才能带来产业供给体系的合理化、高级化和多元化，保证经济系统的可持续发展。在农业社会，资本和技术等高级要素的极度缺乏导致发展速度缓慢；在工业社会，如果缺乏技术创新，则人类的多元化需求将难以满足，还会恶化生态环境，影响人类生存。所有这些都是人类社会已经经历和验证过的。到了后工业化社会，由要素禀赋结构失衡带来的产业结构不协调依然会对经济运行产生负面影响，这被郝寿义等（2019）称为"后工业化陷阱"。由于这种陷阱主要表现为产业结构的不协调，大致可以体现为制造业、生产性服务业、生活性服务业之间甚至内部更加细分尺度产业之间的比例结构困境，因此将其命名为"产业结构陷阱"。相对于农业社会和工业社会，由于后工业化阶段在发达国家尚处于正在进行时，存在较多的未知领域，按照发达国家情况，后工业化阶段的产业结构陷阱至少可能在初级阶段和中后期出现两种不同的类型。

（一）后工业化初级阶段的产业结构陷阱

在一个经济体刚刚完成工业化，进入后工业化阶段时，工业制造业已经发生质的变化。一方面，制造业的规模体量较大，而且地区专业化和多样化水平较高；另一方面，此时已拥有相当大规模的高端制造业，即制造业处于产业链的中高端。但是，产业链的高端是相对的，人类欲望也是无限且多元的，高度专业化的制造业容易导致地区经济发展的固化。

在后工业社会，基于产品链的供给体系将替代基于产业链的供给体系，从而使得处于产业链低端、产品链高端的厂家可以和处于产业链高端的厂家相媲美，甚至有一定优势，比如一般情况下，食品行业被认为是低端产业，手机或汽车行业被认为是高端产业，但是，专注于食品研发领域的企业却可能比从事手机组装或汽车装配行业的企业能够获取更多收益。如果进入后工业社会的地区仍只是依靠单一的产业链高端制造业，不去挖掘新的产品或产业价值空间，那将会导致地区产业结构的多元化和高度化都不足，降低产业结构合理化程度，进而降低地区全要素生产率，此时该地区就掉入后工业化初级阶段的产业结构陷阱。本质上，该陷阱指的是当一个经济体刚刚进入后工业化阶段时，应当基于价值链考虑，改变并细化工业化阶段的分工格局与方式，从追求产业链升级向产品链升级转换，从制造业专业化向生产工序专业化转换，培育更多"专精特新"型企业，掌握各领域核心技术，为后工业化的继续深入做好产业支撑。从产业结构视角看，后工业化初级阶段的陷阱主要指由于结构高级化不足而带来的产业结构合理化问题。

（二）后工业化中后期的产业结构陷阱

到后工业化中后期，服务业占绝对主导，这是产业结构演进的普遍规律，但这并不必然对应经济发展的低增速和低生产率。虽然很多学者认为，服务业生产率低于工业部门，并据此提出"服务业成本病"。但这种分析一方面并未考虑服务业内部各细分行业的差异，另一方面，在纳入环境等综合目标后，服务业的绿色效率可能反而强于工业部门。因此，必须对服务业进行行业细分才能探索出后工业化阶段可能存在的产业结构问题。

服务业包括生产性服务业和生活性服务业。对于生产性服务业，之前提到，它是从制造业内部生产服务部门分离出的新兴产业，是为促进工业技术进步、产业升级和提升生产效率的生产保障型行业，包括科技研发、仓储配送、信息服务和金融服务等。这些行业一般都会对提升制造业效率发挥积极作用，进而对地区生产效率提升产生直接影响。在生产性服务业中，金融业直接调控资金流动，虽然在市场经济下，资金流动方向代表效率改进的领域，但并不直接创造物质产品。一方面，金融资本的过度炒作和超额收益会形成金融泡沫，使实体经济缺乏流动性，影响经济良性循环。另一方面，一旦金融泡沫破裂，发生金融危机，将会对地区经济产生重要打击，这些都可以称为过度金融化陷阱。对生活性服务业，它是为满足居民物质生活和精神生活的服务类行业，包括旅游业、文化产业、康养产业、体育产业等。可以发现，这类行业大多是为满足人们的精神性需求。从需求层次提升角度看，这种产业的发展是必然的，也是必需的，但如果从效率角度考虑，它们无论是在规模经济实现上，还是在技术水平上都不如制造业。同时，因为生活性服务业是通过改善劳动者的精神状态，间接作用于生产环节,所以对地区经济效率的影响有限且具有较高不确定性。如果地区经济脱离制造业和生产性服务业,只是一味重视发展以享受、提升生活质量为宗旨的生活性服务业,经济发展可能出现过度福利化陷阱,并影响地区生产和创新能力,出现经济发展与改善民生之间的平衡问题。

总之,在后工业化中期以后,可能出现以"脱实向虚"为导向的过度金融化和过度福利化问题,从产业结构视角看,它是指一个经济体由于结构过度高级化而带来的产业结构问题。

第三节　高质量发展阶段的产业优化升级路径分析

经济学的基础是供求理论,本文主要从供给和需求两个层面,提出高质量发展阶段新旧动力转换的产业优化升级路径。从供给层面研究高质量发展,就是要探寻如何在生产约束条件下实现最优产出。这一思路下的最优化过程包含两个层面:一是从约束条件入手,不断挖掘约束条件的拓展空间;二是从目标入手,逐步拓展最优化的方向和维度。高质量发展下的产业优化升级路径应当从这两个层面进行分析,即把高质量发展作为最终目标,探索在此目标下产业优化升级会受到的所有约束条件,同时把产业优化升级的内容不断细化,并以此作为产业优化升级的总体框架,基本逻辑思路如图7-3所示。

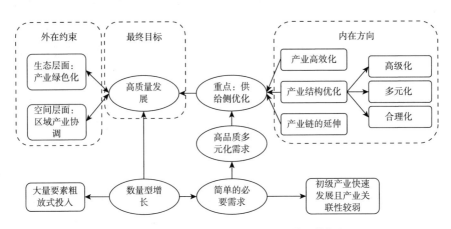

图7-3　高质量发展下产业优化升级的总体框架

一 生态和空间约束条件下的产业优化升级路径

(一) 生态层面的产业优化升级路径

随着我国经济发展水平逐步提高，人们对生态环境的需求也不断增强，但我国以往的高速增长很大程度上是靠消耗环境带来的，那么，此时对环境规制的加强是否会成为束缚我国经济持续增长的因素？对这一问题的解答需要考虑两个方面，一是以消耗环境换来的 GDP 是否仍是我国当前所需要的。从党的十九大报告提出的经济发展要向高质量发展转变可以看出，唯速度论的发展方式已经被淘汰，取而代之的是经济发展质量的好坏优劣问题。二是根据凯恩斯的有效需求理论，一项新的有效需求增加会促使生产供给不断形成，从而为经济发展提供新的动力。因此，当前人们对生态环境需求强度的增加必然会促使以"绿色"为目标的各种技术和产业蓬勃发展，从而为经济发展提供新的动力来源。

生态层面的产业优化升级路径可以分为结构调整和发展绿色技术两个方面，从而实现产业生态化和生态产业化的问题。对于结构调整，要持续优化产业结构，尤其要重视对产业细分之后的结构调整和优化升级问题。研究表明，虽然一般情况下可以认为制造业的全要素生产率要高于服务业，但考虑了生态环境之后，服务业对绿色全要素生产率的正向效应却显著强于制造业（程中华和于斌斌，2014）。另外，即使对服务业来说，其细分行业之间的绿色化程度也会因技术效率的差异而呈现不同的能源使用效率，从而难以体现服务业绿色化程度强于制造业的现象（白雪洁和孟辉，2017）。对于绿色技术在各产业的发展和应用来说，政府应该通过制定差异化的环境规制手段，促使各行业改变认识，并结合自身条件，积极主动地发展绿色技术。无论企业还是区域，参与市场竞争的关键都是要通过比较优势树立自身竞争优势，而理论和实践都已经表明环境规制对企业比较优势的影响呈现"U形"特征（傅京燕和李丽莎，2010)，即环境规制初期可能会因增加了企业成本而对企业竞争力产生负面影响，但越过拐点之后，环境规制将会有效提升企业竞争力。比如王博和张泠然（2017）发现"十二五"期间中国 35 个重点城市的节能减排政策有效促进了城市工业效率提升。另外，对那些环境污染少的行业来说，因为环境规制对绿色全要素生产率的影响可能会呈现"倒 U 形"（师博等，2018），所以该路径下政府的环境规制政策需要注意行业之间的异质性。

（二）空间层面的产业优化升级路径

雁阵理论是从空间层面考虑产业优化升级非常重要的理论，其早期版本是赤松要从日本工业发展模式基础上总结出来的，后经小岛清把雁阵模型和比较优势理论相结合后，用要素禀赋变化证明了雁阵模型的合理性。虽然雁阵理论的本意是要研究具有不同主权国家或地区之间的产业转移和升级，但由于该理论的实质是基于要素禀赋差异带来的影响，所以对我国这样一个幅员辽阔、地区间要素禀赋差异明显的国家来说也具有很大适用性。蔡昉等（2009）将其和中国实际相结合，在扩展了雁阵模型的解释和预测范围后提出了大国雁阵模型，并据此对我国东部沿海地区的产业升级与转移和中西部地区的产业升级问题进行了探讨。张其仔（2014）、唐根年等（2015）进一步验证了雁阵模式在我国内部的存在。袁富华和张平（2017）还将雁阵理论拓展到服务行业，并用于分析我国经济发展动力的缺失问题和改进方向。

上述研究都说明了雁阵模型对我国产业优化升级的适用性，所以，新时代背景下，如何利用雁阵理论充分挖掘其效率空间是基于区域层面研究产业优化升级的关键。结合当前新一轮技术革命和高质量发展的要求，需要重点考虑三个方面。

首先，雁阵理论的基础是要素禀赋差异，所以，产业空间优化需要各地区重新认识其要素禀赋及特征。新一轮技术革命催生了很多新要素，传统雁阵理论主要考虑劳动力和资本两种要素，但技术革命使得很多以往没用的要素，如沙漠、海平面、沼泽地、戈壁滩甚至动物粪便等都具有了经济价值。另外，信息不仅成为一种独立要素，还发挥出越来越重要的作用，同时互联网也赋予了传统要素更大的价值空间，这一切都需要各地对自身基于要素禀赋变化下的动态比较优势进行重新定位。

其次，对传统雁阵理论下的产业分类进行拓展和细化。早期的雁阵演化只考虑了工业结构，并将其划分为劳动密集型阶段、重化工业阶段和深加工度化阶段。这一划分的前提是把知识信息等要素作为资本和劳动的辅助物，但现在这一前提条件不再存在，同时服务业和制造业的融合也越来越强，尤其是生产性服务业成为制造业效率提升的关键。因此，有必要将雁阵演化的主体从工业拓展到服务业领域，同时考虑到当前消费需求多样性所带来的产业多样化和分工形式的变化，更应细化对产业类型的认识和界定。

最后，基于要素禀赋的重新认识和产业类型的细化，各区域需要在重新认清自身动态比较优势的基础上，从产业间分工、产业内分工和产品内分工所构造的各个分工链条上，结合产品生命周期，选择合适的产业，从而使本区域不仅在产业承接上发挥作用，还能在所承接的产业上，扮演基于创新的、某个细分环节的"头雁"角色，最终形成基于不同产业分类或分工下的多个雁形布局。

二　目标导向下要素投入和产业分工的优化路径分析

目标导向下，产业优化升级的路径可以沿两条线索划分：一是基于要素投入效率所带来的产业高效化，即通过全要素生产率的提高来实现各产业的优化升级；二是基于分工视角下的升级方向，因为当前的社会分工主要包括产业间分工、产业内分工和产品内分工三种，根据不同分工形式的范畴可以将其归纳为基于产业结构和产业链两个视角下的优化路径。下面对这三类路径进行详细分析。

（一）要素投入层面的优化路径

从要素投入和使用效率来看，全要素生产率的提高是实现经济长久不衰的引擎。但目前研究普遍认为，中国经济的高速增长主要来源于要素投入，而全要素生产率的贡献十分有限，并且最近几年还呈现持续下降的态势，不过这一态势近来出现了一定好转。中央财经领导小组办公室主任刘鹤在2018年达沃斯论坛上表示，中国的全要素生产率增速在2016年已经出现了由降到升的拐点。全要素生产率是在各种生产要素投入水平不变时所达到的额外生产效率，由生产要素重新配置效率和微观生产效率两部分组成，因此，从要素层面提升全要素生产率促进产业高效化的途径就包括这两个方面。

生产要素的重新配置效率主要是指生产要素在不同产业之间的重新配

置，这也是改革开放以来我国经济实现快速增长的主要方式，即大量劳动力从农业向非农产业的转移，突出表现就是 GDP 中农业产值比重的不断降低和城镇化水平的持续提高。改革开放以来，第一产业比重从 30% 左右降低至 2020 年的 7.7%，按年末常住人口统计的城镇化率从 18% 增至 2020 年的 60% 以上，户籍人口城镇化率提高到了 45.4%。这一重新配置效应的好处不仅表现在不同产业之间生产效率的差异，还表现在服务业，尤其是现代服务业与制造业的协同关系上，因为服务业的发展能够有效促进制造业全要素生产率的提高。

微观生产效率方面的突出表现是指制造业或服务业内部最富效率企业的发展壮大。对美国的研究表明，制造业内部所表现的企业进入、退出等资源重新配置效应对生产率提升的贡献达到 30%～50%（L. Foster et al.，2008），对我国的研究也表明现代制造业的全要素生产率效应要高于传统制造业（刘艳，2014），所以需要通过促进制造业内部的转型升级来提升全要素生产率。当然，服务业效率提升的作用也非常重要，这不仅表现在不同类型服务业在全要素生产率上的高度异质性，即现代服务业和生产性服务业的全要素生产率要高于传统服务业和消费性服务业，还表现在我国服务业内部较大的劳动力资源错配效应，尤其是国有化程度越高的技术密集型服务业的资源错配效应越大（王恕立和刘军，2014）。因此，制造业和服务业内部全要素生产率的提升空间非常巨大。

（二）基于产业结构的优化路径

产业结构一般是指各产业在经济活动过程中所形成的技术经济联系，以及由此所体现的比例关系。从系统论角度看，一个区域或经济社会的产业结构可以看作一个系统，这一结构系统具有一般系统所共有的特性，如层次性、有序性以及系统性，将这些共有特性和产业结构相结合后就体现为产业结构的合理化、高级化和多元化三个方面。这也正是产业结构视角下产业优化升级的三个路径。

首先，产业结构合理化是产业结构优化的一个重要内容，也是产业结构高级化的基础。判断产业结构合理化有多种标准，库茨涅兹和钱纳里通过对多个国家的发展轨迹研究后总结出了一个标准结构。另外，霍夫曼也基于产业间均衡关系提出了相应的产业比例关系，但这些标准其实都可以归纳为"效率"原则，即效率越高的产业结构就越合理，反之就越不合理。除了应当从效率角度考察产业结构外，由于生产的最终目的是消费，所以还应当从是否能够满足市场需求的角度来检验产业结构的合理化程度。但正如之前提到的，人类欲望的变化导致市场需求也是变化的，因此产业结构合理化的标准也一定是动态变化的。其次，产业结构高级化通常被认为是产业结构升级的一种度量，也是按照经济发展的历史和逻辑序列所总结的一个顺向演进过程。在产业结构演变的早期阶段，高级化主要体现为非农产业从农业中的剥离，因此基于克拉克定律所提出的非农产业产值比重通常被认为是产业结构高级化程度的衡量。随着信息技术普及，产业结构演变主要体现为服务业从工业中的剥离，经济服务化成为一个典型事实。因此，有学者开始使用第三产业产值和第二产业产值之比或第三产业产值占比来衡量产业结构高级化，由此可以推断，将来的产业结构高级化必然是对服务业再细分之后的结果。我国在经济服务化道路上虽然已经有了较大进步，但与工业增速和制造业发展的要求相比仍然较为滞后。最后，产业结构多元化可以主要从产业多样性的视角进行分析。之所以提出这一优化路径，一方面是基于要素禀赋多元化和人类需求多元化的必然选择，另一方面也是因为产业多样性会通过范围经济带来雅各布斯外部性收益，并基于搜寻匹配成本的降低带来产出增加。另外，由于人类创新的本质就是把现有的、以前没有联系的要素或技术进行有效组合，而当前互联网的普及使不同产业的跨领域、融合性创新越来越多，也越来越容易，因此基于产业多样性下的产业结构多元化一定是产业优化升级的重要方面。

（三）基于产业链视角的优化路径

在传统的产业间分工视角下，产业结构演变是一个自然演化过程，即产业结构会沿着自身所固有的从低级到高级逐渐变化的趋势演进。在全球化背景下，由跨国公司构成的一些系统的集成者对自身价值链进行了重构，其中的"瀑布效应"使这一框架下欠发达地区产业结构的自然演进过程难以实现，进而影响了欠发达国家产业的优化升级。跨国公司以产品为导向，将产品生产的各个环节按照价值进行评估和分割后，紧紧抓住产业链中价值最大、最能体现核心竞争力（如核心技术、品牌等）的部分，然后将一些能够标准化生产的、产业链中价值较低的低端环节进行切割，并转移到具有传统比较优势的欠发达地区。在该视角下,以跨国公司为代表的系统集成公司掌控了产业链关键环节,并获取高额经济价值,这不仅增强了它们的垄断性,还由于其高度集中性而大幅提高了与其合作并参与其产业链分工的门槛。同时,对欠发达地区来说,在实现一定经济发展后,一方面低端环节的标准化生产会由于地区比较优势的丧失而需要继续转移,另一方面高端环节的高进入壁垒又难以在短期克服,所以欠发达地区将会面临产业在中低端环节的结构固化,从而陷入中等收入陷阱,甚至是低收入陷阱。

虽然世界经济在美国主导下出现了一些"逆全球化"迹象,但基于价值链和产业链的全球化分工趋势不会改变,同时由于产业链高端环节都是以质取胜而非简单的数量推动,所以我国要想实现高质量发展,就必须重视从产业链视角对区域产业实施优化升级,可以分为横向和纵向两个路径。横向路径是指对产业链的整合,其实质就是要通过供给侧结构性改革提出的"三去一降一补",对我国基于传统比较优势下的一些低端产业链上的企业进行整合,因为低端产业链的优势是基于生产环节的规模经济,整合之后不仅可以降低生产成本,积累更多利润,并以此进行技术研发,向高端产业链迈进,还可以塑造一定的垄断能力,从而向高端价值链索取更多价值分成。纵向路径是指通过产业链延伸来优化区域产业结构。产业链延伸不仅包含对上游行业的延伸,还应包含对下游行业的拓展。根据微笑曲线,中间的生产制造环节是价值占有最低的领域,而左侧的技术研发和右侧的销售环节才具有较高的附加值,但这两个领域却大都被发达国家的跨国公司所掌控,而且由于这些领域的非标准化特征、较强的不确定性和已经形成的高进入壁垒,欠发达地区需要付出比发达国家更大的努力才能迈入。产业链视角下我国产业优化升级面临的障碍更大,同时也伴随着巨大的价值空间和无限的发展潜力。

第四节　本章小结

增长动力转换的目标是为了实现经济高质量发展,高质量发展属于宏观目标层面,具体到实施层面上,就需要政府在市场机制主导下,通过在中观层面制定产业政策来推动产业优化升级。本章首先将数量型增长和质量型增长下的产业结构优化方向和路径进行简要对比。第二节基于问题导向，从后工业化演进机理出发，对后工业化社会在初期和中后期可能出现的以"脱实向虚"为特征的两类产业结构陷阱进行了分析。主要思路是从经济增长阶段看，我国已进入高质量发展阶段，而如果从工业化角度看，我国已进入后工业化初级阶段，因此，发达国家的后工业化发展经验对我国高质量发展具有很好的借鉴价值。在总结了发达国家的后工业化发展历程后可以发现，他们都非常重视经济发展质量，但同时也出现了一些新的产业结构问题。最后，为了更全面地梳理和总结高质量发展阶段的产业优化升级路径，第三节基于经济学的研究思路，从约束条件和目标出发，探讨不同视角下高质量发展的产业优化升级路径。在约束条件上，主要考虑了生态环境约束和空间约束。对于生态环境约束，需要通过结构调整和发展绿色技术来实现产业生态化和生态产业化；对于空间约束，可以依据雁阵理论，并基于地区间要素禀赋差异和重新认识来构建现代化产业体系，实现区域协调发展。在目标导向下，首先需要重视要素使用效率，进而提升产业高效化水平；其次要从产业结构视角，从产业结构高级化、合理化和多元化进行全方位考虑；最后则要从产业链视角，重视细化产业链的基础上，向产业链两端不断延伸。

第八章

高质量发展阶段产业结构优化的实证研究

　　第七章的理论分析表明，从更加微观和细分维度研究产业结构的优化升级是高质量发展阶段的主要特征，那么，当前中国各细分维度的产业结构状况正处于什么阶段？其与经济增长的协同状况又如何？本章将从单一维度和交互维度把中国与美国的产业结构状况进行对比。单一维度主要对中美两国不同维度的产业结构水平进行描述性统计分析，交互维度是要从多个维度对比研究两国的产业结构和经济增长的交互作用。

　　美国早已步入后工业化阶段，属于发达国家，而中国则刚刚步入后工业化初级阶段，仍属发展中国家。因此，不能简单把中国与当前美国的产业结构状况进行对比，需要追根溯源，首先确定美国步入后工业化初级阶段的时间，然后将其在此之后的产业演进状况与当前中国的产业结构状况相比较，这样才能为我国高质量发展提供更有价值的借鉴。那么，应该把当前中国经济发展水平映射到美国的哪个历史阶段呢？

　　从经济规模看，根据世界银行公布的数据，美国 1947 年的 GDP 是 2499.48 亿美元。按照当时布雷顿森林体系的规则，美元和黄金挂钩，任何国家均可以 35 美元一盎司的价格向美国兑换黄金。因此，美国 1947 年的 GDP 相当于 71.41 亿盎司黄金。按照 2020 年的黄金价格（1800 美元/盎司）折算，这相当于 12.85 万亿美元，再结合 2020 年人民币兑美元的年平均汇率（6.9 元/美元），又可以折合为 88.70 万亿元人民币。中国 2020 年 GDP 为 101.60 万亿元人民币。因此，从经济总产值角度看，当前中国和美国的 20 世纪 50 年代基本接近。从人均产值看，2020 年中国人均名义 GDP 约为 1 万美元，根据美国商务部经济分析局的数据显示，美国 1977 年的人均名义 GDP 就已达到 9469 美元，也就是说，从人均名义 GDP 看，当前中国与美国 20 世纪 70 年代的水平接近。从产业结构看，世界银行的数据，美国 1950 年的三次产业产值分别是 199.02 亿美元、1056.97 亿美元和 1386.55 亿美元，占比分别为 7.5%、40.0% 和 52.5%；根据中国国家统计局发布的《2020 年国民经济和社会发展统计公报》，2020 年中国三次产业产值分别为 7.7 万亿元、38.4 万亿元和 55.4 万亿元人民币，占比分别为 7.6%、37.8% 和 54.6%。即从广义的产业结构看，中国和美国 20 世纪 50 年代基本接近。综上，本章主要把美国 20 世纪 50 年代以后的产业结构状况与当前中国进行对比研究。

第一节 单一维度对比下的产业结构状况分析

本节除了从单一维度对比中美两国的产业结构状况外，还将结合美国分区域层面的发展状况，对上一章提出的后工业化阶段的产业结构陷阱进行验证。

一 数据来源及指标选择

结合数据的可得性，并考虑结构演进的速度一般较慢，因此这里选取美国 1963～2019 年的各类产业结构状况进行研究，对于中国则选取 2004～2019 年的相应指标进行研究。其中，美国数据来自美国商务经济分析局网站，中国数据来自中国国家统计局网站、相应年份的《中国统计年鉴》、《中国工业统计年鉴》和相应地市的统计年鉴或统计公报。

结合上一章的理论分析，分别从广义和狭义两个视角对中美两国的产业结构状况进行研究。

广义产业结构是指基于第一、二、三产业的划分，分别计算产业结构高级化和合理化两个指标。产业结构高级化常用的衡量方式有两种，一是采用克拉克提出的非农产业产值占比，二是采用第三产业与第二产业产值之比衡量。根据产业结构的演进规律，在工业时代中期以前，产业结构演进以非农产业比重增加为主要特征，此时采用非农产业产值占比衡量更加恰当；到了工业化中后期以后，将以第三产业的快速发展为主要特征，此

时采用第三产业与第二产业产值的比值衡量才更加精确。本节同时采用了
两种方式进行研究。

产业结构合理化的衡量借鉴干春晖等（2011）提出的修正的泰尔指数，

具体公式是 $TL = \sum_{i=1}^{n} \left(\frac{Y_i}{Y} \right) ln \left(\frac{Y_i}{L_i} \middle/ \frac{Y}{L} \right)$ 。其中，TL 代表产业结构合理化指数；
Y 代表相关产业产值；L 代表相关产业的从业人员；i 代表产业；n 代表产业
类型数量。从中可以看出，当产业结构最合理时，即经济达到均衡状态时，
$TL = 0$。该指数越大说明产业结构偏离越大，从而产业结构越不合理。

狭义的产业结构从制造业以及服务业内部不同类型产业进行考虑。具
体指标及计算方法如表 8-1 所示。关于制造业结构，因制造业是沿着资
源—劳动—资本—技术四类要素密集型产业的方向转型升级的，借鉴张其
仔等（2017）的研究，将《行业分类国家标准》中的 2 位数制造业分为
资源密集型、劳动密集型、资本密集型和技术密集型四类，并用资本技术
密集型制造业与资源劳动密集型制造业的工业销售产值之比衡量制造业结
构，同时也代表制造业的高级化水平。基于数据可得性，中国 2004~2016
年采用规模以上工业企业销售产值衡量，2017~2019 年采用营业收入衡
量，尽管标准不同，但归为资源劳动密集型和资本技术密集型两类，在计
算相关结构后，差异并不是很大。① 美国制造业的统计口径一致性较强，
参考上述标准对美国制造业分类后，用相关制造业的增加值衡量。② 关于
生产性服务业，对于中国，用批发和零售业，交通运输、仓储和邮政业，

---

① 按照中国的统计数据和分类目录，选取的中国资源劳动密集型产业有 16 个，即农副食
品加工业，食品制造业，酒、饮料和精制茶制造业，烟草制品业，纺织业，纺织服装、
服饰业，皮革、毛皮、羽毛及其制品和制鞋业，木材加工和木、竹、藤、棕、草制品
业，家具制造业，造纸和纸制品业，印刷和记录媒介复制业，文教、工美、体育和娱乐
用品制造业，橡胶制品业，塑料制品业，非金属矿物制品业，金属制品业；资本技术密
集型行业有 10 个，即石油加工、炼焦和核燃料加工业，化学原料和化学制品制造业，
医药制造业，化学纤维制造业，黑色金属冶炼和压延加工业，有色金属冶炼和压延加工
业，通用设备制造业，专用设备制造业，汽车制造业，铁路、船舶、航空航天和其他运
输设备制造业。

② 按照美国的统计数据和分类目录，选取的美国资源劳动密集型产业有 12 个，即木材业、
非金属矿产品、初级金属、金属制品业、家具及相关产品、杂项制造业、食品饮料和烟
草制品业、纺织业、服装皮革及相关产品、造纸业、印刷业、塑料和橡胶业；资本技术
密集型产业有 7 个，即计算机电子产品、电气设备和电器部件、机动车辆设备制造业、
其他运输设备、机械和机器、石油和煤制品业、化工产品。

信息传输、计算机服务和软件业，房地产业，金融业，租赁和商务服务业，科研和技术服务业的增加值衡量；对于美国，用运输仓储业、信息业、金融、保险、房地产及租赁业、专业和商业服务业、批发业、零售业的增加值衡量。把第三产业增加值扣除生产性服务业即得到生活性服务业增加值。这里对美国的分析仅采用其私有经济数据进行研究，总体上，美国私有经济占比在80%左右，具备足够的代表性。

表 8-1　各类产业结构计算方法

视角	指标名称	计算方法
广义产业结构	产业结构高级化（1）	第二、三产业增加值占比
	产业结构高级化（2）	第三产业增加值/第二产业增加值
	产业结构合理化	修正的泰尔指数
狭义产业结构	制造业结构	资本技术密集型产业产值/资源劳动密集型产业产值
	生产性服务业与制造业配比	生产性服务业增加值/制造业增加值
	生活性服务业强度	生活性服务业增加值/生产性服务业增加值
	金融业强度	金融业和房地产业增加值/生产性服务业增加值
	商业与科技服务业强度	商业与科技服务业增加值/生产性服务业增加值

注：产值在计算时统一用增加值衡量。

二　中美两国产业结构演进的对比

表 8-2 和表 8-3 是美国和中国在相关年份各类产业结构演进状况。

表 8-2　1963~2019 年美国产业结构演进状况

单位：%

指标名称	1963~1967 年	1968~1977 年	1978~1987 年	1988~1997 年	1998~2007 年	2008~2019 年	变幅
产业结构高级化（1）	0.9650	0.9659	0.9748	0.9809	0.9886	0.9884	2.42
产业结构高级化（2）	1.4739	1.6964	1.9920	2.6434	2.9832	3.5226	139.00
产业结构合理化	—	0.0083	0.0117	0.0100	0.0161	0.0191	130.51
制造业结构	0.7981	0.8039	0.9304	1.0149	1.2222	1.4202	77.95
生产性服务业与制造业配比	1.5283	1.8030	2.2289	2.7197	3.6783	4.4732	192.70

续表

指标名称	1963~1967年	1968~1977年	1978~1987年	1988~1997年	1998~2007年	2008~2019年	变幅
生活性服务业强度	0.2058	0.2216	0.2399	0.2926	0.2653	0.2827	37.39
金融业强度	0.3336	0.3360	0.3596	0.3799	0.3874	0.3876	16.16
商业与科技服务业强度	0.0513	0.0605	0.0864	0.1173	0.2140	0.2330	353.91

注：因美国经济分析局网站未给出 1963~1967 年各产业劳动力人数，故未计算该期间的产业结构合理化指数。

表 8-3　2004~2019 年中国产业结构演进状况

单位：%

指标名称	2004~2007年	2008~2012年	2013~2019年	变幅
产业结构高级化（1）	0.8864	0.9052	0.9199	3.78
产业结构高级化（2）	0.8924	0.9563	1.2372	38.64
产业结构合理化	0.2661	0.2007	0.1281	-51.86
制造业结构	1.8571	1.7893	1.6041	-13.62
生产性服务业与制造业配比	0.8369	0.9497	1.1352	35.64
生活性服务业强度	0.7006	0.6276	0.6601	-5.78
金融业强度	0.3111	0.3743	0.4110	32.11
商业与科技服务业强度	0.1049	0.1093	0.1288	22.78

（一）广义产业结构演进的对比

首先，中美两国的产业结构高级化水平不断增强，尤其是用第三产业与第二产业产值比值衡量的高级化指标，上升程度更加明显；由于用第二、第三产业产值占比衡量的高级化指标已经到了较高水平，因而增加程度不高，尤其是美国的增幅更小。在合理化水平上，中国在持续优化，而美国则有所下降。

其次，虽然美国产业结构合理化水平有所下降，但总体上美国的合理化水平远强于中国，即使在合理化水平最差的 2008~2019 年，合理化指数均值仍为 0.0191，而中国 2013~2019 年的合理化指数均值为 0.1281。

最后，中国产业结构高级化的发展空间已转向第三产业。第二、三产业产值占比方面，2013~2019 年中国比 2008~2019 年美国平均值落后 6 个百分点左右；而第三产业与第二产业的比值落后于美国 20 世纪 60 年代的水平，发展空间巨大。

（二）狭义产业结构演进的对比

首先，美国的制造业高级化水平在持续上升，1963~1967年的平均值是0.7981，2008~2019年达到1.4202；中国制造业高级化水平在2008年之后呈现单边下降趋势，在2008~2012年达到1.7893后，2013~2019年持续下降至1.6041，但总体上中国的制造业高级化水平强于美国，更显著强于美国1963~1967年的水平。

其次，中国的生产性服务业发展较为落后，虽然生产性服务业与制造业配比在考察期间呈现持续上升趋势，但仍和美国的差距较大，中国2013~2019年的水平落后于美国20世纪五六十年代。从生活性服务业强度看，似乎中国的生活性服务业发展规模较大，但这只是表象，主要原因是中国生产性服务业的规模过低。不过，从生产性服务业与制造业配比的持续上升及生活性服务业强度的持续下降可以看出，中国服务业内部结构正在不断优化。对美国来说，生产性服务业与制造业配比和生活性服务业强度都在持续稳定上升，两者增幅分别是192.70%和37.39%，说明美国的各类服务业都在快速发展，这充分体现了美国经济的服务化特征。

最后，从服务业内部看，金融业为经济发展注入了资金活力，商业与科技服务业是生产性服务业乃至整个经济的重要创新来源。中美两国的这些行业都在快速发展，中国的金融地产业强度甚至稍高于美国，但商业与科技服务业强度却明显低于美国，该指标在美国2008~2019年的平均值为0.2330，而在中国2013~2019年的平均值仅为0.1288。由于商业与科技服务业是助力经济创新的重要来源，这从另一个角度揭示了中国经济创新能力偏弱的原因。

三 美国区域产业结构对比及产业结构陷阱

美国是公认的已全面进入后工业社会的国家，但是，美国的区域经济发展也存在较为严重的不平衡问题。美国在20世纪40年代前后进入后工业化阶段以后，一些曾经在工业时代发展强劲的区域，因为产业结构调整不善而未能继续领先发展，落入后工业化陷阱，如五大湖地区。也有一些以农业为主的落后区域，在政府引导和支持下，实现了对曾经发达地区的赶超，如美国的阳光地带。英格兰和中东部等地区的经济发展则一直都比较稳定。为验证后工业社会产业结构演进规律及可能存在的产业结构陷阱，这里将利用美国经济分析局的区域划分和统计数据，着重对五大湖地区、阳光地带所属的东南部、西南部以及西部偏远地区的产业结构进行对比。

（一）美国各区域产出效率及产业结构对比

表8-4列出了美国八大区域在1963年（或1969年）和2019年及产业结构演进状况及产出效率。

表8-4　美国分地区产业结构演进状况及产出效率

单位：美元

地区	产业结构高级化（1）		产业结构高级化（2）		产业结构合理化		劳均GDP	
	1963年	2019年	1963年	2019年	1969年	2019年	1969年	2019年
美国	0.9618	0.9899	1.4792	3.7725	0.0101	0.0156	11140	98288
新英格兰地区	0.9853	0.9970	1.3870	5.0125	0.0022	0.0064	10503	104599
中东部地区	0.9885	0.9973	1.7352	6.2733	0.0022	0.0055	12182	114683
五大湖地区	0.9709	0.9918	1.0381	2.8168	0.0100	0.0228	12132	94678
平原地区	0.8923	0.9694	1.8446	3.2503	0.0102	0.0136	9997	88029
东南部地区	0.9443	0.9914	1.3680	3.5180	0.0224	0.0210	9389	85076
西南部地区	0.9485	0.9918	1.5100	2.5203	0.0280	0.0449	10157	93611
落基山脉地区	0.9212	0.9848	1.8515	3.6135	0.0099	0.0147	10023	85671
西部偏远地区	0.9623	0.9846	1.9524	4.3815	0.0052	0.0124	12430	113508

第一，从产出效率看，发展一直比较稳健的新英格兰地区及中东部地区的劳均GDP较高，增幅也最大；阳光地带包括东南部地区、西南部地区以及西部偏远地区的增幅属于第二梯队；曾经最早进入工业化社会的五大湖地区增幅最慢，由此可以用来检验后工业时代产业结构陷阱的存在性及类型。

第二，从广义产业结构看，产业结构高级化的主要差异是第三产业与第二产业的比值，即产业结构高级化（2）指标。新英格兰地区和中东部地区仍是2019年表现最佳的区域，对比阳光地带和五大湖地区可以发现，虽然五大湖地区的增幅总体强于阳光地带，但从绝对值上，2019年五大湖地区的指数值是2.8168，而东南部地区和西部偏远地区分别为3.5180和4.3815，产业结构高级化程度远强于五大湖地区。在产业结构合理化方面，总体上，美国各地区的合理化水平都较高，虽然西部偏远地区的合理化水平下降幅度强于五大湖地区，但合理化的绝对水平强于五大湖地

区，2019 年五大湖地区、东南部地区和西南部地区的合理化水平是最弱
的三个区域，但东南部地区的产业结构合理化水平有所改善。

（二）后工业化阶段产业结构陷阱的佐证

之前提到，后工业化陷阱主要源于细分产业错配和相关产业耦合性弱
带来的产出效率低下问题，主要存在于制造业和服务业之间及其内部细分
产业之间的关系，并据此将后工业化陷阱分为后工业化初期和中后期的产
业结构陷阱。由于五大湖地区的产出效率增幅最低，且被公认为"铁锈
地带"，因而，这里结合表 8-5，从狭义的细分产业结构出发，将五大湖
地区和其他地区对比，以检验产业结构陷阱存在的可能性和类型。

表 8-5　1963 年、2019 年美国分地区细分产业结构演进状况

地区	制造业结构		生产性服务业与制造业配比		生活性服务业强度		金融业强度		商业与科技服务业强度	
	1963 年	2019 年	1963 年	2019 年	1963 年	2019 年	1963 年	2019 年	1963 年	2019 年
美国	0.7799	1.3979	1.5457	4.7613	0.2016	0.2808	0.3362	0.3907	0.0480	0.2324
新英格兰地区	0.7638	1.4511	1.3042	5.6579	0.2274	0.3209	0.3688	0.4301	0.0555	0.2614
中东部地区	0.6728	1.1316	1.7022	9.0326	0.1931	0.2645	0.3741	0.4454	0.0616	0.2341
五大湖地区	1.0755	1.2686	0.9889	2.9239	0.1822	0.3010	0.3345	0.3919	0.0448	0.2364
平原地区	0.8164	1.0041	2.0943	3.7070	0.1836	0.2940	0.3030	0.3937	0.0327	0.2146
东南部地区	0.3851	0.9959	1.5072	4.1995	0.2150	0.3019	0.2980	0.3697	0.0357	0.2381
西南部地区	1.1037	2.5408	2.6263	4.2408	0.2081	0.2765	0.2587	0.3397	0.0382	0.2334
落基山脉地区	0.4555	0.9703	2.8933	6.4863	0.2061	0.2743	0.2811	0.3793	0.0347	0.2318
西部偏远地区	0.9919	2.3663	2.1169	5.3699	0.2240	0.2523	0.3574	0.3732	0.0518	0.2192

首先，在制造业高级化方面，五大湖地区呈现出高级化水平严重不足
的特征。在 1963 年时，五大湖地区制造业高级化水平仅次于西南部，高
级化水平为 1.0755，相对其他区域呈现绝对优势。但是，到了 2019 年，
制造业高级化的水平已较为落后。在制造业结构上，五大湖地区远远落后
于西南部地区和西部偏远地区，2019 年西南部地区的制造业高级化水平
为 2.5408，西部偏远地区为 2.3663，而五大湖地区仅为 1.2686。五大湖
地区虽然在绝对水平上仍强于中东部地区、平原地区、东南部地区以及落
基山脉，但可以发现这四个地区的增幅都远强于五大湖地区。

其次，在服务业方面，五大湖地区生产性服务业发展不足，而生活性

服务业发展过快。1963 年时，五大湖地区的生产性服务业与制造业配比是 0.9889，是八个区域里最低的，虽然到 2019 年该比例有所提高，但相对比例仍然是最低的，仅为 2.9239，和其他区域的差距也比较悬殊。这说明五大湖地区的生产性服务业发展非常迟缓。在生活性服务业上，1963 年五大湖地区生活性服务业与生产性服务业的比例为 0.1822，比重虽是最低的，但是在当时的后工业化初级阶段，各地区的生活性服务业发展规模都较低，因而区域差异并不强。不过，在 2019 年，五大湖地区的生活性服务业规模已占到生产性服务业的 0.3010，仅次于新英格兰和东南部地区。这表明五大湖地区的生活性服务业发展速度较快。

最后，在生产性服务业内部，金融业为经济发展提供资金支持，营利性极强，但若只是重视金融业，经济可能陷入过度金融化陷阱。同时，金融业应当重视对风险大、收益高的科技研发行业的支持，如两者结合紧密、共同发展，一定会对经济增长提供强劲动力。从美国各区域的金融业占比和商业与科技服务业占比来看，表面上，阳光地带和五大湖地区都表现得中规中矩，但如果将制造业高级化水平和生产性服务业与制造业配比两个指标也考虑进来，即五大湖地区的情况是制造业高级化水平严重不足且生产性服务业发展规模较低，而阳光地带的情况是制造业高级化和生产性服务业都得到了快速发展和提升。因此，即便有相近的金融业占比和商业与科技服务业占比，也未必能产生同样的劳动生产率。另外可以发现，整体经济更为发达且持续性较好的新英格兰地区和中东部地区的所有指标基本都稳居前列。

四 中国后工业化城市的产业结构分析

从工业化进程看，中国总体上已经进入后工业化初级阶段，但中国的工业化进程仍存在较为严重的不平衡和不充分问题，总体上呈现出东、中和西部逐步降低的梯度差异。其中，北京、天津和上海是公认的已完全步入后工业化社会的城市。这里将对标上述美国各区域，分析北京、天津和上海的各类产业结构中存在的问题，表 8-6 列出了 2019 年北京、天津和上海的各类产业结构指数和劳均 GDP。

从产出效率看，京、沪的劳均 GDP 大致相当，折合成美元后，为

4.1 万美元左右，与表 8-4 对比后发现，2019 年三个城市的劳均 GDP 和美国各区域的差距较大。从广义产业结构看，三个城市的第二、三产业占比差别不大，因此仍以第三产业与第二产业之比来分析产业结构高级化的差异。北京的产业结构高级化（2）水平最强，达到 5.2968，其次是上海，为 2.6946，最后是天津，仅为 1.8011。和美国各区域比较后发现，北京基本相当于阳光地带的西部偏远地区，上海接近东南部，天津的产业结构高级化程度最低。在合理化水平上，三个城市都远高于全国平均水平，且京、沪两市和美国的平均水平大致相当。

在狭义产业结构上，首先，京、津、沪的制造业结构高级化水平都较高，均明显强于美国各区域。其次，在生产性服务业与制造业配比上，北京表现得最好，达到 5.4802，即使和美国所有区域相比也处于前列，但上海和天津较弱，尤其是天津，虽然总体强于 1963 年美国各区域的水平，但其至弱于 2019 年美国该指标最差的五大湖地区。在生活性服务业强度上，天津发展水平最高，达到 0.3025，结合生产性服务业与制造业配比，说明天津的生活性服务业发展过快，存在过度福利化限制创新能力提升的可能性。最后，在生产性服务业内部，总体上，金融业强度和美国各区域2019 年的水平大致相当，京、沪地区的商业与科技服务业强度也与美国各区域 2019 年的发展水平大致相当。

表 8-6　2019 年北京、天津和上海产业状况

单位：万元

指标名称	北京	天津	上海
劳均 GDP	27.8438	15.7316	27.7251
产业结构高级化（1）	0.9968	0.9868	0.9972
产业结构高级化（2）	5.2968	1.8011	2.6946
产业结构合理化	0.0442	0.0345	0.0218
制造业结构	5.0015	4.9965	3.9800
生产性服务业与制造业配比	5.4802	1.5638	2.4398
生活性服务业强度	0.2711	0.3025	0.1762
金融业强度	0.3944	0.4579	0.4196
商业与科技服务业强度	0.2328	0.1586	0.1956

注：基于数据可得性，天津的制造业高级化水平采用相关产业利税总额计算得到，北京和上海采用工业总产值计算得到。

第二节　交互维度下的产业结构优化分析

产业结构优化和经济增长之间的关系密切，也是多维的。不同层次的产业转型升级是循序渐进、量变推动质变的过程，经济持续增长的同时也会对各层面的结构变化产生反向作用，也就是说结构变化和经济增长之间是相互促进的一个内生系统。已有研究两者关系的文献大都利用静态或动态的面板模型进行分析，这无法全面地从结构维度体现出变量的内在联系，而向量自回归（VAR）模型却能够有效弥补这一弊端。因此，本节延续上一节的分析思路，继续借鉴美国数据，从产业结构优化与经济增长的交互作用出发，为中国当前经济高质量发展的产业结构优化路径和方向提供思路。

一　变量选择及数据来源

本节研究中，中国的样本区间是 1985~2019 年，美国的样本区间是 1960~2019 年。模型共涉及四个变量，分别是广义层面的产业结构（ST）、狭义层面的制造业结构（SOM）、生产性服务业与制造业配比（PTM）和经济发展水平（RGDP）。首先，对产业结构和经济发展水平的确定相对较为直接。因本节考察的时间段包含了中国工业化快速发展的阶段，故采用第二、第三产业增加值占比来衡量产业结构，同时它也衡量了产业结构高级化程度。采用实际 GDP 代表经济发展水平，其中中国 GDP 用以 1985 年为基期的消费价格指数折算，美国 GDP 用以 2010 年为基期的个人支出消费价格指数折算。其次，对制造业结构和生产性服务业与制造业配比，衡量方法和上一节相同。对于中国制造业的相关数据，和上一节相比延长了样本区间，在此期间，中国制造业的统计口径以及分类标准发生了多次变化，考虑到数据的可得性和一致性，分别对 1985~1988年采用相关产业工业总产值，1989~2000 年采用相关产业工业企业产品销售收入，2001~2016 年采用规模以上工业企业销售产值，2017~2019 年采用营业收入衡量。虽然统计口径发生了变化，但仍归为资源劳动密集型和资本技术密集型两类，在计算相应结构后，差异并不是很大。所有数据来

源、产业分类与选取均和第八章第一节保持一致。在模型构建中，为减弱
异方差问题，对所有变量都取对数处理，分别用 LST、LSOM、LPTM、
LRGDP 表示。

二　模型设定

（一）平稳性检验

在构建 VAR 模型之前，需要首先检验各变量的平稳性，这里采用
ADF 方法进行单位根检验，结果如表 8-7 所示。

表 8-7　各变量单位根检验结果

国家	变量	ADF 检验值	检验类型（C，T，L）	P 值	平稳性
中国	LST	−1.9438	C，0，0	0.3092	不平稳
	LSOM	−1.7383	C，0，0	0.3819	不平稳
	LPTM	−0.8956	C，0，1	0.7770	不平稳
	LRGDP	−0.0454	C，0，1	0.9473	不平稳
	DLST	−5.1738	C，0，0	0.0002	平稳
	DLSOM	−4.1627	C，0，0	0.0027	平稳
	DLPTM	−3.3194	C，0，0	0.0220	平稳
	DLRGDP	−2.8449	C，0，0	0.0630	平稳
美国	LST	−1.7930	C，0，0	0.3804	不平稳
	LSOM	−0.5388	C，0，0	0.8755	不平稳
	LPTM	0.0768	C，0，0	0.9613	不平稳
	LRGDP	−2.1722	C，0，1	0.2184	不平稳
	DLST	−8.9928	C，0，0	0.0000	平稳
	DLSOM	−7.9643	C，0，0	0.0000	平稳
	DLPTM	−6.3433	C，0，0	0.0000	平稳
	DLRGDP	−5.0323	C，0，0	0.0001	平稳

注：（1）DLST、DLSOM、DLPTM、DLRGDP 分别表示各原始变量的一阶差分；（2）检验类型里 C、T、L 分别表示检验类型中的常数项、趋势项和变量滞后阶数。

检验结果表明，中美两国各变量的时间序列都存在单位根，是非平稳的，故不能用于构建统计模型。将两国变量都进行一阶差分后发现：对于中国，DLST 和 DLSOM 在 1% 水平上是显著的，DLPTM 在 5% 水平上是显著的，而 DLRGDP 在 10% 水平上是显著的；对于美国，各变量的一阶差分均在 1% 水平上显著。因此可以认为，中美两国各变量都属于一阶单整序列，满足构建模型的基本要求。

（二）VAR 模型构建

对于一阶单整序列，如果直接构建 VAR 模型，可能不稳定，必须用各变量的一阶差分形式构建，而要想估计出理想结果，必须首先确定滞后阶数。表 8-8 是检验结果。可以发现，中国的最优滞后阶数为 2，即应当构建 VAR（2）模型；美国的最优滞后阶数为 1，即应当构建 VAR（1）模型。中美两国的回归结果分别如（8.1）式和（8.2）式所示。

表 8-8　滞后期长度检验

国家	滞后阶数	LogL	LR	FPE	AIC	SC	HQ
中国	0	274.5948	NA	0.0000	−16.9122	−16.72896*	−16.8514
	1	293.1714	31.3480	0.0000	−17.0732	−16.1571	−16.7696
	2	317.0739	34.3599*	0.0000*	−17.5671*	−15.9182	−17.0205*
美国	0	618.2001	NA	0.0000	−22.7482	−22.6008*	−22.6913
	1	641.3659	42.0416*	0.0000*	−23.0136*	−22.2769	22.7295*

注：*表示该标准下理想的滞后期。

$$
\begin{pmatrix} DLRGDP_t \\ DLPTM_t \\ DLSOM_t \\ DLST_t \end{pmatrix} = \begin{pmatrix} 0.0601 \\ 0.0087 \\ 0.0605 \\ 0.0098 \end{pmatrix} + \begin{pmatrix} 0.6945 & -0.1210 & 0.0116 & 0.0994 \\ -0.0414 & 0.4067 & 0.0979 & -1.4912 \\ 0.5536 & -0.1545 & -0.1705 & 2.3838 \\ 0.2392 & -0.0185 & -0.0404 & 0.2319 \end{pmatrix} \begin{pmatrix} DLRGDP_{t-1} \\ DLPTM_{t-1} \\ DLSOM_{t-1} \\ DLST_{t-1} \end{pmatrix}
$$

$$
+ \begin{pmatrix} -0.3025 & -0.0293 & 0.0457 & 0.4957 \\ 0.2125 & -0.0070 & -0.2330 & -0.4970 \\ -1.2097 & -0.0035 & 0.0348 & 0.2714 \\ -0.2699 & 0.0144 & 0.0562 & -0.2175 \end{pmatrix} \begin{pmatrix} DLRGDP_{t-2} \\ DLPTM_{t-2} \\ DLSOM_{t-2} \\ DLST_{t-2} \end{pmatrix} + \begin{pmatrix} \varepsilon_{1t} \\ \varepsilon_{2t} \\ \varepsilon_{3t} \\ \varepsilon_{4t} \end{pmatrix} \quad (8.1)
$$

$$
\begin{pmatrix} DLRGDP_t \\ DLPTM_t \\ DLSOM_t \\ DLST_t \end{pmatrix} = \begin{pmatrix} 0.0015 \\ 0.0168 \\ 0.0194 \\ 00009 \end{pmatrix} + \begin{pmatrix} 0.5779 & 0.2727 & 0.1382 & 4.2564 \\ -0.0174 & 0.2056 & 0.0175 & -2.8745 \\ -0.1980 & -0.2089 & -0.0546 & 3.2904 \\ -0.0213 & 0.0100 & 0.0155 & -0.1895 \end{pmatrix} \begin{pmatrix} DLRGDP_{t-1} \\ DLPTM_{t-1} \\ DLSOM_{t-1} \\ DLST_{t-1} \end{pmatrix} + \begin{pmatrix} \varepsilon_{1t} \\ \varepsilon_{2t} \\ \varepsilon_{3t} \\ \varepsilon_{4t} \end{pmatrix}
$$

$$(8.2)$$

（三）稳定性检验

为发现变量间的动态关系，需要利用模型进行脉冲响应分析和方差分解分析，但必须保证模型是稳定的，否则脉冲响应将难以出现收敛。这里采用 AR 根方法对中美两国 VAR 模型做平稳性检验，如图 8-1 所示。可以发现，中国和美国各自 VAR 模型中所有特征根的模均小于 1，都落在单位圆内，说明两个模型均稳定，可以做进一步研究。

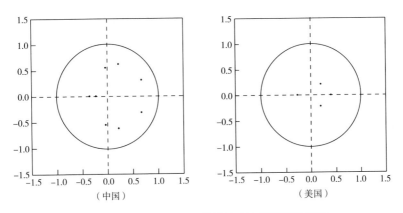

（中国）　　　　　　　　　（美国）

图 8-1　中美两国 VAR 模型的 AR 根稳定性检验

三　脉冲响应分析

对于脉冲响应函数，如果误差项相关，将会有一个共同组成部分不能被任何特定变量识别，故需要对各变量进行排序。但经济系统中各变量往往相互作用，难以给出精确排序。这里选择广义脉冲响应分析来降低因排序不当造成的偏误。

（一）中美各变量对经济增长的动态影响

图 8-2 分别展示了中美两国经济增长对一个标准差冲击的脉冲响应。

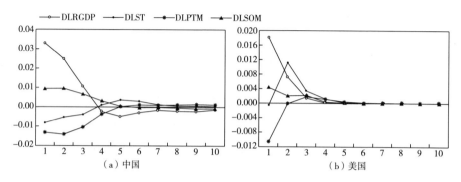

图 8-2　经济增长对一个标准差冲击的脉冲响应

首先，中美两国经济增长变化量对自身经济增长的影响总体相似，但存在一些差异。在当期经济增长变化量的一个正向冲击下，中国经济增长变化量自身在当期即达到最大值，但在第 4 期后开始由正转负，并在第 5 期达到负的极大值后收敛；美国经济增长变化量自身也是在当期达到最大值，随后呈逐步收敛特征。结合纵轴数值大小可以发现，中国经济增长对自身发挥的作用要强于美国，但可持续性较弱。

其次，在产业结构变化量的一个正向冲击下，中美两国经济增长变化都呈现当期为负，之后逐步由负转正后趋于收敛的特征。中国的波动幅度更小，而持续时间较长，到第 7 期才基本收敛。美国的波动幅度相对较大，但收敛速度较快，在第 2 期达到极大值后快速收敛，并于第 5 期完全收敛。

再次，两国生产性服务业与制造业配比的变化量对经济增长变化量的影响路径均表现出当期为负，之后逐渐转正并收敛的特征。区别在于，中国的负向影响持续到第 5 期，而美国的影响在第 2 期就转正，并在第 3 期达到正的极大值后开始收敛。这表明改善生产性服务业与制造业配比在短期会对经济增长产生负面影响，和美国相比，中国的负向效应持续时间更长。

最后，两国制造业结构变化量对经济增长变化量的影响均表现为当期出现正的极大值后逐步收敛的特征。区别在于中国的这种正向效应持续时间更长。这表明中国正处于工业化中期，因而制造业在经济发展中的作用更大。

（二）中美各变量对产业结构的动态影响

图 8-3 分别展示了中美两国产业结构对一个标准差冲击的脉冲响应。

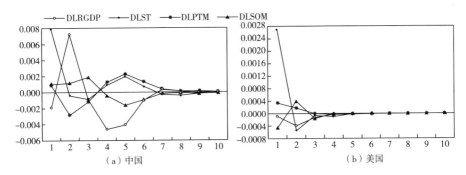

图 8-3　中美两国产业结构对一个标准差冲击的脉冲响应

首先，在产业结构变化量的一个正向冲击下，中美产业结构变化量自身都呈现明显的短期正效应，并在第 2 期开始由正转负。但是，中国产业结构变化量在第 4 期又由负转正，并在第 5 期达到极大值后开始收敛，而美国则从第 2 期后开始收敛。这表明中国产业结构变化对其自身具有更加持久的影响。

其次，在经济增长变化量的一个正向冲击下，两国产业结构变化量的影响路径差异较大。中国产业结构变化量的响应值呈现 N 形路径，即在冲击当期为负，第 2 期达到正的极大值后开始下降，并在第 4 期达到负的极大值后开始收敛。美国则在冲击当期为负，并在第 2 期达到负的极小值后迅速收敛。这表明经济增长的影响总体都呈现负向效应，中国仅呈现了较短的正向效应。

再次，在生产性服务业与制造业配比变化量的一个正向冲击下，中国产业结构变化量在冲击当期呈微弱正值，第 2 期转为负的极大值，并在第 5 期达到正的极大值后收敛。美国则在初期呈现正效应后于第 3 期收敛。这表明生产性服务业与制造业配比对中国产业结构的促进作用存在时滞，而美国只存在短期效应。

最后，在制造业结构变化量的一个正向冲击下，中国产业结构变化量在冲击当期效应为正，在第 3 期达到正的极大值，然后在第 5 期达到负的极大值后收敛。美国产业结构变化量在当期为负，但在第 2 期变为正效应后收敛。这表明中国制造业升级对产业结构优化产生的促进作用明显，美国则存在一定的时滞，且持续性更弱。

（三）中美各变量对生产性服务业与制造业配比的动态影响

图 8-4 分别展示了中美两国生产性服务业与制造业配比对一个标准差冲击的脉冲响应。

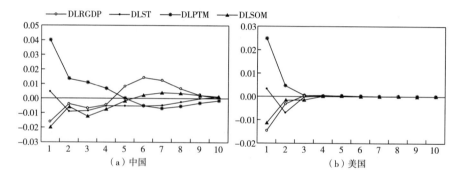

图 8-4 中美两国生产性服务业与制造业配比对一个标准差冲击的脉冲响应

首先，在生产性服务业与制造业配比变化量的一个正向冲击下，中美两国生产性服务业与制造业配比均在当期就呈现正的极大值，之后中国在第 6 期开始转为负向效应，并在第 7 期达到负的极大值后逐步收敛，而美国却并未体现负向效应，在第 3 期即基本收敛。这表明中国的生产性服务业与制造业配比虽然短期会有一定的积极作用，但可能由于成长性不足而难以在长期产生更强效应。

其次，在经济增长变化量的一个正向冲击下，中国的生产性服务业与制造业配比变化量呈现倒 V 形后收敛的趋势，而美国则在当期即达负的极大值，并在第 3 期收敛。这表明美国经济增长对其生产性服务业与制造业配比仅有短期负效应，而中国却有长期的正向效应。

再次，中美两国产业结构变化量冲击对生产性服务业与制造业配比变动的影响均体现为冲击当期为正,第2期变负的特征,只是中国的负向效应持续时间更长。这表明产业结构高级化对生产性服务业与制造业配比的影响只在短期为正,并且中国的负向效应持续时间更长。

最后,在制造业结构变化量的正向冲击下,中美两国生产性服务业与制造业配比的变动情况都在当期即呈现负的极大值,之后开始逐步收敛。区别是中国在第6期转为正效应,并在第7期达到最大值后开始收敛,而美国则在第4期就基本收敛。这表明中国制造业结构的长短期效应均比较明显,且在长期的推动效应明显,而美国制造业结构仅具有短期负向效应。这同时也说明美国制造业结构与本国生产性服务业与制造业配比的联动性较弱,原因可能是美国生产性服务业发展具有较强的全球化特征。

(四) 中美各变量对制造业结构的动态影响

图8-5分别展示了中美两国制造业结构对一个标准差冲击的脉冲响应。

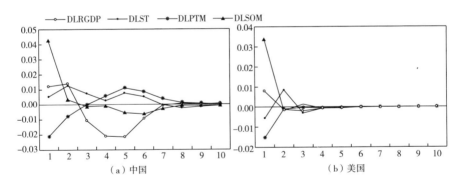

图8-5 制造业结构对一个标准差冲击的脉冲响应

首先,在制造业结构变化量的一个正向冲击下,中国制造业结构变化量自身在当期即达到最大值,之后逐步减弱,并在第6期达到负的极大值后开始收敛。美国制造业结构变化量自身也是在当期即达最大值,在第2期呈现负向效应后逐步收敛。这表明制造业结构对自身的影响在中美两国都有较明显的短期正向效应,但中国制造业结构变化量的可持续性较弱。

其次，在经济增长变化量的一个正向冲击下，中美两国制造业结构变化量均表现为短期效应为正，之后由正转负并逐步收敛的特征。区别是中国制造业结构变化量的波动性更强，而且各种效应的持续时间更长。这表明经济增长对制造业结构升级具有较强的短期效应，并且这种效应在中国的影响更强。

再次，在产业结构变化量的一个正向冲击下，中国制造业结构变化量具有明显的短期和长期效应，且具有一定滞后性，影响在第 2 期达到最大后，至第 7 期才收敛。美国制造业结构变化量在冲击当期为负，第 2 期转正后迅速收敛。这表明中国的产业结构高级化对制造业升级有着更强的影响。

最后，在生产性服务业与制造业配比变化量的一个正向冲击下，两国制造业结构的表现差异较大。中国制造业结构变化量体现出首期为负的倒 V 形路径，美国则在当期呈现负的极大值后开始迅速趋于收敛。这表明生产性服务业与制造业配比在短期会不利于制造业升级，而在中国却会产生长期有利影响。

四　方差分解分析

脉冲响应函数研究的是 VAR 模型中一个内生变量的冲击对其他变量产生的影响。方差分解模型则是要研究每个结构冲击对内生变量的贡献水平，并评价不同冲击的重要程度。

（一）中美各变量变化量对经济增长变化量的贡献度

由表 8-9 可知，对中国来说，经济增长的波动在第 1 期仅受到自身波动的影响，其他内生变量的冲击在第 2 期才显现出来，并且这些冲击相对经济增长自身的影响都非常微弱，此后基本呈现逐步增强的趋势；生产性服务业与制造业配比的影响稍强一点，从第 4 期开始稳定在约 5%；产业结构和制造业结构的影响基本可以忽略。对美国来说，第 1 期经济增长的波动也是仅受自身波动的影响，但第 2 期之后，经济增长自身的影响迅速下降至约 70%，并在第 4 期开始稳定在约 65%；产业结构的影响较强，从第 2 期快速上升至约 24% 后就一直保持这个强度；制造业结构和生产性服务业与制造业配比的影响最弱，从第 3 期开始即分别保持在 5% 和 4%

附近。这表明对两国来说经济增长本身都是其自身发展的决定性因素。区别是影响中国经济增长波动的次要因素是生产性服务业与制造业配比，而影响美国的次要因素是产业结构，并且中国各种产业结构对经济增长的影响都非常弱，中国应当更加注重微观层面各种产业结构水平的优化提升及其与经济增长的联动性。

表 8-9 各变量对经济增长预测的方差分解

单位：%

时期	中国					美国				
	标准误	DLPTM	DLRGDP	DLSOM	DLST	标准误	DLPTM	DLRGDP	DLSOM	DLST
1	0.0401	0.0000	100.0000	0.0000	0.0000	0.0248	0.0000	100.0000	0.0000	0.0000
2	0.0438	1.2585	98.6952	0.0100	0.0363	0.0264	2.4734	70.4990	3.0243	24.0033
3	0.0467	3.5723	96.2113	0.0964	0.1200	0.0264	3.6913	66.3340	5.4762	24.4985
4	0.0478	4.8833	94.7009	0.2873	0.1286	0.0265	3.9494	65.8395	5.6525	24.5587
5	0.0489	4.9920	94.2584	0.2999	0.4497	0.0265	3.9870	65.7964	5.6692	24.5474
6	0.0510	4.9578	94.0191	0.2979	0.7253	0.0265	3.9913	65.7927	5.6696	24.5464
7	0.0525	4.9522	93.9833	0.3014	0.7631	0.0265	3.9919	65.7922	5.6696	24.5463
8	0.0530	4.9450	93.9871	0.3066	0.7613	0.0265	3.9919	65.7921	5.6696	24.5463
9	0.0531	4.9439	93.9908	0.3058	0.7594	0.0265	3.9920	65.7921	5.6697	24.5463
10	0.0532	4.9585	93.9759	0.3071	0.7585	0.0265	3.9920	65.7921	5.6697	24.5463

（二）中美各变量变化量对产业结构变化量的贡献度

由表 8-10 可知，对中国来说，初期产业结构变量是其自身变动的决定性因素，但到第 2 期时，贡献度快速下降至约 50%，并于第 4 期被经济增长超越，成为影响自身变动的次要因素；经济增长对产业结构变化的影响在第 1 期时仅有约 6%，但在第 2 期快速上升至约 47%，从第 4 期开始成为影响产业结构变动的主要因素，并在第 5 期之后保持在约 56%；生产性服务业与制造业配比和制造业结构的影响都相对较弱，也是从第 2 期开始有所增强，并最终分别保持在大致 3% 和 4% 附近。对美国来说，初期产业结构变量是其自身变动的决定性因素，从第 2 期开始，影响有所下降，但一直是自身变动的主要影响因素，且贡献度保持在约 94%；其他变量的影响都非常弱，从第 2 期开始，经济增长和制造业结构的贡献基本保持在约 2%和 3%，生产性服务业与制造业配比的影响仅有约 0.1%。这表明美国产业结构演变的惯性很强，具有较好的正向循环，而中国产业结构变化的自我循环效果相对较弱，经济增长持续推动的数量型特征比较明显。

表 8-10　各变量对产业结构预测的方差分解

单位：%

时期	中国					美国				
	标准误	DLPTM	DLRGDP	DLSOM	DLST	标准误	DLPTM	DLRGDP	DLSOM	DLST
1	0.0330	0.0000	6.1449	0.0000	93.8551	0.0182	0.0000	0.1194	0.0000	99.8806
2	0.0415	0.0016	47.3136	1.7530	50.9318	0.0233	0.0002	2.0743	2.6130	95.3126
3	0.0434	2.3062	44.6748	4.6119	48.4070	0.0241	0.1003	2.2697	3.1037	94.5263
4	0.0438	2.2777	52.2561	4.3656	41.1007	0.0242	0.1402	2.2779	3.1230	94.4589
5	0.0442	2.3054	56.4689	4.0060	37.2197	0.0242	0.1497	2.2774	3.1348	94.4382
6	0.0443	2.8287	56.2596	4.0567	36.8550	0.0242	0.1509	2.2773	3.1350	94.4367
7	0.0444	2.9965	56.1690	4.0465	36.7881	0.0242	0.1511	2.2773	3.1351	94.4365
8	0.0444	3.0168	56.1126	4.0429	36.8276	0.0242	0.1511	2.2773	3.1351	94.4365
9	0.0445	3.0218	56.0951	4.0444	36.8387	0.0242	0.1511	2.2773	3.1351	94.4365
10	0.0445	3.0253	56.0894	4.0488	36.8365	0.0242	0.1511	2.2773	3.1351	94.4365

（三）中美各变量变化量对生产性服务业与制造业配比变化量的贡献度

由表 8-11 可知，对中国来说，生产性服务业与制造业配比变化量是其自身变动的决定性因素，贡献度在第 1 期为约 83%，之后逐步弱化，并于第 7 期后保持在 60%左右；经济增长对生产性服务业与制造业配比的冲击在第 1 期即达到约 16%，之后有所弱化，但于第 5 期之后开始持续上升，并从第 7 期后保持在 28%左右；产业结构的影响从第 2 期开始稳步上升，于第 4 期达到最大值后趋于弱化，并从第 7 期开始稳定在 9%左右；制造业结构的贡献较弱。对美国来说，生产性服务业与制造业配比在初期对自身的影响约为 63%，之后逐步弱化至近 59%；经济增长的贡献较强，在初期达到 35%，之后稳定在 32%左右；产业结构的影响在初期较弱，但从第 2 期开始就保持在约 8%；制造业结构的影响非常轻微。可以看出，各变量对生产性服务业与制造业配比的影响在中美两国具有较高的一致性，即除了生产性服务业与制造业配比自身产生的主要影响，经济增长都是影响其变动的次要因素，美国的影响效应相对更强，产业结构的影响大致相当，制造业结构的影响都比较微弱。

表 8-11　各变量对生产性服务业与制造业配比预测的方差分解

单位：%

时期	中国					美国				
	标准误	DLPTM	DLRGDP	DLSOM	DLST	标准误	DLPTM	DLRGDP	DLSOM	DLST
1	0.0426	83.9149	16.0648	0.0000	0.0203	0.0334	63.6725	35.1884	0.0000	1.1391
2	0.0483	79.5475	14.2398	0.6366	5.5761	0.0347	59.0545	32.6598	0.0378	8.2480
3	0.0500	73.6024	14.5699	1.8679	9.9598	0.0349	58.9050	32.5371	0.3415	8.2164
4	0.0546	71.7061	14.7864	2.2008	11.3067	0.0350	58.8912	32.5466	0.3470	8.2152
5	0.0588	69.2612	17.1386	2.3421	11.2580	0.0350	58.8788	32.5409	0.3512	8.2291
6	0.0599	63.6689	23.6422	2.2281	10.4608	0.0350	58.8771	32.5389	0.3535	8.2305
7	0.0600	60.0702	27.8785	2.0983	9.9531	0.0350	58.8769	32.5386	0.3538	8.2307
8	0.0601	59.2657	28.8689	2.0707	9.7948	0.0350	58.8769	32.5386	0.3538	8.2307
9	0.0601	59.2501	28.9178	2.0707	9.7614	0.0350	58.8769	32.5386	0.3538	8.2307
10	0.0601	59.2551	28.8853	2.0708	9.7888	0.0350	58.8769	32.5386	0.3538	8.2307

（四）中美各变量变化量对制造业结构变化量的贡献度

由表 8-12 可知，对中国来说，制造业结构变量对其自身变动起决定性作用，但衰减较快，到第 5 期就仅剩 38% 左右，成为次要影响因素；经济增长对制造业结构的冲击呈快速上升趋势，并在第 5 期达到 40% 左右，成为影响制造业结构变化的首要因素；生产性服务业与制造业配比对制造业结构的冲击呈现持续下降趋势，并最终稳定在 11% 左右；产业结构对制造业结构的冲击呈现先升后降，最终稳定在 11% 左右。对美国来说，制造业结构对其自身变动也发挥着决定性作用，从第 3 期开始稳定保持在 70% 左右；经济增长持续保持在 5%，生产性服务业与制造业配比的影响持续保持在 14%；产业结构的影响从第 2 期快速上升至约 9%。这表明中国各个层面都在以推动制造业结构升级为目标，尤其是经济增长的推动作用更加明显，而美国则主要依靠制造业结构自身的影响。

表 8-12   各变量对制造业结构预测的方差分解

单位：%

时期	中国					美国				
	标准误	DLPTM	DLRGDP	DLSOM	DLST	标准误	DLPTM	DLRGDP	DLSOM	DLST
1	0.0079	17.6348	8.1987	70.0468	4.1197	0.0027	14.1788	5.6974	77.4557	2.6681
2	0.0109	14.0219	14.7611	56.1086	15.1085	0.0028	14.1078	5.4045	71.8636	8.6241
3	0.0113	14.0215	18.4136	52.4823	15.0826	0.0028	14.0829	5.6552	70.9555	9.3064
4	0.0123	12.0375	30.1535	44.9416	12.8674	0.0028	14.1200	5.6781	70.8788	9.3232
5	0.0130	10.5698	39.3936	38.7860	11.2506	0.0028	14.1300	5.6775	70.8461	9.3464
6	0.0131	11.0123	40.3047	37.5685	11.1145	0.0028	14.1326	5.6771	70.8435	9.3468
7	0.0131	11.3720	40.1280	37.4307	11.0693	0.0028	14.1330	5.6771	70.8431	9.3469
8	0.0131	11.4227	40.0493	37.3417	11.1863	0.0028	14.1330	5.6771	70.8430	9.3469
9	0.0131	11.4313	40.0170	37.3126	11.2391	0.0028	14.1330	5.6771	70.8430	9.3469
10	0.0131	11.4342	40.0164	37.3064	11.2430	0.0028	14.1330	5.6771	70.8430	9.3469

五   相关变量影响的延续性及互动强度分析

为了更加清晰地比较中美两国各变量互动关系强度，将上述方差分解分析的期末贡献用图 8-6 展示，同时结合脉冲响应分析，从延续性和互动强度两方面进行归纳总结。

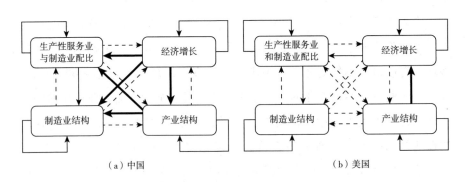

（a）中国   （b）美国

图 8-6   中美两国各变量互动关系强度

注：（1）图中箭头方向代表该变量作为因变量时，其他变量对其变化的贡献度，为了对相互影响强度进行对比，这里把方差分解贡献率超过 10% 的用实线表示，低于 10% 的用虚线表示。（2）粗实线代表期末贡献率强于期初，细实线代表期末贡献率弱于期初，但仍高于 10%。

（一）影响的延续性分析

根据脉冲响应分析和图8-6中实线的粗细程度可以对变量间影响的延续性进行归纳。

从脉冲响应来看，首先，总体上中国各变量的影响期数都长于美国，变量对各结构的冲击大都需要延续8期左右才能消失，而美国则大都在3~4期即已消失。这说明一旦经济发生波动，中国经济的自我修复功能较弱，需要的时间更长，而美国可以更快地趋于稳定。其次，对中国来说，各变量对经济增长冲击的影响基本在4~5期即开始稳定且趋近消失，而对各种结构冲击影响的延续时间都较长，说明中国巨大的经济体量能够有效地抵消因结构变化带来的不稳定性，而结构层面的修复则需更长时间的修复。最后，根据图8-6中粗实线的数量和指向可以发现，中国经济增长发出的粗实线最多，而美国仅有产业结构向经济增长发出粗实线，如果经济增长代表数量型的粗放型增长，而产业结构优化代表内涵式的质量型增长，可以认为，中国的经济发展及结构优化主要还是依靠数量型的规模扩张所致，而美国经济增长的结构优化作用更强，质量更高，这正是中国经济高质量发展的重要方向。

（二）影响强度分析

图8-6中实线代表期末影响强度大于10%，虚线代表影响强度小于10%，据此可以对各变量的影响强度进行归纳。

对中国来说：第一，实线箭头指向最多的是制造业结构，同时它发出的虚线箭头也最多，说明我国一直以来都非常重视制造业的转型升级，但制造业升级的效果却不是很好，仍有较大优化空间。第二，发出实线箭头最多的是经济增长，说明粗放型的经济增长是推动各维度产业结构变动的重要因素。第三，经济增长是唯一一个仅靠自身为主要变动因素的变量，这充分证明了我国经济增长的粗放型特征。

对美国也可以发现三个特征：第一，实线箭头数量小于中国，说明美国各变量的相关性小于中国，主要原因可能是美国经济的全球化程度更强，外向关联强度更大。第二，从制造业结构发出的全是虚线箭头，表明美国制造业发展在整个经济系统中的作用比较有限。第三，除去自我促进的实线箭头外，从其他实线箭头的指向可以发现，美国经济系统的一个主要传导路径是第三产业的快速发展，它有效促进了经济增长，然后通过对生产性服务业的影响推动制造业结构升级。

第三节　本章小结

　　基于第七章产业结构优化推动高质量发展的理论分析，本章着重从经验分析角度对中国经济高质量发展的产业结构优化路径进行探讨。主要是对标美国，研究其在进入后工业化阶段以后的产业结构演变，从单一视角和交互视角两个方面分析了中国经济高质量发展的产业结构优化状况。在单一视角，主要是从广义和狭义两个维度，比较了中美两国七种类型产业结构的状况及演进，另外还对美国区域层面的产业结构进行了研究，并以此验证后工业化阶段产业结构陷阱的存在性，同时也将中国京、津、沪三地的产业结构水平与美国各区域进行了对比分析。在交互视角，主要是基于产业结构和经济增长相互促进的理论，比较了中美两国在经济发展水平和广义层面的产业结构、狭义层面的制造业结构和生产性服务业与制造业配比之间的交互作用差异。总体结论是，中国经济在未来的高质量发展过程中，各维度产业结构优化的空间巨大；中国经济增长与产业结构的联动性更强，但主要是经济增长在发挥主导作用；中国经济发展中产业结构优化产生的质量导向效应弱于美国。

第九章
要素禀赋变化、产业优化升级
与经济增长的数理分析

本章利用新经济地理学的建模策略，把要素禀赋变化、产业优化升级和经济增长三者结合到一起，分析要素禀赋变化如何引致产业聚集，进而对经济增长产生影响的过程，并对此进行严谨的数理分析和数值模拟。需要注意的是，因为采用的是新经济地理模型，属于空间经济学的研究范式，而空间经济学对产业关注的重点是产业转移或产业聚集，因此，模型中匹配要素禀赋变化所形成的产业转移或聚集就代表了区域产业的优化升级，即产业聚集度提高代表着产业优化升级水平的提升，同时也在一定程度上代表了产业结构升级的水平。

在新经济地理学中描述增长的模型较少，应用较为广泛的有全域溢出模型（GS）和局部溢出模型（LS）（安虎森，2009）。在这两个模型中，形成新资本的成本受资本存量产生的溢出效应影响，区别是在 GS 模型中资本创造所需要的生产要素不存在空间差异，而 LS 模型中的资本创造成本存在空间差异，因此，这里借鉴 LS 模型的做法，并在 GS 模型基础上进行拓展。假设资本创造成本依赖于本地能够使用的生产要素数量和使用效率，并且区域之间能够使用的生产要素数量和使用效率存在差异，在此假设下，建立一个基于新经济地理学的包含要素禀赋差异的经济增长框架，从而为揭示要素禀赋变化、产业聚集和经济增长之间的内在机理提供分析平台。

第一节　模型的基本假设

本章构建的模型为 2×3×2 结构，即经济系统包含两个区域、三个生产部门以及在生产中使用两种生产要素，模型的具体假设如下。

（1）经济系统中有两个区域，分别为北部（N）和南部（S），北部区域变量不采用上标标识，南部区域与之对应的变量采用上标（＊）标识；三个部门分别为农业部门（A）、工业部门（M）和资本创造部门（I）；两种生产要素分别是资本（K）和劳动（L）。

（2）农业部门市场结构是完全竞争的，且规模收益不变，并以瓦尔拉斯均衡为特征，南部和北部区域的农业部门生产都只使用劳动一种要素且产品同质，单位农产品只需投入单位劳动力，同时这里也将农产品设定为计价物，农产品在区域内部和区域之间都不存在交易成本。

（3）工业部门以迪克西特-斯蒂格利茨的规模收益递增和垄断竞争为特征，区域间工业品交易存在"冰山"交易成本。工业部门是标准化生产，因此区域之间不存在因要素禀赋差异所产生的效率差异，即工业部门的固定投入是资本，每单位工业产出的生产只需耗费一单位资本，因而资本空间分布就代表了企业的空间分布，同时也代表了产业发展水平；可变投入成本是劳动力，每单位工业产出的劳动力投入是 a_m 单位；如果区际之间发生工业品交易，则每运输 τ 单位产品中只有一单位能够运达目的地，区内交易不存在运输成本；资本和劳动在区域间不能流动。

（4）资本创造部门在 GS 模型基础上进行拓展。在 GS 模型中，假设该部门使用劳动创造资本，资本生产部门的市场结构为完全竞争且规模收益不变，新资本形成的生产成本 a_I 随着世界总资本存量 K^w 的增加而下降，即 $a_I = 1/K^w$。在这种假设下，资本积累产生的学习效应使资本创造成本下降，从而产生经济增长的动力。但是，正像之前提到的，要素禀赋会由于技术水平或认知水平等因素而发生变化，因此，每个区域可以被利用的资本规模是不同的，并且利用效率在不同区域、不同要素之间也存在差异。虽然 LS 模型有了一些拓展，在新资本形成的创造成本中引入了空间问题，但是，一方面，有些区域性生产要素根本不可能被其他区域利用，另一方面有些区域又能够通过以互联网为代表的信息通信技术，对本区域没有的生产要素进行组合以创造新价值。按第三章的表述就是，新技术产生会使一些生产要素成为区域性要素而难以为其他区域所用，也会使一些生产要素在区际无差异地全域溢出，成为非区域性要素。仅仅按照 LS 模型中对有形生产要素的空间属性来界定生产要素的空间使用分布，在现代技术手段下是不全面的。另外，不同区域由于技术进步程度差异，即使对同种生产要素的使用效率也是不同的，可以说，这些由新技术带来的区域要素禀赋变化对资本创造起着非常重要的作用。基于此，这里假定资本形成成本取决于本地能够使用的生产要素①和本地对这些生产要素的使用效率，即北部和南部资本创造的表达式分别为：

$$F = w_L a_I, a_I = 1 / \sum_{i=1}^{m} k_i e_i, F^* = w_L a_I^*, a_I^* = 1 / \sum_{i=1}^{m^*} k_i^* e_i^*$$

其中 w_L 是劳动力报酬，k_i 是北部区域资本创造部门能够使用的生产要素（资本），e_i 是北部区域资本创造部门的要素使用效率，k_i^* 是南部区域资本创造部门能够使用的生产要素，e_i^* 是南部区域资本创造部门的要素使用效率。可以看出，当 k_i、e_i、k_i^*、e_i^* 越高时，对应区域的资本创造成本就会越低。当 $\sum_{i=1}^{m} k_i e_i = \sum_{i=1}^{m^*} k_i^* e_i^*$ 时，说明两区域资本创造成本相同，当 $\sum_{i=1}^{m} k_i e_i = \sum_{i=1}^{m^*} k_i^* e_i^* = K^w$ 时，模型退化为 GS 模型；当 m 和 m^* 都等于整个经济系统生产要素数量，且 e_i 和 e_i^* 对本区域生产要素取 1，对外地生产要素取 LS 模型中代表公共知识的空间传播难度时，则退化为 LS 模型。所以，在一定程度上，GS 模型和 LS 模型都可以认为是本模型的特例。此外，这里还假设资本存在折旧，折旧率为 δ，因此，1 单位资本从 t 时刻到 s 时刻后，还可以加以利用的部分是 $\exp[-\delta(s-t)]$。

（5）效用函数。两区域的代表性消费者采用双层嵌套的效用函数形

---

① 注意和本地拥有的生产要素相区分，本地能够使用的生产要素不仅包含本地拥有的生产要素，还包含通过一定技术手段对其他区域生产要素的使用状况，如"互联网+安防"中有一项业务就是将安防监控、报警工作外包到一些欠发达区域，以利用那里较廉价的劳动力资源，从而拓展了本地能够使用的生产要素。

式。第一层效用函数是柯布—道格拉斯形式的。它是指消费者将自己的消费支出分别投入农产品和工业品上的效用水平，由于农产品是同质化产品，所以农产品的种类只有一种，但工业品却是有差异的。第二层效用函数代表差异化工业品的消费组合带来的效用水平，这一层效用函数采用的是常替代形式的。代表性消费者的效用函数可以表示为：

$$C = C_A^{1-\mu} C_M^{\mu}, C_M = \left(\int_{i=0}^{n^w} c_i^{1-1/\sigma} di \right)^{1/(1-1/\sigma)} \tag{9.1}$$

其中，C_A 和 C_M 分别代表消费者对农产品和差异化工业品总和的消费量，n^w 代表北部和南部生产的工业品类型总数，μ 代表消费者在工业品上的支出比例（$1>\mu>0$），c_i 代表消费者对第 i 种工业品的消费量，σ 代表消费者在不同工业品之间的替代弹性（$\sigma>1$）。

（6）跨期效用函数。由于增长模型是一种长期模型，因此必然涉及消费者的跨期效用最大化问题，方便起见，假设消费者的跨期替代弹性为1，并把各期效用函数表示为对数形式，有：

$$U = \int_{t=0}^{\infty} e^{-\rho t} \ln C dt, C = C_A^{1-\mu} C_M^{\mu}, C_M = \left(\int_{i=0}^{n^w} c_i^{1-1/\sigma} di \right)^{1/(1-1/\sigma)} \tag{9.2}$$

其中，ρ 代表消费者的效用折现率，即时间偏好（$0<\rho<1$）。

（7）支出份额。假设北部支出（收入）用 E 表示，南部支出（收入）用 E^* 表示，总支出为 E^w。因此，北部支出占总支出的比例为 $se=E/E^w$，南部支出占总支出的比例为 $se^*=E^*/E^w$，$se+se^*=1$。

（8）资本的空间分布和使用分布。由于工业部门中每个企业只需投入1单位资本（生产要素）进行生产，因此资本空间分布就是企业的空间分布，同时也决定了本区域的产业发展水平和结构状况。假定北部和南部拥有的资本比例分别是 sk 和 sk^*，则北部和南部拥有的企业份额分别是 $sn=sk$ 和 $sn^*=sk^*$。对于资本创造部门来说，它的生产效率取决于能够使用的资本数量，由于新技术产生使资本可以跨区域使用，或者某些区域性要素只能在本地使用，因此对资本创造部门来说，资本使用的空间分布和资本所在的空间分布不再相同，北部和南部的资本创造可以使用的资本比

例分别是 $rk = \sum_{i=1}^{m} k_i / K^w$ 和 $rk^* = \sum_{i=1}^{m^*} k_i^* / K^w$，从而北部资本创造部门能够使用的资本数量 $r = rk \times K^w$，南部资本创造部门能够使用的资本数量 $r^* = rk^* \times K^w$。这里需要注意的是 $sk + sk^* = 1$。由于不同区域对资本的使用情况并不相同，因此 $rk + rk^* \neq 1$，当每个区域对整个经济系统的所有资本都能够无差异使用时，$rk + rk^* = 2$，资本利用程度达到最大。

第二节　短期均衡分析

整个经济系统的资本存量在长期保持稳定增长，但在短期内的增长率保持不变，并且资本的空间分布状况 sk 也保持不变。此时，资本空间分布是一个外生变量且固定不变。

一　消费者均衡

短期内，消费者的预算约束为：

$$P_M C_M + P_A C_A = Y, P_M = \left(\int_{i=0}^{n^w} p_i^{1-\sigma} di \right)^{1/(1-\sigma)} \tag{9.3}$$

其中，P_M 代表工业品价格指数；P_A 代表农产品价格；p_i 代表第 i 种工业品的价格；Y 代表消费者总支出。假定把农产品当作计价物，即 $P_A = 1$。最大化消费者的效用函数，可以得到代表性消费者关于农产品、制造业产品的消费支出以及消费者对第 i 种工业品的消费量分别为：

$$C_A = (1 - \mu) Y, C_M = \mu Y / P_M, c_i = \mu Y (p_i)^{-\sigma} / (P_M)^{1-\sigma} \tag{9.4}$$

二　生产者均衡

（一）农业部门

由于之前假定农业部门是完全竞争的瓦尔拉斯一般均衡，并且空间交易完全自由，不存在任何成本，因此农产品价格在不同区域之间完全相同。以单位劳动生产的农产品作为计价物，可以得到南北区域的农产品价格分别是 $p_A = p_A^* = w_L = w_L^* = 1$。

(二) 工业部门

1. 产量决定

工业部门在区域之间是标准化生产，并不存在由于要素禀赋差异而产生的生产率差异。因此，根据 (9.4) 式可以得到北部消费者对北部厂商生产的第 i 种工业品的需求量为：

$$c_i = \mu Y(p_i)^{-\sigma}/(P_M)^{1-\sigma} = \mu E(p_i)^{-\sigma}/\Delta n^w,$$

$$\Delta n^w = (P_M)^{1-\sigma} = \int_{i=0}^{n^w} p_i^{1-\sigma} di \qquad (9.5)$$

总支出也就是总收入，即 $Y = E$，其中包括资本收益加上劳动力收入后再扣除资本创造的成本。同理，还可以得到 $c_i^* = \mu E^* (p_i^*)^{-\sigma}/(P_M^*)^{1-\sigma}$，$c_j = \mu E (p_j)^{-\sigma}/(P_M)^{1-\sigma}$ 和 $c_j^* = \mu E^* (p_j^*)^{-\sigma}/(P_M^*)^{1-\sigma}$。其中，下标 i 表示北部企业生产的某种工业品；下标 j 表示南部企业生产的某种工业品；p_i 表示北部生产产品 i 在北部销售的价格；p_i^* 表示北部生产产品 i 在南部销售的价格；p_j 表示南部生产产品 j 在北部销售的价格；p_j^* 表示南部生产产品 j 在南部销售的价格。

上述公式是在两个分离市场中的企业为了实现利润最大化而实施价格和产量决策的约束条件。在区际产品运输中，由于存在"冰山"运输成本，因此企业的产出量分别是 $x_i = c_i + \tau c_i^*$，$x_j = c_j^* + \tau c_j$。

2. 价格决定

在迪克西特-斯蒂格利茨框架下，企业可以自由进入和退出市场，所以在均衡状态下，企业无法获得超额利润。因为企业以利润最大化为定价原则，所以定价方法是边际加成定价法。以北部企业为例，企业的利润函数是 $p_i x_i - (\pi + w_L a_M x_i)$，通过建立拉格朗日方程，可以解出北部企业生产产品在北部的定价是 $p_i = \dfrac{w_L a_M}{(1-1/\sigma)}$，由于区域之间存在"冰山"交易成本，因此北部生产产品在南部的定价是出厂价的 τ 倍，即 $p_i^* = \tau \dfrac{w_L a_M}{(1-1/\sigma)}$。相应地，南部企业的利润函数是 $p_j x_j - (\pi + w_L a_M x_j)$，对南部企业建立拉格朗日方程，可以得到南部企业生产产品在南部的定价是 $p_j^* =$

$\dfrac{w_L a_M}{(1-1/\sigma)}$，"冰山"交易成本的存在使南部生产产品在北部的定价也是其出

厂价的 τ 倍，即 $p_j = \tau \dfrac{w_L a_M}{(1-1/\sigma)}$。考虑到对于工业品来说，北部和南部的定

价策略及销售量是对称并且相同的，简化起见，后续分析省略下标标识。

3. 资本收益

考虑北部存在的一个企业，它在北部市场的定价是 p，销售量是 c；冰山交易成本的存在使其在南部市场的定价是 $p^* = \tau p$，销售量是 c^*。由此可知该企业的总产出是 $x = c + \tau c^*$，进而可以得到企业的总销售收入是 $px = p\,(c + \tau c^*)$。在垄断竞争下，企业无法获取超额利润，因此销售收入只能弥补生产成本，即 $px = \pi + w_L a_M x$。根据 $p = \dfrac{w_L a_M}{(1-1/\sigma)}$，可以得到 $\pi = px/\sigma$。

结合（9.5）式，可以得到 $px = \mu p^{1-\sigma}\,(EP_M^{\sigma-1} + E^* \tau^{1-\sigma} P_M^{*\,\sigma-1})$。由于两个区域的工业品价格指数分别是：

$$P_M^{1-\sigma} = \int_0^{n^w} p^{1-\sigma} di = np^{1-\sigma} + n^*(\tau p)^{1-\sigma} = n^w p^{1-\sigma}[sn + \varphi(1-sn)]$$

$$(P_M^*)^{1-\sigma} = \int_0^{n^w} p^{1-\sigma} di = n(\tau p)^{1-\sigma} + n^* p^{1-\sigma} = n^w p^{1-\sigma}[\varphi sn + (1-sn)]$$

其中 $\varphi = \tau^{1-\sigma}$，$sn = n/n^w$ 是北部企业所占比例，$1-sn = n^*/n^w$ 是南部企业所占比例，同时也代表着北部与南部的产业发展水平。将北部和南部的工业品价格指数代入利润函数 π 的表达式后可以得到 $\pi = px/\sigma = \dfrac{\mu}{\sigma}$ $\dfrac{E^w}{n^w}\left[\dfrac{se}{sn+\varphi(1-sn)} + \varphi\dfrac{1-se}{\varphi sn+(1-sn)}\right]$。

方便起见，可以将本地生产本地销售的产品价格标准化为 1，另外，再结合（9.5）式，可以得到 $\Delta = sn + \varphi(1-sn)$ 和 $\Delta^* = \varphi sn + (1-sn)$，再定义 $b = \mu/\sigma$。最终可以将北部和南部的资本收益或营业利润表达式分别简化为：

$$\pi = bB\frac{E^w}{K^w},\ \pi^* = b\,B^*\frac{E^w}{K^w}$$

$$B=\frac{se}{\Delta}+\varphi\frac{1-se}{\Delta^*},B^*=\frac{1-se}{\Delta}+\varphi\frac{se}{\Delta^*}$$

$$\Delta=sn+\varphi(1-sn),\Delta^*=\varphi sn+(1-sn) \tag{9.6}$$

4. 市场规模

经济系统的总支出等于总要素收入扣除在新资本创造上付出的成本。要素收入包括劳动收入 $w_LL+w_L^*L^*=w_LL^w$ 和资本收益 $\pi skK^w+\pi^*(1-sk)K^w=bE^w$。新资本创造包含两个部分，一部分用来补偿资本折旧，需要 δK^w，另一部分用来保持资本以 g 的速度增长，需要 gK^w，所以新创造的资本总量是 $K_I^w=\delta K^w+gK^w$。从而，资本创造所需耗费的劳动力 $L_I^w=K_I^w\bar{a}_I$，$\bar{a}_I$ 是从整体经济考虑的资本形成成本，经济系统的总支出 $E^w=L^w+bE^w-(g+\delta)K_I^w\bar{a}_I$。

北部经济支出为：

$$E=slL^w+skbBE^w-(g+\delta)Ka_I=slL^w+skbBE^w-(g+\delta)K/\sum_{i=1}^m k_ie_i$$

相应地，南部经济支出为：

$$E^*=(1-sl)L^w+(1-sk)bB^*E^w-(g+\delta)K^*a_I^*$$
$$=(1-sl)L^w+(1-sk)bB^*E^w-(g+\delta)K^*/\sum_{j=1}^{m^*}k_j^*e_j^*$$

以上两式相加就是整个经济系统的总支出：

$$E^w=L^w+bE^w-(g+\delta)(K/\sum_{i=1}^m k_ie_i+K^*/\sum_{j=1}^{m^*}k_j^*e_j^*)$$

方便起见，假设每个区域的资本创造部门对生产要素的利用效率相同，这并不影响区域之间生产要素使用所产生的差异，从而上式可以简化为：

$$E^w=L^w+bE^w-(g+\delta)sk/(\bar{e}rk)+(1-sk)/(\bar{e}^*rk^*)$$

其中，$\bar{e}$ 和 $\bar{e}^*$ 分别代表北部和南部区域各自对投入资本创造部门生产要素的平均使用效率；rk 和 rk^* 分别代表北部和南部能够使用的生产要素占整个经济系统生产要素的比重。令 $A=\bar{e}rk$，$A^*=\bar{e}^*rk^*$，可以得到此时北部和南部的资本创造成本分别是 $a_I = \dfrac{1}{AK^w}$ 和 $a_I^* = \dfrac{1}{A^*K^w}$，则：

$$E^w = \frac{L^w - (g+\delta)(sk/A + (1-sk)/A^*)}{1-b}$$

进而可以得到北部的相对市场规模为：

$$se = \frac{E}{E^w} = \frac{\dfrac{b\varphi sk}{\Delta^*} + (1-b)\dfrac{slL^w - \dfrac{(g+\delta)sk}{A}}{L^w - (g+\delta)\left(\dfrac{sk}{A} + \dfrac{1-sk}{A^*}\right)}}{1 - bsk\left(\dfrac{1}{\Delta} - \dfrac{\varphi}{\Delta^*}\right)} \quad\quad (9.7)$$

可以看出，在考虑了区域间生产要素的使用差异后，无论是区域要素禀赋数量变化，还是生产要素利用效率变化都会对相对市场规模产生影响。

5. 跨期支出

资本增长存在跨期，因此需要解决支出的最优跨期分配问题。支出的最佳方案就是消费者对任何支出的重新分配都感到无差异，即延期支出的边际成本等于边际收益。延期消费的边际成本 MC 是边际效用随时间递减速率 ρ 加上边际效用的减少量 $\dot{E}/E$，MR 是持有安全证券所能获得的利息率 r，由 MR = MC 可以得到消费均衡时的欧拉方程是：

$$\frac{\dot{E}}{E} = r - \rho, \text{其中 } \dot{E} = \frac{dE}{dt}, \frac{\dot{E}}{E} = \frac{dE}{Edt} = \frac{d\ln E}{dt}$$

第三节　长期均衡分析

由于本模型纳入了可供投入生产的区域要素禀赋差异，因此，生产要素使用数量的变化和使用效率的差异都可以改变区域要素禀赋状况，并影响资本创造成本。长期均衡就是在区域间要素禀赋差异基础上，保持区域间资本空间结构的长期稳定状态。

一 长期空间均衡条件

由于经济系统总是在不断地创造资本，要使得资本空间分布保持不变，要么是两个区域的资本创造速度达到一致，实现内部均衡，要么是所有资本都集中到一个区域，形成核心边缘均衡结构。资本价值和资本创造成本决定了经济增长速度，当资本价值高于资本创造成本时，资本创造速度增加，经济增长动力强劲，当资本价值低于资本创造成本时，不再存在资本创造，经济增长动力缺失。因此，托宾 q 理论能够很好地作为判断长期均衡的条件，可以用公式表示为：

$$q = \frac{v}{F} = 1, q^* = \frac{v^*}{F^*} = 1, 1 < sk < 1$$

$$q = 1, q^* < 1, sk = 1$$

其中 v 表示单位资本价值，F 表示创造单位资本的成本，q 表示单位资本价值与其创造成本的比值。

长期均衡下，资本增长速度 g 和产业空间分布 sn 达到均衡，由 (9.7) 式已经知道整个经济系统的总支出是 $E^w = L^w + bE^w - (g + \delta)(Ka_1 + K^* a_1^*)$。当经济系统达到稳态时，$E^w$ 保持不变，资本总收益 $\pi sk K^w + \pi^* (1 - sk) K^w = bE^w$ 也是一个定值，经济系统以 g 的速度增加，并体现为产品种类增多。另外，单位产品收益也以 g 的速度下降，即 $\pi(t) = \pi e^{-gt}$，$\pi^*(t) = \pi^* e^{-gt}$，考虑资本折旧和未来收益的折现后，最终可以得到单位资本的当期价值为：

$$v = \int_0^\infty e^{-\rho t} e^{-\delta t} \pi e^{-gt} dt = \frac{\pi}{\rho + \delta + g} \tag{9.8}$$

同理可以得到 $v^* = \frac{\pi^*}{\rho + \delta + g}$。

二 长期均衡中要素禀赋差异下的均衡区位分析

为了能够更直观地展现存在区域要素禀赋差异及变化下，各区域产业聚集的过程及经济增长状况，可以借助动态图形来说明。

新经济地理模型中的 nn 线描述长期均衡下资本分布 sk 和支出比例 se 之间的函数关系。它表达的是支出比例 se 如何影响资本空间分布 sk 的问题。EE 线根据支出份额 se 的定义进行推导，同时也需要满足长期均衡条件。它表达的是资本空间分布 sk 如何影响 se 的问题。

（一） nn 线和 EE 线的确定

nn 线是指当南北两个区域达到内部均衡时，资本增长率相同，且 $q = q^*$。推导过程如下：

$$q = q^* = 1 \rightarrow \frac{\pi A K^w}{\rho + \delta + g} = \frac{\pi^* A^* K^w}{\rho + \delta + g} \rightarrow A\left(\frac{se}{\Delta} + \varphi\frac{1-se}{\Delta^*}\right) = A^*\left(\varphi\frac{se}{\Delta} + \frac{1-se}{\Delta^*}\right)$$

由此可以得到 nn 线为：

$$se = \frac{1}{2} + \frac{1}{2}\frac{(1-\varphi)^2 sk(\bar{e}^* rk^* + \bar{e}rk) - \bar{e}rk(1+\varphi^2) + 2\varphi\,\bar{e}^* rk^*}{(1-\varphi^2)[(1-sk)\bar{e}rk + sk\bar{e}^* rk^*]} \tag{9.9}$$

EE 线是根据支出份额定义得到的，主要推导过程如下：

长期均衡时，$v = F \rightarrow \pi = (\rho + \delta + g)F$，北部资本收益是 $\pi K = (\rho + \delta + g)FK$，北部总支出是 $E = L + (\rho + \delta + g)FK - (\delta + g)FK = L^w/2 + \rho sk/A$，同理可以得到南部总支出 $E^* = L^w/2 + \rho(1-sk)/A^*$，两者相加即可得到整个经济系统的总支出 $E^w = E + E^* = L^w + \rho(sk/A + (1-sk)/A^*)$。所以：

$$se = \frac{E}{E^w} = \frac{L^w/2 + \rho sk/A}{L^w + \rho[sk/A + (1-sk)/A^*]}$$

$$= \frac{1}{2} + \frac{\rho[sk\,\bar{e}^* rk^* - (1-sk)\bar{e}rk]}{2(\bar{e}rk)(\bar{e}^* rk^*)L^w + 2\rho[\bar{e}^* rk^* sk + \bar{e}rk(1-sk)]} \tag{9.10}$$

（二） 模型的剪刀图解

上文已经得到 nn 线和 EE 线的表达式，由于两个表达式都非常复杂，难以看清函数具体形式以及参数变化时函数的变化趋势，因此这里通过绘制不同参数下两个曲线的变化来分析贸易自由度变化以及区域间要素禀赋从相同到出现差异时的均衡变化状况。这里代表区域间要素禀赋状况的参数分别是 $A = \bar{e}rk$ 和 $A^* = \bar{e}^* rk^*$。可以看出，要素禀赋状况可以从要素禀赋数量和利用效率两个层面进行衡量，并且两者之间是互补的，所以这里的要素禀赋优化可以被分为数量增进型和效率增进型。当已经使用的生产要素数量很多而利用效率较低时，即对于 A 来说 rk 较高而 $\bar{e}$ 较低，则同样比例使用效率的提升对资本创造成本降低的影响更为显著，反之，则是充分开发生产要素数量对资本创造成本降低的影响更为显著。在这一前提下，由于两者是对称的，所以在考察要素禀赋变化时只考虑要素禀赋数量变化这一种情况，效率层面的要素禀赋变化也可得出同样结论。

1. 贸易自由度 φ 对产业聚集的作用图解

与所有新经济地理模型一样，这里首先考察贸易自由度对产业聚集的影响。此时，假设区域之间不存在要素禀赋差异，对贸易自由度较小（$\varphi = 0.15$）和较大（$\varphi = 0.85$）时的 nn 线和 EE 线进行模拟，模拟结果如图 9-1 所示。模拟参数设置为 $L^w = 1$，$\rho = 0.1$，$\bar{e} = \bar{e}^* = 3$，$rk = rk^* = 0.25$。由于 EE 线与贸易自由度无关，因此，EE 线的斜率始终为正，并且保持不变。nn 线随着贸易自由度增加，围绕内部均衡点（1/2，1/2）逆时针转动。由于 nn 线上任何一点都满足 $q = q^* = 1$，nn 线右下方的点与同水平方向上的 sk 相比，支出水平 se 更大，经营利润也更大，所以北部创造的资本增加。相反，nn 线左上方的点与同水平方向上的 sk 相比，支出水平 se 较小，经营利润也

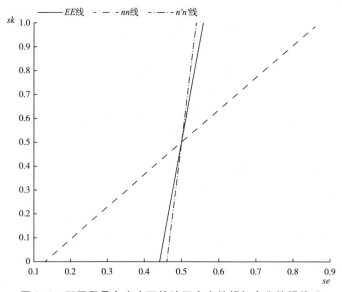

图 9-1 不同贸易自由度下的地区支出份额与产业份额关系

较小，因此南部创造的资本增加。最终可以得到，当贸易自由度较小时（即图中的 nn 线和 EE 线），内部均衡是稳定的；当贸易自由度变大后（即图中的 n'n' 线和 EE 线），核心边缘结构是稳定的，所有产业都聚集到一个区域。这与所有新经济地理学模型是一致的。

2. 要素禀赋变化影响产业聚集的作用图解

此时的参数设置为 $\varphi = 0.15$，$L^w = 1$，$\rho = 0.1$，$\bar{e} = \bar{e}^* = 3$，$rk = rk^* = 0.25$，当北部出现新增要素实现要素禀赋优化时取 $rk = 0.35$，模拟结果如图 9-2 所示。南北部要素禀赋相同时的模拟结果为图中的 nn 线和 EE 线；北部要素禀赋优化后的模拟结果为图中的 n'n' 线和 E'E' 线。可以看出，要素禀赋变化对 nn 线和 EE 线都会产生影响，但是，由于 EE 线的斜率总是大于 nn 线，即 EE 线决定的支出份额比均衡水平偏低，无法获取更多经营利润，所以，内部均衡总是稳定的。但是在内部均衡时，要素禀赋优化区域的产业份额也是增加的，而且，随着新要素不断出现，内部均衡会转变为核心边缘结构，即新要素增加有利于产业向要素禀赋优化的区域聚集，推动产业优化升级。

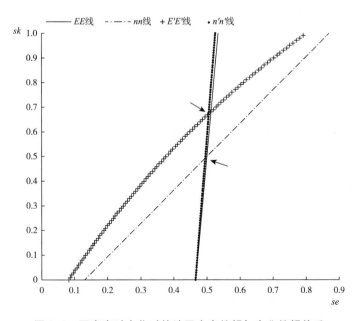

图 9-2　要素禀赋变化时的地区支出份额与产业份额关系

根据上述对不同贸易自由度和要素禀赋变化下的模拟结果可以得到以下推论：

推论9.1：贸易自由度的提高会促进产业聚集，实现产业优化升级，并推动经济增长。

推论9.2：要素禀赋优化可以分为数量增进型和效率增进型，无论哪种类型的优化都会促进符合要素禀赋条件的产业份额增加，增强地区的产业聚集程度。

第四节 长期均衡下区域经济增长的模拟分析

一 长期均衡经济增长率的确定

不同内部均衡下，资本空间分布不同，从而会导致不同区域的资本收益存在差异。同时，区域间生产要素使用差异还会导致资本创造成本也存在空间差异。在长期均衡下，不同区域必须满足资本价值与其创造成本相等的条件，即 $q = q^* = 1$。结合 $v = \dfrac{\pi}{\rho + \delta + g}$、$F = \dfrac{1}{AK^w}$ 和均衡时的经营利润 $\pi = bB\dfrac{E^w}{K^w}$，最终可以得到内部均衡下的长期经济增长率：

$$g = \frac{bBAL^w - bBA\delta\left(\dfrac{sk}{A} + \dfrac{1 - sk}{A^*}\right) - (1 - b)(\rho + \delta)}{1 - b + bBA\left(\dfrac{sk}{A} + \dfrac{1 - sk}{A^*}\right)} \tag{9.11}$$

当两个区域的要素禀赋不存在差异时，资本创造成本相同，内部均衡在 $sk = \dfrac{1}{2}$ 处，并且 $se = \dfrac{1}{2}$，$B = 1$。当一个区域的要素禀赋发生变化时，两个区域之间的资本创造成本出现差异，根据 EE 线和 nn 线得到的均衡区位将发生变化，此时的均衡支出也会受均衡区位的影响而发生变化，从而导致长期均衡经济增长率也发生变化。因此，要素禀赋发生变化且不再相等时的情况较为复杂，后面将对此进行数值模拟。

二 实际收入的长期增长

长期均衡下，资本增长率与其空间分布无关，即要素禀赋优化区域的长期增长率和未优化区域的长期增长率相同，但是，要素禀赋不同区域的收入水平却并不相同。在上述概念中，经济系统的总支出（总收入）E^w是指购买力层面的居民可支配收入，它等于劳动力收入加上资本收益然后再扣除资本折旧和维持资本按一定增长率上升所需要的资本投入。而GDP除了包含经济系统的总支出（总收入）外，还包含投资。对于北部和南部区域来说，可以用（9.12）式分别表示这两个指标：

$$E = slL^w + skbBE^w - (g+\delta)Ka_1$$

$$GDP = E + Investment = slL^w + skbBE^w + (g+\delta)Ka_1 = slL^w + skbBE^w$$

$$E^* = (1-sl)L^w + (1-sk)b\ B^*E^w - (g+\delta)K^*a_1^*$$

$$GDP^* = E^* + Investment^* = sl^*L^w + sk^*bBE^w + (g+\delta)K^*a_1^* = sl^*L^w + sk^*b\ B^*E^w$$

$$(9.12)$$

南北区域相应指标加总之后，即可得到整个经济系统的总支出和总GDP。可以看出，由于资本创造成本受区域要素禀赋的影响，因此区域总支出和GDP的变化也受到要素禀赋的影响而非一个固定值。但是，这只是两个区域的名义总支出和名义总GDP。因为一种工业品的生产需要一单位资本投入，所以随着资本存量增加，产品种类也和资本存量增加的速度一致，这会导致区域价格指数的降低，从而提高居民实际收入水平和实际GDP，也就是说，这里对两个区域算出的名义指标必须除以当地价格指数之后才是相应指标的实际值，只有实际支出和实际GDP才能代表区域最终的实际经济增长和福利水平。

由于 $g = \dot{K}^w/K^w \rightarrow K^w(t) = K^w(0)e^{gt} \rightarrow n^w(t) = n^w(0)e^{gt}$，而且长期均衡时，$g = \dot{K}^w/K^w = \dot{K}/K = \dot{K}^*/K^*$，因此，北部和南部的工业品价格指数分别是：

$$G = \left[\int_0^{n^w} p^{1-\sigma}di\right]^{1/(1-\sigma)} = (np^{1-\sigma} + n^*\varphi p^{1-\sigma})^{1/(1-\sigma)}$$

$$= [sn + \varphi(1-sn)]^{1/(1-\sigma)}(n^w)^{1/(1-\sigma)} \text{ 和}$$

$$G^* = \left[\int_0^{n^w} p^{1-\sigma}di\right]^{1/(1-\sigma)} = (n^*p^{1-\sigma} + n\varphi p^{1-\sigma})^{1/(1-\sigma)}$$

$$= [\varphi sn + (1-sn)]^{1/(1-\sigma)}(n^w)^{1/(1-\sigma)} \tag{9.13}$$

从而可以得到北部和南部地区的实际 GDP 分别是：

$$RGDP = GDP/G = (slL^w + skbBE^w)/\{[sn + \varphi(1-sn)]^{1/(1-\sigma)}(n^w)^{1/(1-\sigma)}\}$$ 和

$$RGDP^* = GDP^*/G^* = sl^*L^w + sk^*bB^*E^w/\{[\varphi sn + (1-sn)]^{1/(1-\sigma)}(n^w)^{1/(1-\sigma)}\}$$

可以看出，由于 $\sigma > 1$，因此，两个区域的工业品价格指数都随工业品类型的增加而降低。另外，由于要素禀赋变化会影响资本空间分布，所以区域价格指数除了受产品种类影响外，还受到均衡时本地资本份额大小的影响。对于北部区域来说，由于产品种类变化导致的价格指数变化满足 $G(t) = G(0)e^{gt/(1-\sigma)}$，从而产品种类增加导致实际收入会按照 $[G(t)/G(0)]^{-\mu} = e^{-\mu gt/(1-\sigma)}$ 中 $\mu gt/(\sigma-1)$ 的速度上升。可以发现，对于产品种类增加给实际收入带来的影响，北部和南部区域是相同的，这可以称为经济增长带来的动态收益。但由于要素禀赋变化会导致均衡区位发生变化，这会给产业份额增加的区域带来静态收益，而给产业份额降低的区域带来静态损失。对于要素禀赋优化的区域来说，动态收益和静态收益都是正的，因此，实际 GDP 必然上升。对于要素禀赋相对弱化区域来说，综合福利的影响取决于静态损失和动态收益的比较。

三　要素禀赋变化与经济增长的模拟分析

上述分析已经提到，当区域之间要素禀赋出现差异时，要素禀赋、产业聚集和长期均衡经济增长率之间的关系由（9.6）式、（9.9）式、（9.10）式和（9.11）式共同决定。这种反馈机制使得模型无法求出反映经济增长与产业聚集、要素禀赋变化之间关系的显性动态表达式。为进一步了解要素禀赋、产业聚集和长期经济增长之间的关系，下文将对（9.11）式的长期经济增长率与各因素之间的关系进行数值模拟。为了使分析更加全面，相应地还对代表实际经济增长水平的实际 GDP 也进行了模拟，实际 GDP 的表达式由（9.12）式和（9.13）式共同组成。

（一）要素禀赋优化与长期经济增长

首先从内部均衡是对称分布开始分析。北部要素禀赋优化使得本地资本创造成本降低，从而对长期经济增长产生影响。参数设置①为 $\mu = 0.4$，$\sigma = 3$，$L^W = 1$，$\rho = 0.1$，$\delta = 0.05$，$\varphi = 0.5$，$\bar{e} = \bar{e}^* = 3$，$rk^* = 0.4$，模拟结果如图 9-3、图 9-4 所示。图 9-5 是对南北区域的实际 GDP 比值进行的模拟，代表区域之间的福利差距。可以看出，要素禀赋优化程度与长期经济增长率之间呈现"U 形右侧递增"特征，即要素禀赋数量增加或效率增进都有助于通过促进产业优化，提高长期经济增长率。要素禀赋优化的北部区域的实际 GDP 呈现"U 形右侧递增"特征，而要素禀赋相对弱化的南部区域的实际 GDP 则呈现出"U 形"特征。对于北部来说，要素禀赋优化导致的长期经济增长率提升和产业聚集必然会导致本地实际 GDP 增加，成为经济增长的"增长极"。对于南部来说，北部要素禀赋的优化虽然会出现提高长期经济增长率的动态收益，但却会使南部失去产业，产生静态损失。因此，对南部地区来说，北部要素禀赋优化的影响取决于这两种力量的权衡，而这种权衡又受到贸易自由度的影响。这里先分析当贸易自由度 $\varphi = 0.5$ 时的情况。此时，在北部要素禀赋发生优化的初始阶段，静态损失对实际 GDP 的影响更大，因此南部的实际 GDP 在初始阶段呈现出递减态势，但随着北部区域资本创造成本的降低，产品种类越来越多，由此产生的动态收益会越来越大，从而使南部的实际 GDP 开始上升。尽管如此，通过对图 9-4 中两个区域的实际 GDP 对比可以看出，两个区域的实际 GDP 差距非常大，从图 9-5 对两个区域实际 GDP 比值（rgdpr）的模拟也可以看出，如果南部只依靠北部要素禀赋优化给本地带来福利溢出的话，区域之间的实际 GDP 差异将会越来越大，也就是说在南部要素禀赋不跟随北部发生优化的前提下，北部"增长极"产生的福利溢出并不能改变南部"塌陷区"的区域特征，即存在"区位锁定"效应。

　　另外，为看出贸易自由度在动态收益和静态损失权衡中发挥的作用，下文对 $\varphi = 0.4$ 和 0.6 时也进行模拟，并和 $\varphi = 0.5$ 时的结果放到一起进行对比，模拟结果如图 9-6、图 9-7 和图 9-8 所示。可以看出，当 $\varphi = 0.6$ 时，稳态的长期经济增长率增加。两地区的实际 GDP 出现了分化，对于

---

① 在以下模拟中，除非特别指出或者要研究某个指标变化的影响需要更改参数值外，其他情况的参数设置均与此相同。

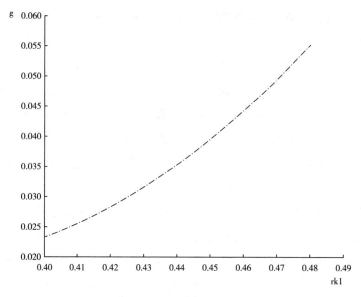

图 9-3　要素禀赋优化与长期经济增长率的关系

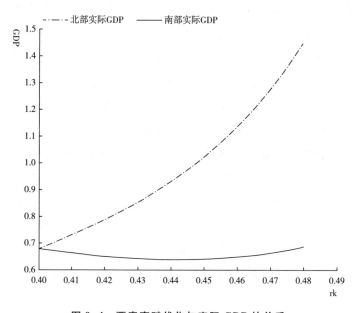

图 9-4　要素禀赋优化与实际 GDP 的关系

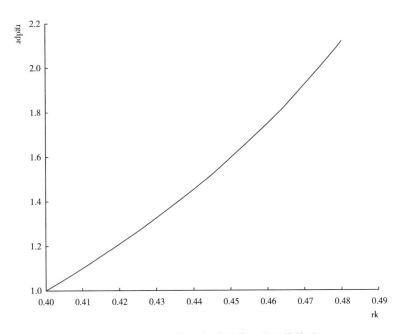

图 9-5 要素禀赋优化与地区收入差距的关系

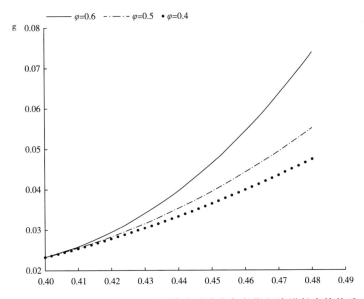

图 9-6 不同贸易自由度下的要素禀赋优化与长期经济增长率的关系

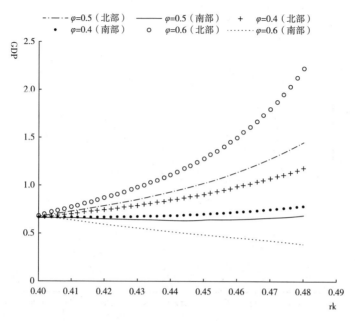

图 9-7　不同贸易自由度下的要素禀赋优化与实际 GDP 的关系

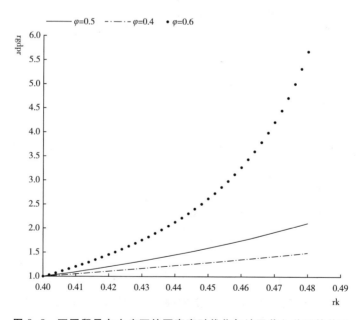

图 9-8　不同贸易自由度下的要素禀赋优化与地区收入差距的关系

北部要素禀赋优化地区来说，贸易自由度的提高会增加地区实际 GDP，而对于南部要素禀赋弱化地区来说，贸易自由度提高会促使北部产业的收益更大，进而使更多产业向北部转移，增加南部的静态损失，南部实际 GDP 呈现下降趋势，两地区的实际 GDP 差距也会更大。当 $\varphi = 0.4$ 时，稳态长期经济增长率下降，北部地区实际 GDP 虽然也呈现增加态势，但增长幅度较低。此时可以看出，南部地区实际 GDP 也呈现上升趋势，因为对南部来说，贸易自由度降低可以使自己的动态收益在初始阶段就高于静态损失，从而增加实际 GDP。因此，对要素禀赋相对弱化的南部地区来说，实施一定程度的贸易保护是明智之举，除非北部能够给南部一定的经济补偿。从图形中其实可以看出，贸易自由度增加给北部带来的实际 GDP 增加量要多于由此所造成的南部实际 GDP 减少量，所以，如果从整个经济系统最优角度看，最佳策略是增加贸易自由度的同时，北部要给南部相当程度的经济补偿。由此可以得出以下推论。

推论 9.3：要素禀赋优化能够提高长期经济增长率，也能够促进要素禀赋优化区域实际福利水平的提高。

推论 9.4：要素禀赋优化区域为要素禀赋相对弱化区域带来的实际福利水平取决于贸易自由度的大小：（1）贸易自由度越大，要素禀赋优化地区对弱化地区的产业剥夺越严重，区域差距越大，因此，南部应当实施一定的贸易保护政策；（2）从整个经济系统最优角度考虑，最佳选择应当是增加贸易自由度的同时，北部给南部支付一定规模的经济补偿。

（二）产业聚集与长期经济增长

由于要素禀赋优化会使内部均衡时资本的空间分布不再对称，即出现产业的聚集和优化升级，换句话说，要素禀赋优化与均衡的产业聚集度之间是一一对应关系，从而共同决定了长期均衡经济增长率。为了体现不同要素禀赋下，产业聚集和经济增长之间更加细微的关系，下文分别对北部要素禀赋没有优化时，与要素禀赋不相匹配的产业聚集，或者说是不存在效率提升的产业规模扩大与长期经济增长之间的关系和要素禀赋优化时，与要素禀赋相匹配的产业优化升级与长期经济增长之间的关系进行模拟，主要参数设置与之前相同。

1. 要素禀赋不变时，产业聚集与长期经济增长之间的关系

从图9-9可以看出，当要素禀赋不变时，对于北部来说，聚集和长期经济增长率之间的关系受到贸易自由度的影响：当贸易自由度较高时（$\varphi = 0.9$）呈现"倒 U 形"特征，当贸易自由度较低时（$\varphi = 0.5$）则呈现"U 形"特征。在进一步解释之前，需要明确的是，如果依靠模型内部的调节机制，要素禀赋不变条件下，依靠贸易自由度变化所产生的产业聚集和大部分新经济地理模型一样是"突发性"聚集，并不会出现像这里所模拟的聚集渐变过程，这里分析的只是如果出现一个外生聚集扰动将会产生的影响。

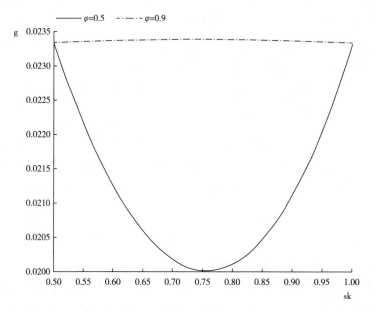

图 9-9　要素禀赋不变时产业聚集与长期经济增长率的关系（要素禀赋对称）

模型中长期经济增长的源泉有三个方面：一是要素禀赋优化使北部资本创造成本降低；二是产业聚集规模增加带来总支出增加所引致的市场规模效应；三是产业聚集带来的价格指数效应。当要素禀赋不变时，第一种收益并不存在，只有第二种和第三种类型的产业聚集收益，而聚集收益高低取决于贸易自由度的大小。当贸易自由度较低时，北部产业聚集规模增加给南部造成的影响较小，聚集规模较小在北部所产生的收益增加低于聚

集成本的增加程度，而只有在产业聚集规模较大时，聚集收益增加才大于
聚集成本的增加程度，因此，在贸易自由度较低时，产业聚集和长期经济
增长率之间呈现"U形"特征。注意，此时的状况类似于罗森斯坦-罗丹
的"大推进"理论，因为贸易自由度较低使投资难以产生更大收益，所
以需要大规模产业聚集，这才能产生足够大的市场规模来使聚集收益增加
的程度超过聚集成本增加的程度。当贸易自由度较高时，北部产业聚集规
模增加给南部带来的影响较大，从而使北部企业能获取更多的经营收益，
因此，在北部较小的产业聚集规模就可以带来较大聚集收益，但随着聚集
规模增加，由于整个市场规模有限，拥挤成本会随着产业聚集规模增加而
高于聚集收益的增加程度，从而使产业聚集和长期经济增长率之间呈现
"倒U形"特征。由于图9-9模拟的是两地区要素禀赋状况相同时的变化
趋势，因此，对称均衡和核心边缘均衡时的长期经济增长率都是相同的，
如果两个地区的要素禀赋状况不同，则核心边缘均衡时的长期经济增长率
会高于对称均衡时的长期经济增长率，但之间的变化趋势不会改变，模拟
结果如图9-10所示。

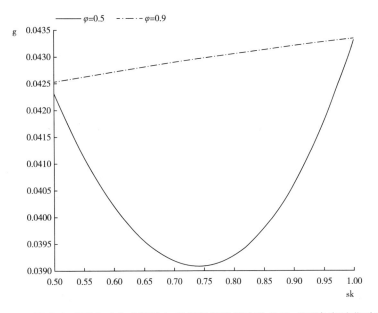

图9-10　要素禀赋不变时产业聚集与长期经济增长率的关系（要素禀赋非对称）

图 9-11 对要素禀赋对称下的产业聚集和实际 GDP 的关系进行了模拟。可以看出，对于产业聚集的北部区域来说，实际 GDP 和产业聚集度的关系是单调上升的，而对于产业转出的南部区域来说，实际 GDP 呈现单调下降趋势，因为产业转出所带来的静态损失必然较大，但无论对哪个地区来说，如果产业转移是无法避免的，贸易自由度增加会对两个区域福利提升都有益处。由此可以得出以下推论。

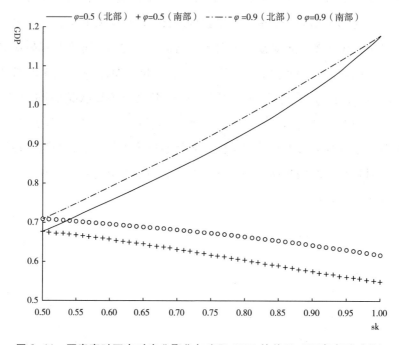

图 9-11　要素禀赋不变时产业聚集与实际 GDP 的关系（要素禀赋对称）

推论 9.5：当要素禀赋不变时，贸易自由度会影响产业聚集和长期经济增长率之间的关系：（1）当贸易自由度较大时，产业聚集和长期经济增长率之间呈现"倒 U 形"关系；（2）当贸易自由度较小时，产业聚集和长期经济增长率之间呈现"U 形"关系。

推论 9.6：产业聚集对地区实际福利的提升是有利的，如果产业聚集不可避免，那么增加贸易自由度无论对要素禀赋较好的地区还是对较差的地区来说都是最佳选择。

2. 要素禀赋优化时，产业聚集与长期经济增长之间的关系

以下分析北部要素禀赋优化下，要素禀赋和产业聚集相匹配时，产业聚集与长期经济增长之间的关系。注意，这里模拟的是 $\varphi = 0.5$ 时的情况，贸易自由度变化对两者关系产生的影响在上一部分已有分析，不再赘述，此处主要对要素禀赋发挥的作用进行对比分析。图 9-12 是北部要素禀赋优化下，要素禀赋和产业聚集相匹配时，产业聚集与长期经济增长率之间的关系，图 9-13 是相应条件下，产业聚集与北部和南部区域实际 GDP 之间的关系。此时，对于要素禀赋优化的北部区域来说，之前提到的模型中三个经济增长源都将发挥作用，这种情况下，不仅聚集收益更大，聚集收益增加的速度也远大于聚集成本增加的速度，从而导致产业聚集和长期经济增长率之间呈 "U 形右侧上升" 的趋势，即产业聚集和长期经济增长率之间呈单调递增关系，且聚集程度越高，长期经济增长率增加得越快。从图 9-13 可以看出，北部实际 GDP 也呈现 "U 形右侧上升" 的趋势。但是，对于失去产业的南部区域来说，在当前贸易自由度下，只有产业聚集在北部区域实现的经济增长达到一定程度，北部增长对南部的溢出效应大于南部产业转移产生的静态损失后，南部实际 GDP 才会出现上升。即对于失去产业的南部区域来说，北部要素禀赋优化推动的产业聚集和南部实际 GDP 之间的关系呈现 "U 形" 特征。当然，之前已经分析了贸易自由度的作用。另外还需注意的是，由于模型中要素禀赋优化会内生地导致产业聚集从而促进经济增长，也就是要素禀赋优化和产业聚集是一一对应关系，因此，这里的图 9-12、图 9-13 和图 9-3、图 9-4 在本质上有很大相似之处，只是分析经济增长的角度不同而已。

为了看出要素禀赋的作用差异，把要素禀赋未优化和优化下的产业聚集与经济增长放到一个图中进行对比分析。由于之前提到贸易自由度变化对产业聚集和经济增长之间的关系也有影响，因此还模拟了 $\varphi = 0.9$ 时的状况，如图 9-14 和图 9-15 所示。从图中可以很明显地看出，要素禀赋优化不仅可以显著提高长期经济增长率，对两个区域的实际 GDP 也有非常显著的影响，即使提高贸易自由度，它对产业聚集和经济增长的促进作用到了聚集后期也不及要素禀赋优化所起的作用。可以说，要素禀赋优化与否对产业聚集在长期经济增长中的作用是个质的突破，这也体现了第三

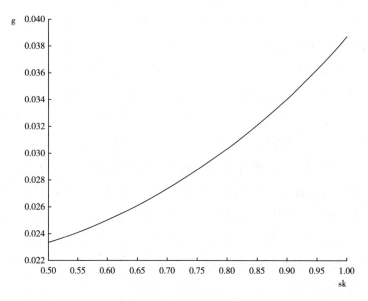

图 9-12　要素禀赋优化时产业聚集与长期经济增长率的关系

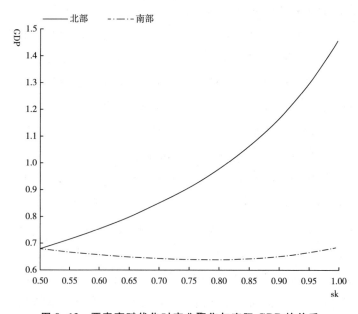

图 9-13　要素禀赋优化时产业聚集与实际 GDP 的关系

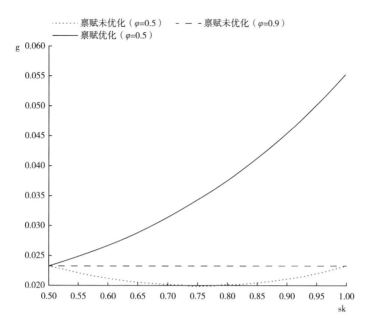

图 9-14　不同要素禀赋下产业聚集与长期经济增长率的关系对比

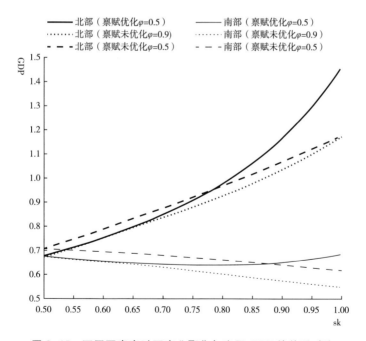

图 9-15　不同要素禀赋下产业聚集与实际 GDP 的关系对比

章图3-2区域经济发展循环理论中提出的高级循环的本质。由此可以得出以下推论。

推论9.7：要素禀赋优化能够显著提高产业聚集对经济增长的促进作用，这不仅对要素禀赋相对弱化地区如此，对要素禀赋优化地区更是如此。同时，随着要素禀赋优化程度的增强，产业聚集将对经济增长产生更大的推动力。

根据推论9.6和推论9.7可知，产业聚集是经济增长的根本动力，但这种动力大小受到要素禀赋的重要影响，因此，经济发展在重视产业聚集的同时，必须更加重视对区域要素禀赋的改善，这包括对新要素的开发利用和原有要素使用效率的提高。由此可以得出关于经济增长动力转换的关键推论如下。

推论9.8：在经济发展中，从单纯重视产业聚集到重视区域内要素禀赋优化的转变将成为经济增长动力转换的关键所在。

（三）需求多样化与长期经济增长

模型中 σ 代表消费者在不同工业品之间的替代弹性。σ 越小说明不同工业品在消费者效用函数中的替代弹性越小，也就是说，消费者更偏好多样化需求。随着社会经济发展，消费者需求不再像往常一样较为固定和单一，多样化程度和可变性日益增强。因此，为了体现需求多样化与长期经济增长之间的关系，这里对消费者需求多样化程度 σ、长期经济增长率和实际GDP之间的关系进行模拟。由于对北部和南部区域来说，各自地区的需求多样性对本区域的作用是相同的，因此只需要对北部区域进行模拟，模拟结果如图9-16和图9-17所示。可以看出，需求多样化程度和长期经济增长率、实际GDP之间的关系都呈现"U形右侧递增"的变化趋势，由此可以得出以下推论。

推论9.9：需求多样化程度的提高可以有效促进地区的长期经济增长。

（四）工业品支出与长期经济增长

图9-18和图9-19分别模拟了工业品支出比例 μ 对长期经济增长率和实际GDP的影响。可以看出，长期经济增长率、实际GDP和工业品支出之间的关系都是单调递增的，由此可以得出以下推论。

推论9.10：工业品支出比例的增加能够有效推动地区长期经济增长。

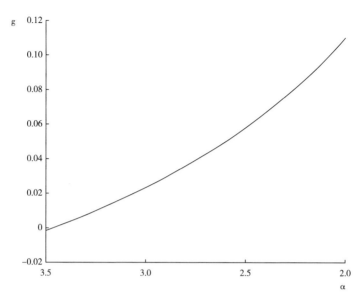

图 9-16　需求多样化与长期经济增长率的关系

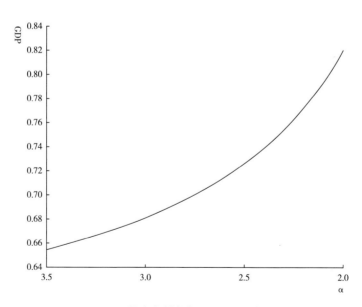

图 9-17　需求多样化与实际 GDP 的关系

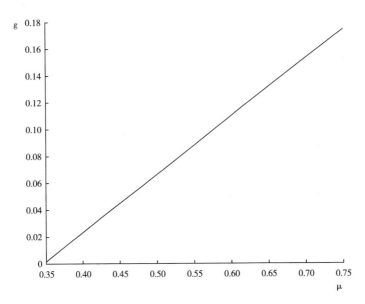

图 9-18　工业品支出与长期经济增长率的关系

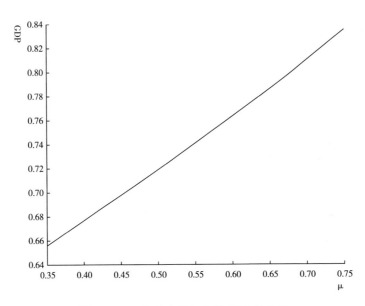

图 9-19　工业品支出与实际 GDP 的关系

第五节　本章小结

本章在新经济地理学全域溢出（GS）模型基础上，借鉴局部溢出（LS）模型中纳入资本创造成本差异的方法，引入区域之间能用于生产的要素禀赋差异，建立了一个研究要素禀赋变化、产业聚集和经济增长的理论框架。在分析了模型的短期均衡和长期均衡之后，对要素禀赋、产业聚集和经济增长之间的关系进行了数值模拟，另外还对需求多样化、工业品支出和经济增长之间的关系也进行了模拟分析。根据这些研究，本章共得到 10 个推论，可以归纳为以下几点。

首先，要素禀赋优化能够促进产业聚集，虽然在较小的贸易自由度下，内部均衡是稳定的，但是，即使在内部均衡下，要素禀赋优化地区的产业份额明显增加，促进了产业聚集，同时，随着要素禀赋持续优化，区域间要素禀赋差距不断扩大，所有产业最终将完全聚集到要素禀赋较好的区域，并使核心边缘结构成为稳定均衡。

其次，产业聚集能够有效促进经济增长，而要素禀赋优化将会极大地提高产业聚集对经济增长的促进作用。当要素禀赋没有发生变化，即产业聚集并没有改变本区域的要素禀赋状况，只是体现为无效或低效的生产集中时，产业发展与本地要素禀赋并未形成良性互动，这样将无法实现要素禀赋优化带来的资本创造成本的降低，这种情况下，只存在本地市场效应和价格指数效应。此时，产业聚集和实际 GDP 之间是单调递增关系；产业集聚和长期经济增长率之间的关系因受到贸易自由度影响而呈现一定差异。虽然在要素禀赋不变条件下，只存在"突发式"聚集，同时对称均衡和非对称均衡下的长期经济增长率都相同，但毕竟经济系统并不总是处于均衡状态，产业聚集会因为贸易自由度的不同而导致经济增长动力出现不同的情况，即呈现"倒 U 形"或者是"U 形"特征。因为贸易自由度变化会影响北部聚集企业的收益状况，从而对聚集收益和聚集成本的变化趋势产生影响。相比而言，要素禀赋优化之后，要素禀赋优化所带来的收益和聚集收益的加总不仅从绝对量上大于聚集成本，从而可以实现实际 GDP 的大幅增加，收益增速也远高于聚集成本的增速，因此，就出现了要素禀赋优化下产业聚集和长期经济增长率之间的关系呈现单边指数式上升的趋势。通过对比要素禀赋优化和未优化下的产业聚集和经济增长之间的关系，可以明确发现，没有要素禀赋优化下的产业聚集对经济增长的推动作用要远远小于要素禀赋优化下的产业聚集所产生的推动作用。因此，经济增长及其动力转换必须重视要素禀赋的优化，从单纯地重视产业聚集向重视对本区域要素禀赋的优化转变。

最后，需求多样性提高会使消费者对产品之间的消费替代弹性变小，从而使生产厂家能够获取更多规模经济，而消费者对工业品支出的增加也会为生产厂商带来更多的经营利润，因此这两个因素都会促进长期经济增长。随着经济社会的不断进步，消费者需求必然体现出多样化程度的不断提升，在解决温饱问题之后，恩格尔定律所描述的消费者对农产品支出比例的大幅下降将转换为工业品支出比例的不断上升，因此，这两个方面也将成为长期经济增长的重要动力。

第十章

要素配置、产业结构优化与经济增长的门限效应研究

本章将基于要素错配视角，研究要素禀赋变化下产业结构对中国经济增长产生的影响。要素错配水平上升表明地区要素禀赋恶化，反之则代表地区要素禀赋状况有所改善。第九章的数理分析表明，要素禀赋是产业发展推动经济增长的关键变量，即要素禀赋状况可能会具有门限特征。本章将首先对中国各省级行政区的要素错配水平进行测度和比较，然后利用门限模型，检验要素禀赋在产业优化升级推动中国经济增长中的门限效应，并从中挖掘在高质量发展阶段的动力方向。

第一节　中国要素配置效率的测度与比较

本节计算中国资本和劳动力的错配指数，并据此对 1998~2018 年中国 30 个省（自治区、直辖市）（不包括西藏和港澳台地区）的要素配置效率进行时空比较。具体计算方法与第六章第三节保持一致。

一　要素配置效率的省际比较

表 10-1 报告了 2018 年中国 30 个省（自治区、直辖市）的资本和劳动力错配指数，并将各地区按照东部、中部、西部和东北进行区域划分。

由表 10-1 可知，中国各地区均存在一定程度的要素错配，且不同生产要素存在较大的地域差异。具体来看，第一，北京、上海、辽宁和黑龙江呈现资本和劳动力都不足的特征，尤其是北京和上海的资本配置

严重不足。通过测算程序发现，主要原因是北京和上海的资本产出贡献远高于全国平均水平，且京、沪两地的资本利用效率较高，而辽宁和黑龙江则是由于人才资金的严重外流所致。即要素配置不足的区域呈现两极分化趋势，北京、上海属于仍有较大集聚潜力的区域，而黑龙江和辽宁则属于要素流出过度区域。第二，河北、内蒙古、安徽、江西、河南、广西和青海呈现资本和劳动力均配置过度的特征，表明这些地区的资本和劳动力利用效率都有一定提升空间。可以看出，这些地区大都属于中、西部地区。第三，资本配置不足而劳动力配置过度的地区有山西、湖北、湖南、海南、四川、贵州、云南、陕西、甘肃、宁夏和新疆。可以看出，除了海南以外，其他都属于中、西部省份。尽管经历了西部大开发和中部崛起战略，但这些地区的资本投资仍显不足，从而导致劳动力难以实现充分就业，呈现配置过度特征。第四，资本配置过度而劳动力配置不足的地区有天津、吉林、江苏、浙江、福建、山东、广东和重庆。它们大都位于东部地区，经济发展水平总体较高，同时这些地区也大都是我国工业制造业大省，是劳动力的重点输入区域，尽管如此，这些地区仍呈现劳动力配置不足的特征。

表 10-1　2018 年各地区资本错配指数和劳动力错配指数

省（自治区、直辖市）	区域	资本错配指数	劳动力错配指数	省（自治区、直辖市）	区域	资本错配指数	劳动力错配指数
北京	东部	3.7253	0.7264	河南	中部	−0.2744	−0.3255
天津	东部	−0.4711	0.5001	湖北	中部	0.2218	−0.1158
河北	东部	−0.1352	−0.1840	湖南	中部	0.4243	−0.1229
山西	中部	0.3575	−0.0842	广东	东部	−0.1372	0.3947
内蒙古	西部	−0.5645	−0.1284	广西	西部	−0.3246	−0.3095
辽宁	东北部	0.3950	0.4829	海南	东部	0.5664	−0.1656
吉林	东北部	−0.1410	0.0373	重庆	西部	−0.5240	0.0338
黑龙江	东北部	0.4837	0.0667	四川	西部	0.0088	−0.2394
上海	东部	2.6728	0.8341	贵州	西部	0.1269	−0.3525
江苏	东部	−0.0610	0.5078	云南	西部	0.0575	−0.3221

省（自治区、 直辖市）	区域	资本错配 指数	劳动力 错配指数	省（自治区、 直辖市）	区域	资本错配 指数	劳动力 错配指数
浙江	东部	−0.4192	0.4309	陕西	西部	0.1229	−0.0281
安徽	中部	−0.3013	−0.3987	甘肃	西部	0.1302	−0.4368
福建	东部	−0.6383	0.1311	青海	西部	−0.1309	−0.1719
江西	中部	−0.2453	−0.1319	宁夏	西部	0.4716	−0.1714
山东	东部	−0.2285	0.0203	新疆	西部	0.7466	−0.0098

二　要素配置效率的时间演变

由于错配指数包括正负两种类型，在对要素错配水平进行区域比较时，如果把各省（自治区、直辖市）按所处区域直接加总，可能出现正负抵消的情况，使得加总后可能出现单个地区错配水平较高，而区域层面错配水平较低的情况，这与现实情况并不相符。为更好地对比区域层面的要素错配情况，按照白俊红和刘宇英（2018）的方法，这里将所有错配指数取绝对值，指数越大代表错配程度越高，反之，则代表错配程度有所改善。对各省（自治区、直辖市）按区域、年份平均后可以得到每个区域在相应时间段的要素错配程度。表 10-2 和表 10-3 汇总了 1998~2018 年各区域资本错配指数和劳动力错配指数的变化情况，图 10-1 和图 10-2 绘制了相应的变化趋势图。

表 10-2　1998~2018 年各区域资本错配指数变化

区域	1998~2002 年	2003~2007 年	2008~2012 年	2013~2018 年
东部地区	0.2683	0.3500	0.4778	0.7218
中部地区	0.3034	0.2532	0.3011	0.2780
西部地区	0.2233	0.2509	0.3834	0.3180
东北地区	0.4505	0.4237	0.2432	0.2055
全国	0.2764	0.3166	0.3977	0.4481

表 10-3　1998~2018 年各区域劳动力错配指数变化

区域	1998~2002 年	2003~2007 年	2008~2012 年	2013~2018 年
东部地区	0.6823	0.5837	0.6657	0.3760
中部地区	0.2874	0.2692	0.2427	0.2152
西部地区	0.3373	0.3278	0.2705	0.1960
东北地区	0.5167	0.4372	0.3662	0.2783
全国	0.4603	0.4123	0.4062	0.2681

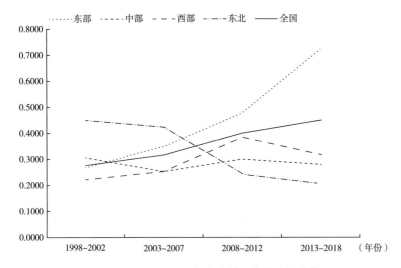

图 10-1　1998~2018 年资本错配指数变化趋势

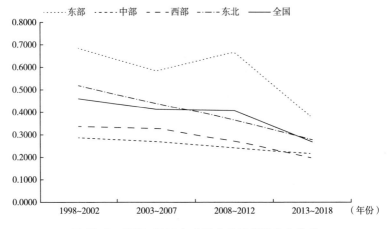

图 10-2　1998~2018 年劳动力错配指数变化趋势

关于资本错配指数，全国层面的资本错配程度在持续恶化。分区域看，东部地区资本错配指数增长迅速，远高于全国平均水平，尤其是在2008～2012 年这个阶段之后，资本错配程度加速。对于中部地区，总体上资本错配程度有所改善，尽管在 2008～2012 年有所恶化，但之后开始逐步改善；对于西部地区，资本错配程度总体呈恶化趋势，但在 2013～2018年，资本错配程度有所改善；对于东北地区，资本错配程度改善明显。

关于劳动力错配指数，全国层面的劳动力错配程度在持续改善。分区域看，中部、西部和东北地区的劳动力错配程度呈现持续改善特征，东部地区在前两个阶段呈现改善特征，在 2008～2012 年恶化，但之后又快速改善。农民工流动方面的数据也证明了中国劳动力错配程度正在不断改善。根据国家统计局发布的历年《农民工监测调查报告》，2011～2020 年的 10 年，外出农民工增速分别为 3.4%、3.0%、1.7%、1.3%、0.4%、0.3%、1.5%、0.5%、0.9%、－2.7%，本地农民工增速分别为 5.9%、5.4%、3.6%、2.8%、2.7%、3.4%、2.0%、0.9%、0.7%、－0.4%。从这组数据可以发现：一方面，外出农民工增速在持续降低，另一方面，农民工在本地打工的意愿明显增强。一般情况下，发达地区的就业机会多、工资水平高，这样才能吸引更多被错配到欠发达地区的劳动力流向发达地区就业。在改革开放之后的很长时间里，东南沿海发达地区因发展劳动密集型产业而急缺各种劳动力，尤其是普通劳动力，在这段时间里，劳动力错配程度非常高。但是，随着我国东南沿海一些劳动密集型产业向中、西部转移，中、西部欠发达地区开始快速发展，同时伴随着我国劳动力红利的消失，中、西部欠发达地区的就业机会和工资水平都持续改善，东南沿海发达地区也由于机器替代等因素，大大减少了对普通劳动力的需求，因此，劳动力外出打工意愿降低，劳动力错配程度开始改善。

综上所述，可以得出以下几点初步结论，首先，中国的资本要素配置效率过低，劳动力配置效率较高，且资本错配程度高于劳动力错配程度，这与吴武林等（2020）的研究结果相似。其次，发达地区资本配置过度，从而导致资本错配程度偏高。再次，2008 年金融危机时，中国的财政支持政策恶化了资本错配水平。最后，我国要素配置效率变化充分体现了要素丰裕度情况，即传统的人口红利弱化大大提升了劳动力的配置效率。

第二节　研究设计与变量分析

一　模型构建

为了考察要素禀赋在产业结构优化推动中国经济增长中的效应水平，参考已有研究，构建以产业结构水平为核心解释变量的基础模型，并引入固定资本投资、城市化水平、政府强度、技术进步和外资依存度 5 个控制变量，构建计量模型如下：

$$RPGDP_{it} = \beta_0 + \beta_1 IND_{it} + \beta_2 INV_{it} + \beta_3 URB_{it} + \beta_4 GOV_{it} + \beta_5 TEC_{it} + \beta_6 FDI_{it} + \lambda_i + \mu_t + \varepsilon_{it} \quad (10.1)$$

其中，t 代表时期，i 代表地区。被解释变量 $RPGDP_{it}$ 是折算到以 1998 年为基期的实际人均 GDP，代表经济增长水平。解释变量 IND_{it} 表示产业升级水平，之后将根据实际分别采用产业结构合理化（TL）、第二产业产值占比（TS2）、第三产业产值占比（TS3）代替；控制变量 INV_{it}、URB_{it}、GOV_{it}、TEC_{it}、FDI_{it} 分别代表固定资本投资、城镇化水平、政府强度、技术进步水平和外资依存；μ_t 代表时间固定效应；λ_i 代表地区固定效应；ε_{it} 代表随机扰动项。

二　变量选择及描述性统计

（一）产业结构水平

关于产业结构的研究角度包括产业结构高级化、产业结构合理化、产业结构高效化以及产业结构多元化。产业结构多元化是从形式上的表述；产业结构高效化是从绩效目标上的表述；产业结构高级化和产业结构合理化则是从演进过程的表述。毫无疑问，产业结构高级化和产业结构合理化是从中间过程角度对产业结构变化的衡量，也是研究经济发展的最常用指标，因而，本节从这两个角度构建相关变量进行研究。

对于产业结构高级化，由于研究期间包含中国工业化中期和后期两个阶段，在此期间，产业结构高级化先后经历了第二产业和第三产业分别快速上升的两个阶段。为检验要素禀赋变化对不同产业发展产生的异质性效应，故分别选用第二产业增加值占比（TS2）和第三产业增加值占比（TS3）两个结构性指标来衡量产业结构高级化水平，同时也有助于与产业结构合理化指标相结合，探寻不同产业发展与中国经济增长之间的互动关系。

对于产业结构合理化（TL），与之前保持一致，仍采用干春晖等（2011）提出的修正的泰尔指数衡量。该指标为逆向指标，在本章研究中对该指数取倒数后加入模型进行估计，故模型中该指标变为正向指标。

（二）控制变量

1. 固定资本投资。采用全社会固定资本投资衡量，并利用固定资本投资价格指数进行折算。

2. 城镇化水平。采用常住人口中城市户籍人口所占比重衡量。

3. 政府强度。采用政府一般预算支出占 GDP 的比重衡量。

4. 技术进步水平。采用万人三项专利授权数衡量。

5. 外资依存度。采用外商投资企业投资总额占地区 GDP 的比重衡量。

（三）数据来源及变量的描述性统计

所有数据均来自相应年份的《中国统计年鉴》、中经网统计数据库或相关省（自治区、直辖市）统计年鉴。2018 年固定资产投资只公布了变化率，故按照相应数据进行计算。为尽可能减少异方差问题，模型估计时对所有变量都进行对数处理。各变量的描述性统计结果见表 10-4。

表 10-4　变量的描述性统计结果

变量	英文符号	观测值	均值	标准差	极小值	极大值
实际人均 GDP	RPGDP	630	8.8990	0.4583	7.7521	10.1348
产业结构合理化	TL	630	1.5943	0.7266	0.1275	4.0806
产业结构高级化（第二产业比重）	TS2	630	-0.8210	0.2060	-1.6806	-0.5269
产业结构高级化（第三产业比重）	TS3	630	-0.8742	0.1754	-1.2622	-0.2109
固定资本投资	INV	630	8.0562	1.2517	4.6705	10.5275

变量	英文符号	观测值	均值	标准差	极小值	极大值
城镇化水平	URB	630	-0.7828	0.3540	-1.9633	-0.1097
政府强度	GOV	630	-1.7474	0.4405	-2.8688	-0.4670
技术进步水平	TEC	630	0.5224	1.4400	-2.1691	4.0489
外资依存度	FDI	630	-1.2232	0.8843	-3.0506	1.7414
资本错配指数	TAOK	630	-1.5495	1.2954	-8.6956	1.3152
劳动力错配指数	TAOL	630	-1.4457	1.1331	-10.3573	0.6065
内涵式要素错配指数	TAOALL	630	-0.5612	0.7150	-3.8811	1.4933

第三节 门限回归模型及结果分析

在之前的理论分析中，已多次从不同角度提到了要素禀赋、产业与经济增长三者之间的关系。上一章的数理研究以更加直观的方式表明，以聚集为代表的产业结构优化与地区经济增长之间并非单纯的线性关系，可能存在非线性的结构突变。要素禀赋作为关键调节变量，其优化升级会极大地增强两者之间的促进关系。如果从要素错配角度来理解这一作用机制，那就是当要素禀赋状况较差时，要素错配使得一个地区的资本密集型行业配置了过多劳动力，而劳动密集型产业配置了过多资本，这必然会抑制相应要素密集度产业的优化升级，进而难以通过产业结构高级化对经济增长产生推动效应。同时，要素错配程度恶化也会使投入不同产业的要素生产效率差异较大，基于产业间生产率偏离度所衡量的产业结构合理化程度降低，从而弱化对经济增长的促进作用。随着要素市场化水平的提升，各种要素通过不同产业在空间上合理流动，要素错配程度不断改善，这将逐步提升相应要素密集度产业的高级化水平，并产生增长效应，同时也会提高产业结构合理化水平。可以看出，要素禀赋的调节机制得以实现的条件包含两个方面：一是要素配置是基于市场机制产生的合理流动，二是要素流动要与地区产业的要素密集度相匹配。

为了更加全面地考察要素错配在产业结构优化推动经济增长的过程中

是否发挥了门限作用，这里除了采用劳动力错配指数、资本错配指数进行估计外，还参考季书涵等（2019）的方法，将劳动和资本错配指数加总，并将此界定为内涵式错配水平再次进行估计。

一　门限回归模型的简要说明与模型设定

在回归研究中，一般情况下，都需要分析估计系数值的稳定性，但是，在社会经济系统中存在很多结构突变问题。如果使用普通回归，那就需要首先明确分段点，然后将所有数据按照分段点个数，在分段点前后划分为若干组，并对这些数据进行分段回归，最终采用 Chow 检验等方法对分段函数系数之间的差异进行显著性分析。这种估计方法的最大弊端是需要首先明确分段点的位置，而在现实社会经济演变中，在完成实证研究之前很难明确分段点。Hansen 在这一领域做出了极大贡献。他在 1996 年首先提出了时间序列门限自回归模型的估计和检验，并在 1999 年提出以残差平方和最小化为条件来确定门限值，并检验门限值的显著性。这有效克服了结构突变点因主观设定带来的偏误，进而为研究社会经济中的跳跃和突变现象打开了新的空间。因此，本节将采用面板门限回归模型，以验证不同要素配置下产业结构优化同地区经济增长之间的非线性关系。

面板门限模型的实质是一个分段函数，基于 Hansen 提出的方法，需要首先确定样本区间内存在的门限个数，然后采用消除个体效应后的变量进行估计，最后基于 OLS 回归得到回归系数和方程的残差平方和去构建统计量 $F = \dfrac{SSR_0 - SSR(\hat{\gamma})}{\hat{\sigma}^2}$，并利用随机抽样，模拟相应的渐进分布和临界值，通过 LR 检验得到对应的 P 值，以检验门限效应的存在性。如 P 值小于临界值，则存在门限效应，否则，就不存在。

Hansen 的门限回归模型可表示为（10.2）式和（10.3）式：

$$y_t = \beta_1 x_t + \varepsilon_{1t} \qquad \text{if } q_t \leqslant \gamma \tag{10.2}$$

$$y_t = \beta_2 x_t + \varepsilon_{2t} \qquad \text{if } q_t > \gamma \tag{10.3}$$

式中，y_t 是被解释变量；x_t 是解释变量；ε_{it} 是随机误差；q_t 是门限变量；γ 是门限值。根据门限变量是否大于门限值把样本分为两组。当门限变量小于门限值时，估计模型为（10.1）式，否则为（10.2）式。通过构造示性函数可以把两式合并为：

$$y_{it} = \beta_0 + \beta_1 x_{it} I(q_{it} \leq \gamma) + \beta_2 x_{it} I(q_{it} > \gamma) + \delta Z_{it} + \mu_t + \lambda_i + \varepsilon_{it} \tag{10.4}$$

式中，$I(\cdot)$ 为示性函数，若满足括号里的条件，取值为 1，否则取值为 0。Z_{it} 为控制变量；β_0 为截距项；μ_t 为时间效应；λ_i 为个体效应。（10.4）式仅包含了一个门限变量，Hansen 的模型可以拓展为多个门限变量，具体思路是一样的，只是根据门限值的数量，将样本区间划分了多个范围。由于理论上要素错配的影响仅存在一个门限值，且后续检验最多也只发现了一个，故依据（10.4）式，将（10.1）式最终修订为（10.5）式：

$$RPGDP_{it} = \beta_0 + \beta_1 IND_{it} I(q_{it} \leq \gamma) + \beta_2 IND_{it} I(q_{it} > \gamma) + \beta_3 INV_{it} + \beta_4 URB_{it} +$$
$$\beta_5 GOV_{it} + \beta_6 TEC_{it} + \beta_7 FDI_{it} + \mu_t + \lambda_i + \varepsilon_{it} \tag{10.5}$$

q_{it} 分别采用资本错配指数（TAOK）、劳动力错配指数（TAOL）和内涵式错配指数（TAOALL）。

二　门限效应检验

根据理论分析，要素禀赋优化能够对产业结构升级产生的经济增长效应起到促进作用。另外，即使当前产业结构变化未能产生正向作用，要素禀赋优化也能抑制负向效应强度。

采用 Hansen 的门限效应检验方法，通过自举法计算 P 值，次数均为 500 次。表 10-5、表 10-6 和表 10-7 分别列出了以内涵式错配指数、资本错配指数和劳动力错配指数为门限值的检验结果。可以发现资本错配指数不存在门限效应，内涵式错配指数存在一个门限值，劳动力错配指数的门限效应较为复杂。图 10-3 和图 10-4 分别绘制了相应门限值的门限参数图。

表 10-5　以内涵式错配指数为门限值的检验结果

产业优化	门限效应	检验		自抽样临界值			门限值
		F 值	P 值	10%	5%	1%	
TL	单一门限	128.98	0.0040	59.8779	74.7443	103.3861	0.2009
	双重门限	26.18	0.4280	50.0427	57.6325	94.1070	0.6504
TS2	单一门限	97.20	0.0160	63.1893	74.1967	99.7094	0.2927
	双重门限	18.60	0.7180	53.1919	65.3431	86.1264	0.6504
TS3	单一门限	190.28	0.0080	59.1427	78.5608	181.5949	0.3224
	双重门限	35.04	0.2200	49.6804	61.3452	93.5907	0.2009

表 10-6　以资本错配指数为门限值的检验结果

产业优化	门限效应	检验		自抽样临界值			门限值
		F 值	P 值	10%	5%	1%	
TL	单一门限	20.72	0.5040	52.4801	64.5675	106.3373	-0.8141
TS2	单一门限	9.74	0.8820	52.8431	73.3698	105.9098	-2.0052
TS3	单一门限	9.15	0.8560	46.7594	62.2360	95.0165	0.0291

表 10-7　以劳动力错配指数为门限值的检验结果

产业优化	门限效应	检验		自抽样临界值			门限值
		F 值	P 值	10%	5%	1%	
TL	单一门限	122.08	0.0040	56.9712	72.9721	114.3995	0.2840
	双重门限	125.32	0.1360	160.1825	227.1916	302.9435	-0.3601
TS2	单一门限	131.25	0.0020	61.3198	73.5517	100.8804	0.2840
	双重门限	92.60	0.1060	115.0854	224.8557	307.1685	-0.3601
TS3	单一门限	177.88	0.0000	59.4710	76.3649	120.9772	0.2205
	双重门限	101.10	0.0080	56.5976	67.9497	100.3603	-0.3601

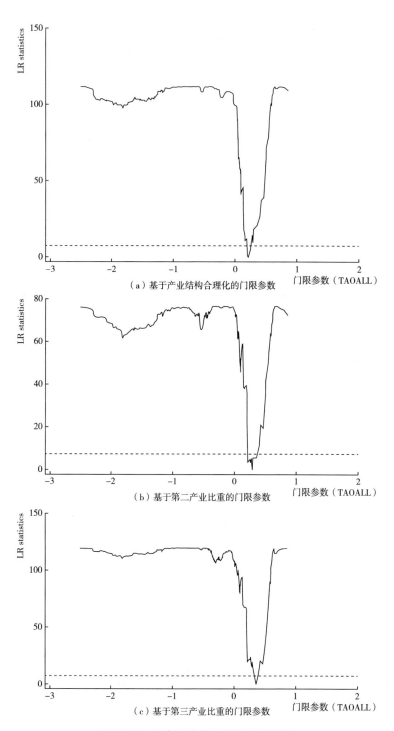

（a）基于产业结构合理化的门限参数

（b）基于第二产业比重的门限参数

（c）基于第三产业比重的门限参数

图 10-3　以内涵式错配指数为门限值

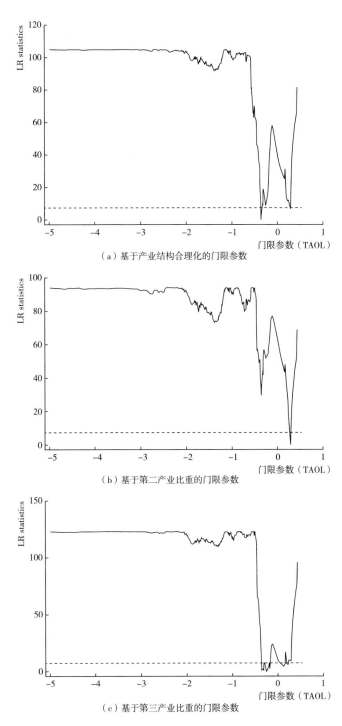

（a）基于产业结构合理化的门限参数

（b）基于第二产业比重的门限参数

（c）基于第三产业比重的门限参数

图 10-4　以劳动力错配指数为门限值

由表 10-5 可知，当以内涵式错配指数为门限值时，如果以产业结构合理化为产业结构优化的代理变量，模型在 1%水平上拒绝了不存在第一个门限的原假设，但在 10%水平上无法拒绝不存在第二个门限的原假设，门限值是 0.2009；如果以第二产业比重为产业结构优化的代理变量，模型在 5%水平上拒绝了不存在一个门限的原假设，但在 10%水平上无法拒绝不存在第二个门限的原假设，门限值是 0.2927；如果以第三产业比重为产业结构优化的代理变量，模型在 1%水平上拒绝了不存在一个门限的原假设，但在 10%水平上无法拒绝不存在第二个门限的原假设，门限值是 0.3224。

由表 10-7 可知，当以劳动力错配指数为门限值时，如果以产业结构合理化为产业结构优化的代理变量，模型在 1%水平上拒绝了不存在第一个门限的原假设，在 10%水平上无法拒绝不存在第二个门限的原假设，门限值分别是 0.2840 和-0.3601；如果以第二产业比重为产业结构优化的代理变量，模型在 1%水平上拒绝了不存在第一个门限的原假设，但在 10%水平上无法拒绝不存在第二个门限的原假设，门限值是 0.2840；如果以第三产业比重为产业结构优化的代理变量，模型在 1%水平上拒绝了不存在第一个门限的原假设，在 1%水平上拒绝了不存在第二个门限的原假设，门限值分别是 0.2205 和-0.3601。综上，尽管以劳动力错配指数为门限变量，可能存在 2 个门限值，但估计结果表明，第三产业比重上升对经济增长并未产生正向作用，要素错配的 2 个门限效应只是逐步缓解了负向效应的强度。由于理论上，要素错配程度改善只会逐步增强产业结构优化的经济增长效应，实证结果也呈现要素错配恶化只会不断增强其负面效应，故仅选用单门限模型来检验这种效应。

三 实证结果与分析

(一) 基准估计

在检验要素错配的门限效应之前，先估计不同代理变量衡量的产业结构优化所产生的经济增长效应，并以此为进一步检验要素错配改善后的门限效应做基准参考。估计策略是首先利用 Hausman 检验来判断固定效应模型和随机效应模型的选择问题。检验结果发现，当以产业结构合理化代表产业结构时，Hausman 检验值为 191.79，P 值为 0.0000；以第二产业比重代表产业结构时，Hausman 检验值为 122.20，P 值为 0.0000；以第三产业比重代表产业结构时，Hausman 检验值为 130.55，P 值为 0.0000，即应当选择固定效应模型。对于固定效应模型的估计，考虑到模型可能存在的异方差和自相关问题，这里仍借鉴 Hoechle 提出的 D-K 标准误结构对参数的 t 值进行稳健性检验，用于对估计系数的显著性推断，并采用时间地区双固定效应模型进行估计，表 10-8 列出了相关估计结果。

表 10-8　时间地区双固定效应模型估计结果

	模型（1） 产业结构合理化	模型（2） 第二产业比重	模型（3） 第三产业比重
TL	−0.1082 ***	—	—
	(0.000)	—	—
TS2	—	0.2964 ***	—
	—	(0.000)	—
TS3	—	—	−0.3064 ***
	—	—	(0.000)
GOV	−0.0057	0.0025	0.0197
	(0.936)	(0.965)	(0.749)
FDI	−0.0066	−0.0028	−0.0077
	(0.577)	(0.842)	(0.509)
INV	0.1282 ***	0.1168 ***	0.1493 ***
	(0.000)	(0.000)	(0.000)
TEC	0.0456 ***	0.0225 **	0.0232 **
	(0.000)	(0.038)	(0.032)
URB	0.1674 ***	0.1007 *	0.1410 **
	(0.004)	(0.093)	(0.042)
常数项	8.3379 ***	8.4107 ***	7.7226 ***
	(0.000)	(0.000)	(0.000)
样本量	630	630	630
Hausman	191.79	122.20	130.55
	(0.0000)	(0.0000)	(0.0000)

续表

	模型（1） 产业结构合理化	模型（2） 第二产业比重	模型（3） 第三产业比重
时间效应	控制	控制	控制
地区效应	控制	控制	控制

注：＊、＊＊和＊＊＊分别表示10％、5％和1％的显著性水平。

估计结果显示，产业结构合理化和第三产业比重的系数显著为负，第二产业比重的系数显著为正，这说明产业结构合理化与第三产业发展未对中国经济增长产生显著的正向作用，只有第二产业发展才是推动中国经济增长的结构性动力。产业结构合理化和第三产业未发挥理想效应的原因可能是由于中国生产性服务业在第三产业中的占比较低，以劳动密集型为主的生活性服务业占比较高，从而导致整体上中国第三产业的生产效率过低，出现服务业成本病。同时，因为在一段时期内，中国一些地区过快地追求经济服务化，忽视了第二产业的基础性作用，1998~2018年，中国第二产业增加值占比从1998年的44.90%升至2011年的50.54%以后，迅速降低到2018年的41.14%，第三产业增加值占比则是从1998年的37.22%持续升至2018年的51.79%。这种产业演进的结果需要从两个方面进行分析。

首先，第三产业比重持续增加，看似结构在不断优化，但第三产业生产率仍然较低，尽管从规模上替代了部分第二产业，但从生产率角度看，并未发挥应有的作用，在全国范围内，第三产业对经济增长的推动作用仍然较为有限。

其次，可以将产业结构合理化指标与经济增长进行静态和动态对比。依据计算公式，产业结构合理化指标是由各产业份额与其人均产值优势度取对数后的乘积加总所得。从静态角度分析，如果各产业人均产值越接近，说明产业发展越平衡，产业结构合理化水平就越高。为了考虑各产业比重的影响，合理化指标利用各产业产值比重进行加权，可以体现出各产业在国民经济中的重要程度。从动态角度分析，产业结构演变可能因产业政策的影响而产生不同的变化轨迹，并对经济增长产生差异化影响。如果产业结构合理化是以低人均产值产业持续提升生产效率，降低与平均生产率的差距为前提，那么产业结构不断合理化的同时必然会带来人均总产值的增加，促进经济增长。但是，如果产业结构合理化的演变是以高生产率产业份额不断下降、生产率不断下降为前提，这也会促成产业结构合理化指标值的降低，这种合理化是以人均总产值的下降为基础，将不利于经济增长。

中国产业结构合理化的演变特征有些类似于后者，即高生产率产业的相对优势在下降，但低生产率产业的相对优势却并未上升，反而呈现恶化迹象。表 10-9 列出了基于产业结构合理化指数计算的全国层面主要分项指标值。可以发现在研究期内，从产业份额上看，第一产业比重持续下降，从 17.9% 降至 7.1%；第二产业比重先升后降，从 44.9% 升至 50.5% 后又降至 41.1%；第三产业比重稳步上升，从 37.2% 升至 51.8%。从劳均 GDP 看，三大产业均不断上升，第一产业从 4330 元/人增至 2.538 万元/人，增长了 486.14%；第二产业从 2.474 万元/人增至 16.002 万元/人，增长了 546.81%；第三产业从 1.884 万元/人增至 14.141 万元/人，增长了 650.58%；总的劳均 GDP 则从 1.262 万元/人增至 11.086 万元/人，增长了 778.45%。尽管在劳均 GDP 上各产业生产率都在持续上升，但是从各产业劳均产值优势度可以发现：第一产业劳均产值优势度远小于 1，且近几年呈下降趋势；第二产业劳均产值优势度大于 1，在三个产业中优势度最高，但是从 2001 年开始一直下降，且下滑趋势较为明显；第三产业劳均产值优势度也大于 1，从 2001 年呈下滑趋势后，2011 年开始有所上升，但上升幅度较小，并不能弥补第一、二产业劳均产值优势度下滑产生的影响。综上，经济增长是绝对量的变化，产业结构合理化是相对量的变化，当前中国的产业结构合理化是由于各行业生产效率偏低，或是高生产率产业生产率增长过慢所致，因而未能对经济增长产生明显推动作用。

第二产业比重上升产生了明显的正向效应，表明制造业是中国经济稳定增长的奠基石。即要想使中国经济保持强劲动力，以制造业为主的实体经济必须起到压舱石的作用，必须在此基础上推动第三产业发展，加快产业结构的合理化，也只有这样，才能发挥出产业结构合理化的经济增长效应。

表10-9 基于产业结构合理化指数计算的全国层面主要分项指标

地区	1998年	1999年	2000年	2001年	2002年	2003年	2004年	2005年	2006年	2007年	2008年	2009年	2010年	2011年	2012年	2013年	2014年	2015年	2016年	2017年	2018年
第一产业占比（%）	17.9	16.5	15.0	14.2	13.4	12.3	12.4	11.4	10.4	10.2	10.0	9.6	9.3	9.1	9.1	8.7	8.5	8.4	8.2	7.3	7.1
第二产业占比（%）	44.9	44.7	45.1	44.7	44.8	46.5	47.7	48.9	49.8	49.7	50.2	49.3	50.3	50.5	49.6	47.7	46.8	44.4	42.8	42.0	41.1
第三产业占比（%）	37.2	38.8	39.9	41.1	41.9	41.2	39.9	39.7	39.8	40.1	39.8	41.1	40.4	40.4	41.4	43.5	44.6	47.2	49.0	50.7	51.8
第一产业劳均GDP（万元）	0.433	0.423	0.428	0.447	0.474	0.513	0.639	0.712	0.770	0.935	1.104	1.176	1.376	1.630	1.834	1.975	2.109	2.238	2.367	2.364	2.538
第二产业劳均GDP（万元）	2.474	2.711	2.998	3.306	3.613	4.024	4.716	5.578	6.163	6.992	8.186	8.440	10.089	11.408	12.234	12.576	13.213	13.282	13.895	14.879	16.002
第三产业劳均GDP（万元）	1.884	2.040	2.262	2.482	2.692	2.970	3.219	3.642	4.105	4.784	5.424	5.998	6.792	7.825	8.644	9.558	10.170	11.006	11.991	13.124	14.141
总劳均GDP（万元）	1.262	1.343	1.476	1.616	1.781	2.025	2.384	2.805	3.201	3.785	4.433	4.788	5.659	6.592	7.254	7.832	8.351	8.779	9.419	10.222	11.086
第一产业劳均产值优势度	0.343	0.315	0.290	0.277	0.266	0.253	0.268	0.254	0.241	0.247	0.249	0.246	0.243	0.247	0.253	0.252	0.253	0.255	0.251	0.231	0.229
第二产业劳均产值优势度	1.961	2.018	2.031	2.046	2.029	1.987	1.978	1.989	1.925	1.848	1.846	1.763	1.783	1.730	1.687	1.606	1.582	1.513	1.475	1.456	1.443
第三产业劳均产值优势度	1.493	1.519	1.532	1.536	1.512	1.466	1.350	1.298	1.282	1.264	1.223	1.253	1.200	1.187	1.192	1.220	1.218	1.254	1.273	1.284	1.276

对于控制变量，无论选择哪个视角的产业结构指标，固定效应模型均显示固定资本投资、技术进步水平和城镇化水平对经济增长呈现正的显著性，政府强度和外资依存度并不显著。对控制变量的进一步分析将结合门限模型估计结果，验证稳健性后再详细解释。

（二）门限模型估计

在完成门限效应检验后可以发现，当产业结构指标分别用产业结构合理化、第二产业比重和第三产业比重代替时，如果以内涵式错配指数为门限变量，单门限值分别是 0.2009、0.2927 和 0.3224，如果以劳动力错配指数为门限变量，单门限值分别是 0.2840、0.2840 和 0.2205。从而可以依据相应门限值把中国 30 个省（自治区、直辖市）分为高要素错配区域和低要素错配区域，并在这两类要素错配区域之间比较产业结构变化所形成的经济增长动力差异。

表 10-10 和表 10-11 分别列出了以两种错配指数为门限值对应不同产业结构指标的估计结果。

表 10-10　以内涵式错配指数为门限值的估计结果

	模型（4）产业结构合理化	模型（5）第二产业比重	模型（6）第三产业比重
GOV	−0.0359	−0.0246	−0.0125
	（0.189）	（0.379）	（0.652）
FID	−0.0197 **	−0.0170 *	−0.0097
	（0.032）	（0.070）	（0.291）
INV	0.1454 ***	0.1421 ***	0.1526 ***
	（0.000）	（0.000）	（0.000）
TEC	0.0490 ***	0.0283 ***	0.0253 ***
	（0.000）	（0.002）	（0.004）
URB	0.1427 ***	0.1074 ***	0.0952 ***
	（0.000）	（0.000）	（0.000）
0._cat#c.TL2	−0.1195 ***	—	—
	（0.000）	—	—

续表

	模型（4） 产业结构合理化	模型（5） 第二产业比重	模型（6） 第三产业比重
1._cat#c. TL2	−0.0394 ***	—	—
	（0.002）	—	—
0._cat#c. TS2	—	0.2931 ***	—
	—	（0.000）	—
1._cat#c. TS2	—	0.0243	—
	—	（0.570）	—
0._cat#c. TS3	—	—	−0.2482 ***
	—	—	（0.000）
1._cat#c. TS3	—	—	−0.5589 ***
	—	—	（0.000）
常数项	8.1006 ***	8.1557 ***	7.6115 ***
	（0.000）	（0.000）	（0.000）
F 检验	138.74（0.0000）	132.21（0.0000）	135.29（0.0000）
组内 R-square	0.8673	0.8617	0.8644
样本量	630	630	630

注：*、**和***分别表示10%、5%和1%的显著性水平。

表 10-11　以劳动力错配指数为门限值的估计结果

	模型（7） 产业结构合理化	模型（8） 第二产业比重	模型（9） 第三产业比重
GOV	−0.0527 *	−0.0455 *	−0.0324
	（0.056）	（0.098）	（0.235）
FID	−0.0033	−0.0001	−0.0046
	（0.720）	（0.993）	（0.613）
INV	0.1099 ***	0.0960 ***	0.1247 ***
	（0.000）	（0.000）	（0.000）
TEC	0.0442 ***	0.0256 ***	0.0228 ***
	（0.000）	（0.004）	（0.009）
URB	0.1222 ***	0.0637 ***	0.0879 ***
	（0.000）	（0.007）	（0.000）

	模型（7）产业结构合理化	模型（8）第二产业比重	模型（9）第三产业比重
0. _cat#c. TL2	− 0. 0914 ***	—	—
	（0. 000）	—	—
1. _cat#c. TL2	− 0. 0120	—	—
	（0. 400）	—	—
0. _cat#c. TS2	—	0. 2559 ***	—
	—	（0. 000）	—
1. _cat#c. TS2	—	− 0. 0587	—
	—	（0. 191）	—
0. _cat#c. TS3	—	—	− 0. 2574 ***
	—	—	（0. 000）
1. _cat#c. TS3	—	—	− 0. 5885 ***
	—	—	（0. 000）
常数项	8. 2527 ***	8. 3458 ***	7. 7310 ***
	（0. 000）	（0. 000）	（0. 000）
F 检验	138. 50（0. 0000）	138. 98（0. 0000）	143. 05（0. 0000）
组内 R-square	0. 8671	0. 8675	0. 8708
样本量	630	630	630

注：＊、＊＊和＊＊＊分别表示10%、5%和1%的显著性水平。

对于控制变量，可以发现，在表10-10中，所有模型均显示政府强度为负的非显著性；模型（4）中显示外资依存度在5%的水平上显著为负，模型（5）中显示在10%的水平上显著为负，模型（6）中显示为负的非显著性。在表10-11中，模型（7）和模型（8）中显示政府强度在10%的水平上显著为负，模型（9）中显示为负的非显著性；外资依存度均为负的非显著性。这些结果和固定效应模型一致，均表明政府强度和外资依存度未对中国经济增长产生强劲动力。对于政府强度，说明市场化水平的推进才是中国经济增长的重要动力，引进外资尽管可以促进市场竞争、推动经济增长，但是外商企业的投资规模占 GDP 比重较低，所以并未对经济增长产生显著推动。对于其他控制变量，可以发现，无论是变换估计方法，还是变换产业结构的指标，抑或是变换要素错配的门限变量、固定资本投资、技术进步和城镇化都在1%水平上呈现显著的正向效应，表明这些都是推动中国经济增长的重要动力。

对于产业结构的作用，有两点需要说明。首先，无论采用哪个门限变量，当要素错配水平小于门限值时，产业结构合理化、第二产业比重和第三产业比重估计系数的显著性和符号均与固定效应模型一样，即产业结构合理化在1%水平上显著为负，第二产业比重在1%水平上显著为正，第三产业比重在1%水平上显著为负。其次，随着要素错配水平的恶化，当要素错配指数超越各自的临界值时，产业结构合理化的负向作用有所减弱。当以内涵式错配指数为门限值时，体现的是系数值的减小；以劳动力错配指数为门限值时，体现的是尽管符号为负，但不再显著；第二产业比重则呈现出由1%水平上显著为正变为不再显著，第三产业比重呈现的是负向效应的增强，且显著性水平没有减弱。这两点结论表明，从单一产业结构指标来看，要素错配水平改善将抑制产业结构优化对经济增长的推动作用，即改善要素错配水平会为经济增长提供新的动力，这与之前的理论分析完全一致；从多产业协同发展来看，要素错配水平改善有利于缓解产业结构合理化对经济增长的负向效应，将中国要素错配状况同上述对产业结构合理化负向效应的解释相结合后即可理解该结论的含义。

之前关于要素错配状况的分析已经表明，中国的劳动力和资本均存在不同程度的扭曲，资本扭曲更为严重且在不断恶化，而劳动力错配程度在不断减弱。结合我国目前的产业发展看，第二产业的资本密集度相对更高，很多地方政府为了提高财政收入，会通过影响本地大型商业银行的贷款利率，以较低的资本价格（吴武林等，2020）引进更多制造企业或高技术企业进驻。要素错配水平增加推动制造业的快速发展，带动地区经济增长，从而减弱了产业结构合理化的负向效应。

第四节　本章小结

为验证之前理论分析中提出的要素禀赋在产业结构升级推动经济增长中发挥的门限效应，本章从要素错配视角出发测度了中国的要素配置效率，并在此基础上利用门限效应模型进行深入研究。首先，利用 1998～2018 年中国省级层面的相关数据，计算各地区的资本和劳动力错配指数。测算结果表明，从时间上看，中国的资本错配程度较为严重，同时也在持续恶化；劳动力错配程度较小，且在不断优化。从空间上看，发达地区的资本错配程度较高，主要体现为资本过度而劳动力不足；欠发达地区则呈现出劳动力配置过度而资本不足的特征。其次，以第二产业比重提升衡量的产业结构高级化对中国经济增长产生了重要推动，而第三产业比重提升产生的增长效应不足，同时产业结构合理化的增长效应也较差。根本原因可能是中国第二产业生产率增长过慢和第三产业中的生产性服务业发展水平较低。最后，要素配置效率的改善可以有效增强产业结构高级化和合理化所产生的经济增长效应。这验证了要素禀赋在产业结构优化推动经济增长中的门限效应，要素禀赋是经济增长动力转换的关键变量。综上，本章研究不仅验证了要素禀赋、产业结构和经济增长的协同一体化关系，还说明了要素禀赋优化才是中国经济在高质量发展阶段实现动力转换的核心基础。

第十一章

中国经济高质量发展的动力转换思路
与新动力

　　当前中国已进入高质量发展阶段，近些年来，经济增速的持续下行说明中国经济在既有要素禀赋下的增长动力已经开始弱化，建立在既有要素禀赋基础上的产业发展方式亟待转型。与此同时，新一轮技术革命已经到来，尤其是数字技术主导下的各种生产变革和商业变革等，不仅催生了大量新的生产要素，改变了各区域原有要素禀赋的内容、结构和特征，还为产业转型的机理、方式和空间布局提出了新思路，带来了高质量发展的新动力。因此，要想使中国经济在高质量发展阶段保持稳定且强劲的动力，必须将中国当前经济发展中出现的新特征和自身要素禀赋相结合，借助供给侧结构性改革，利用供给管理的基本原理，在新的要素禀赋状况及技术进步背景下，探索向高质量发展转变的思路和举措，由此才能培育出更多新的发展动力。

　　结合之前理论和实证研究的相关结论，并基于要素禀赋及其变化带来的时空特征，本章从时间、空间、外在形态和内在结构四个维度归纳总结我国在高质量发展阶段新旧动力转换的思路和新动力培育方向。从时间角度考虑，应当将短期动力和长期动力相结合；从空间角度考虑，要重视互联网的作用，将实体空间的聚集动力与虚拟空间拓展相结合；从外在形态角度考虑，要更加重视如技术和数字等无形要素的作用；从内在结构角度考虑，要充分挖掘各维度结构变化可能带来的增长动力。

第一节　时间维度的动力转换与新动力

一般情况下，凯恩斯理论研究宏观经济增长，关注的因素大都可以归结为短期动力。众所周知，消费、投资和出口都是在凯恩斯理论中理解和分析宏观经济的基本工具，它们是促进短期经济增长的主要动力。消费、投资和出口的准确名称是消费需求、投资需求和出口需求，这说明需求动力也就代表短期动力。需求管理是在生产可能性边界不变和增长动力不变条件下进行的，在供给约束不明显时，需求管理能发挥出非常有效的作用。与需求侧不同，供给管理是在扩大生产可能性边界和改变增长动力基础上进行的。供给管理通过制度创新和技术创新将不同生产要素重新组合，形成新的产业结构，在满足社会需求基础上推动经济增长。可以看出，供给管理是以生产更多新产品以及提高生产效率为目标。它研究的是如何通过改变投资结构和效率以满足消费和出口的系统性工程。供给管理的前提是制度创新和技术创新，它们都是研究长期经济增长的关键因素，所以，供给动力其实也就是长期动力。

整体上，由需求升级带动供给变动的简要逻辑如图 11-1 所示，该图展示了不同发展阶段的供给与需求动力演变。到了高质量发展阶段，收入水平提高会使整个社会经济从有效需求不足转变为个性化、品质化和高端化需求的不断增加，对应这一层面的产品供给特征必然是高端制造业的精益化生产。这种转变在当前数字经济驱动下，已经成为生产和商业模式变革的主流，是社会未来发展的必然趋势。另外，对于公共服务设施的供给也呈现品质化、高级化以及生态化的特征。可以发现，这一逻辑与我国的经济发展现状非常契合。当前，我国居民需求层次不断上升，需求多样化程度不断提高，很多高品质、差异化的需求由于供给约束而难以实现，从而导致这些需求必须通过国外进口才能满足。根据携程网和银联国际联合发布的《2019 年中国人出境旅游消费报告》，中国出境游客人均消费排名仍保持世界第一，大幅领先其他国家。商务部数据显示，2020 年，我国全年消费品进口额达 1.57 万亿元，同比增长 8.2%，高于进口整体增速 8.9 个百分点。这一系列数据除了表明中国消费水平极大提升外，还说明个性化、虚拟性需求已经开始超越大众化、实体化需求,国内供给已经很难满足这些需求。另外,雾霾、城市内涝等环境问题日益增多表明我国在投资和基础设施层面仍存在很多问题。

综上所述,多样化需求代表短期动力的多元化来源,而长期动力为短期动力的良性循环奠定了坚实基础,因此,在新发展阶段,需要在重视短期动力的同时,更要重视对长期动力的培育。当前我国需求结构的升级与转换决定了长期动力方向,具体来看就是需求生态化要求对各地区的自然资源禀赋重新认识,而需求的质量化变革要求对投资结构持续优化。

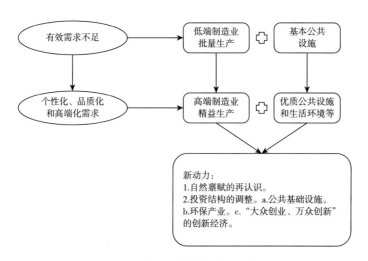

图 11-1　不同发展阶段的供给与需求动力演变

一　自然禀赋的再认识与高质量发展新动力

在传统经济学中,自然禀赋是工业化的基础和经济增长的重要引擎。罗斯托认为,丰裕的自然资源可以很便利地被转化为资本,为经济增长提供重要支持。恩格斯也曾指出:"劳动和自然界一起才是一切财富的源泉,自然界为劳动提供材料,劳动把材料变为财富。"当然,"资源诅咒"命题的出现似乎使自然资源对经济增长的促进作用变得有些悲观。很多文献表明,如果没有技术创新和制度创新,自然资源对很多国家和地区的经济增长都无法起到积极作用。但是，问题的关键不在于自然资源本身，而是在于这些区域的故步自封或目光短浅。直观层面上，地区丰富的自然资源养育了地方人口，最后出现经济增长动力弱化是因为自然资源被开发殆尽，却仍未培育出新的增长动力所致。所以，总的来说，优质的自然资源对经济增长必然是有益的。

在新一轮技术革命到来之际，尤其是在新能源技术不断成熟和生态环境不断恶化背景下，这两个因素主导下的对自然禀赋的再认识可以为经济发展培育出新的动力。事实上，人类历史上具有标志性意义的变革都是因自然环境对人类生存产生挑战后，人类对自然资源重新认识而发生的。德内拉·梅多斯等（2013）在《增长的极限》中提出："人类数量的增加使人类面临食物短缺，因而生活方式从游牧式的狩猎群居生活变革为以种植庄稼、饲养牲畜为主的定居生活，发生了农业革命；之后，更多的人口使人类面临新的短缺，即土地和能源，因而发生了工业革命。"直到现在，人类数量和物质财富的增加又使人类面临新一轮短缺，即整个地球环境的承载能力又将达到一个新的短缺极限，这种短缺将孕育出新一轮革命，也必将是中国经济高质量发展的新动力。

对自然资源丰裕度的传统认识主要是来自煤炭、石油和矿产等，但这些资源的特点是不可再生而且环境污染程度大。这些特点决定了依靠这类资源的经济发展是不可持续的。同时，中国提出的2030年"碳达峰"和2060年"碳中和"的发展目标也要求我们必须重新审视既有的资源利用方式。新能源技术极大拓宽了人类对传统自然禀赋的认识，比如对中国来说，核电需要有大量的水用于冷却，因此东部沿海地区丰富的海水资源得以利用；西部地区海拔高、空气稀薄、太阳能比较丰富，并且西部气候干燥、昼夜温差大、成风条件优越、地热能源丰富，因此西部地区大面积无人居住的戈壁滩、沙漠得以利用。可以看出，新能源技术使一些以前不具备经济价值的自然资源进入生产领域，创造了新的价值，这已经成为推动我国经济高质量发展的新动力。虽然随着我国新能源的大规模开发建设，局部地区出现消纳矛盾，出现了一定程度的弃风、弃电现象，如2015年我国华北、西北和东北地区的弃风电量分别是9.48亿千瓦时，16.55亿千瓦时和8.34亿千瓦时；西北地区弃光电量达到4.66亿千瓦时（舒印彪等，2017）。但是，这一情况在 2017 年国家发改委、国家能源局印发《解决弃水弃风弃光问题实施方案》以后已得到改善。据统计，2018 年全国弃风电量 277 亿千瓦时，平均弃风率 7%，比上年下降 5 个百分点；全国弃光电量 54.9 亿千瓦时，平均弃光率 3%，比上年下降 2.8 个百分点；2018 年全国并网风电达 2103 小时，为 2013 年以来最高水平。中国工程院院士舒印彪认为，产生这一现象的根本原因是新能源装机分布不均及能源调节能力不足等，如果这些问题能够得到有效解决，新能源将会带来新一轮更加强劲的发展动力。另外，空气质量恶化强化了人们对生态环境的关注与保护力度，提升了人们对自然生态资源经济性、有用性的价值认可度，从而使一些经济欠发达而生态环境美好的地区成为人们定居或者旅游休闲的热点，以休闲度假为主的体验经济必然也能成为经济高质量发展的一个新动力，这同时也佐证了习近平同志在 G20 杭州峰会上提出的"绿水青山就是金山银山，保护环境就是保护生产力，改善环境就是发展生产力"的观点。

二 投资结构调整与高质量发展新动力

投资是经济增长的重要引擎。在当前我国很多行业出现产能过剩并且环境污染日益严重的背景下，一些学者认为是以往政府主导下的投资拉动模式出了问题，但其实问题的关键是投资的结构和方向。改革开放 40 多年来，我国经历了快速城镇化和工业化，加上居民消费水平较低导致内需乏力和政府对官员的 GDP 考核机制，这些因素共同导致各个地区的投资重点都集中在第二产业。这导致经济出现了两大问题。一是虽然长期以来"中国制造"规模惊人，但增加值率却远低于发达国家平均水平，制造业整体仍处于全球价值链的下游（喻胜华等，2020）。工业与信息化部数据显示，"十三五"时期，我国工业增加值从 23.5 万亿元增加到 31.3 万亿元，截至 2020 年已连续 11 年成为世界最大制造业国家，制造业占比对世界制造业贡献比重接近 30%。与此同时，我国在 11 个先进制造业领域中，共有 287 项核心零部件（元器件）、268 项关键基础原材料、81 项先进基础工艺、46 项行业技术基础亟待突破。因此，"中国制造 2025"才提出到 2020 年，40% 的核心零部件、关键基础材料实现自主保障；到 2025

年，70%的核心零部件、关键基础材料实现自主保障。二是工业投资对与居民生活直接相关的医疗、教育、休闲娱乐等领域的投资造成很大挤出。这些都是当前我国居民消费需求快速增长的领域，也是高质量发展阶段的重要需求方向。人的需求是社会发展的"源动力"。在当前我国高质量发展阶段，居民需求不断升级、多样化程度不断提高的背景下，投资重点和结构必须进行调整，因为投资结构决定产业结构，并决定产业结构升级的方向，即产业结构必须做出调整以匹配需求结构升级的要求。

考虑到需求结构变化以及当前经济发展现状，投资将在结构调整后为我国经济高质量发展提供强大动力，主要涵盖以下几个方面：一是产能过剩大都发生在制造业领域，而在广大公共基础设施方面的投资过少，我国依然需要投资建设大量的高铁、地铁和公路等基础设施。虽然中国基础设施建设已经取得了巨大成绩，但城市内部的基础设施仍然不足。新冠肺炎疫情的出现警示了我国医疗条件的不足；郑州2021年"7·20"洪灾和近些年经常出现的城市内涝现象警示了我国城市地下管网等基础设施的不足，以及应急投资领域的欠缺。这些以城市更新为代表的领域都存在极大的投资空间。同时，5G引领下的城市新基建建设，必然会通过其强大的渗透力，通过城市或城市群的高质量发展产生新的增长动力。二是人民群众快速增长的生态消费和体验式消费需求亟待政府加大对环境治理的投资力度。在新一轮绿色革命和技术革命下，尽管有些私营企业主提到了绿色发展的诸多困难，但已基本得到大部分地方政府、企业和居民的认可，都已经认识到绿色发展趋势的不可逆性。在成本可控、市场可期背景下，市场主体大都愿意对绿色发展进行投资，这预示着以环境污染换取工业发展的低级阶段已经过去，环保产业投资将会为高质量发展注入新的动力。三是"大众创业、万众创新"的创新经济需要大量资金注入。这个领域和传统领域投资相比具有非常不同的特点，比如这类投资的规模普遍较"微"，但却和普通民众生活需求极为密切，并且在数字经济驱动下，通过网络扩散可以为小众化产品提供规模化收益，为大众创业提供经济层面的可行性。近年来，国家大力推行的各类创新创业大赛、"互联网+"大赛等激发了各类群体参加创业、敢于创业的热情和积极性，不仅产出了很多优秀创意，更转变了社会大众的就业观念，稳定了高质量发展的就业基本面。

总之，在我国当前供给难以满足多元化需求的情况下，长期供给动力已经成为短期需求动力之后必须重点关注的方向。需要注意的是，对于需求层面，国家只需通过财政或者货币政策就可以快速将闲置资金引入对过剩产品的消费或者对稀缺产品的投资上，因而需求动力的成效可以很快显现。对于供给层面，即使新产品有大量资金支持，当它在需求层面显现出来后，从产品研发、生产到成熟存在一个完整的生命周期。因为相关技术的研发、有利于新技术和新产业发展的制度建设都需要经过实践检验才能制定并实施，这些都决定了供给层面的改革进程较慢，但其影响却相对长期和深远，对经济社会的变革也将更具颠覆性。

第二节　空间维度的动力转换与新动力

空间层面的经济发展动力主要源于聚集经济的存在。马歇尔将聚集收益来源划分为技术溢出、劳动力池和中间品投入联系。杜兰特和普加（Duranton and Puga，2003）认为聚集收益的来源是共享、匹配和学习效应。无论哪种分类，聚集收益大小都会受到基于不同技术主导下的要素禀赋结构的影响。在传统能源和传统技术主导下，人类需求的同质性、使用能源的物理特性和信息通信技术的局限性等因素共同决定了最优生产方式必须以实体空间为重心，只有通过大规模实体空间聚集才能发挥上述聚集机制的作用，并推动经济发展。结合我国实际情况，实体空间布局产生的经济增长动力主要由区域经济一体化和城镇化主导。区域经济一体化是从市场分割角度，分析较大空间范围内的市场一体化如何通过消除市场分割、降低交易成本，从而降低聚集成本，实现整个一体化区域共同发展的过程。城镇化是农村人口向城镇不断迁移，并逐步转变为城镇人口的过程。实体空间形式表现为农村向城市转换，城市又基于城市规模和功能形成不同规模的都市圈或城市群。通过对比可以看出，区域经济一体化和城镇化的实质都是要解决如何在空间层面有效配置生产要素的问题，只是前者的空间尺度更大，而后者的空间尺度较小；前者考虑的是在不同区域之间的资源配置，而后者考虑的是城乡之间的资源配置。在我国经历了40

多年快速增长后，当前的区域经济一体化和城镇化出现了一些新特征，由此也成为高质量发展阶段新的动力方向。

应当说，在以往的技术水平下，经济发展动力主要集中在实体空间。但是，在数字经济主导的新一轮技术革命中，"互联网+"使人类生产生活的所有领域实现互联互通，形成了一个和实体空间对等且联系更为广泛的虚拟空间。这种网络空间的形成使最优生产方式下的聚集可以相对分散和均匀。同时，由于新能源和新材料技术使生产突破了地域限制，以移动互联网为架构所构建的大数据更是拓宽了人类对区域空间的认知，为生产经营活动提供了海量信息资源，从而为生产的"智能制造"提供条件，并由此可以实现经济的高质量发展。之前的理论研究已经发现，实体空间聚集会由于聚集经济的存在而推动经济发展，但是伴随着聚集不经济的增加，当要素禀赋不变时，实体空间聚集产生的发展动力会不断弱化。对虚拟空间来说，其承载客体是大量的数据信息，成本微乎其微，而虚拟空间由于网络联通带来的聚集收益却是巨大的，因此，虚拟空间开发带来的新动力将是颠覆性的。

对于虚拟空间的动力，从虚拟空间构造方式和内容可以分为"互联网+"和"大数据"。"互联网+"是虚拟空间形成的媒介，通过"互联网+"和物联网技术可以把整个经济系统的所有要素实现互联互通，由此带来的物与物之间的联系和关系信息则是虚拟空间的内容。在主要依赖资本、土地和劳动力等有形要素为主的传统工业化时代，虚拟空间的重要性并不突出。但是，在当前更加强调信息共享的信息化时代，一方面，能源革命和交通条件的改善使实体空间对人类的束缚大大缓解，另一方面，移动互联网技术在经济、社会和文化等领域的渗透和发展使人类社会进入大数据时代，极大拓展了传统要素、传统产业发挥作用的空间范围，提高了使用效率。可以说，现代化产业体系离不开信息产业的快速发展，人工智能、纳米技术、生物技术、基因测序等战略性新兴产业的快速发展都建立在信息互联互通的基础上。

人类生存空间的实体性决定了生产活动不可能放弃实体空间的聚集动力，而虚拟空间的开发会对实体空间产生颠覆性变革，并通过与实体空间的协同，有效提升实体要素的利用效率，这为高质量发展提供了新的动力方向。高质量发展必须在重视实体空间聚集动力的同时还要重视虚拟空间开发带来的新动力。下文将详细分析不同尺度实体空间优化及虚拟空间开发可能产生的新动力。

一　区域经济一体化与高质量发展新动力

对于区域经济一体化，首推的应当是美国经济学家巴拉萨的定义。他认为经济一体化既是一个过程，又是一种状态；就过程而言，是指消除各国经济单位之间差异化的措施和行动；就状态来说，是指各国之间待遇差异的消失。区域经济一体化之所以能够成为经济发展的动力，主要是因为一体化过程可以使各地区之间的要素市场、产品市场以及经济政策都实现统一，这既能降低各地区之间的贸易成本，还能实现各种资源在区域之间更加有效地配置。另外，一体化政策还扩大了整个市场的规模，更有利于规模经济的实现。其理论基础主要是斯密的分工理论，即通过不断扩大市场规模来细化分工，加深各地区的专业化程度，然后再通过合作来共同推动经济发展。

严格来讲，市场分割和地方保护主义曾经为我国实施经济赶超提供了一定支持。因为我国在改革开放以来的很长一段时期经济实力较弱，保护政策可以使各地区免受与发达国家和地区的竞争。某种意义上来说，这种战略对我国早期经济发展确实产生了正向效应。该战略的理论基础是汉密尔顿和李斯特提出的幼稚产业保护理论。根据该理论，本地较小的市场规模就可以满足企业发展需要，通过市场分割可以减少竞争，保护本地幼稚产业的发展，进而实现地区经济的起飞。但是，随着我国经济发展水平提高，企业规模越来越大，本地狭小的市场难以使企业发挥规模经济优势，从单个区域来说，又不可能主动放弃市场分割，因为这会使自身利益受损，由此带来的结局只能是各区域陷入囚徒困境，市场分割产生的增长动力消失。区域经济一体化要求从全局角度考虑，对所有区域尤其是经济互补区域实施一体化措施，这种互利共赢的局面会使各区域的总体利益远高于市场分割的结果。

对于高质量发展阶段的区域经济一体化过程，主要包含两方面内容：一是从市场分割向区域经济一体化的转变，二是对既有区域经济一体化进程的拓展和深入。对第一个内容，其实并不能称之为新动力，因为我国各级地方政府对此已经有了深刻认识，并做了很多工作，但仍有个别区域、个别行业存在一定的市场分割政策和市场保护思想，需要继续对此予以纠正。对第二个内容，这是我国迈入高质量发展阶段需要重点探索的新动力。从大的范围看，我国应当继续推进区域协调发展战略，因为我国是自然禀赋差异极大的国家，随着各区域经历了多年的快速发展后，基本都已积累起符合地区要素禀赋状况的比较优势。即使发展落后的地区，也会拥有优美的自然生态、传统风光等自然禀赋，在生态保护、返璞归真的大背景下，在我国碳交易市场已经建立的前提下，这些都又有了新的价值实现方式和途径。因此，在高质量发展阶段，如何能够不完全以 GDP 为目标，建立基于优势互补的区域协调发展架构至关重要。再简单一些，整个国家就是一个家园，哪块适合种菜，哪块适合做临街房从商，哪块适合做花园，这需要统筹每个地块所处位置、土地禀赋等因素之后再进行决策，不能再像发展刚起步时一样，只以创造经济效益为目标。从小的范围看，各区域应当以自己的比较优势为重点，实现区域范围内的一体化、专业化。这里的区域经济一体化范围不能限于行政区划，而是要以挖掘区域内部的主要联系、纽带和优势为基础。黄河流域整体可以将黄河生态作为联系，上游以生态，中下游以资源、粮食或是某种产业等为联系，培育不同区域尺度内的比较优势。长江经济带、京津冀协同发展、粤港澳大湾区等区域发展战略除了应当确定在全国乃至世界范围内的定位，还应当确定区域内部各城市的不同战略定位，做到区域经济一体化的精准分类。这种多维度、多来源、多层次的区域一体化、专业化过程必然可以为高质量发展带来源源不断的新动力。

二　城镇化与高质量发展新动力

卢卡斯（2003）认为城市是增长的发动机，创新孵化、精湛技能的培育，无不在城市进行。因为只有城镇化才能带来人口、人才、思想、创意的产生和集中，从而推动产业集聚和公共服务供给部门的发展，并借助规模经济和集聚效应，为促进创业和创新打造良好的平台，最终通过不断升级的工业化，增强经济发展的可持续性和共享性，实现高质量发展。相对于区域经济一体化，城镇化是更为微观层面的聚集变动。城镇化带来的聚集收益主要来自三个方面：结构效率、规模效率和分工效率（巴曙松，2014）。结构效率是指城镇化过程中把农业人口向非农业人口转移的过程，此时由于非农产业的生产效率一般都高于农业生产效率，因此会增加社会总产出。规模效率是聚集经济学中经常提到的密度经济，也就是由于人口密度上升带来的生产效率增加。分工效率则是指在不同城市之间由于劳动力素质和城市功能等的异质性所产生的分工专业化。一般来说，结构效率是城镇化过程中最容易实现的，也是城镇化初级阶段的最大收益来源。随着城镇化率的不断提升，这一效率带来的动力将趋于弱化，从而城镇化推动增长的重心将转向由规模效率和分工效率主导。袁富华等（2016）基于这一认识提出工业化和城市化是两类不同的效率模式，我国当前的阶段性转型应当重视从工业化向城市化的转变。他们认为在工业化阶段，集中有效地使用各种资源是推动经济增长的主要力量，此时规模化、标准化和集中化是效率提升的关键。但在城市化阶段，需求多样化、服务业比重上升、技术进步的复杂性等都需要市场分散化来提供决策依据，此时，知识创新和人力资本积累将成为提升效率的核心动力，这才是推动高质量发展的核心。

我国的城镇化从改革开放以来有了很大提升，城镇人口比重从1978年的17.9%上升到2020年的63.9%，城镇化规模和速度都非常惊人，但仍然存在以下几种情况。首先，城镇化率依然较低，由此产生的城镇化配套改革仍有较大发展空间。如果按照户籍人口来看，公安部数据显示，2020年中国的户籍人口城镇化率是45.4%，而发达国家大都在80%以上，同时也低于人均收入与我国相近的国家60%的水平（陈宗胜，2016）。这预示了我国城镇化仍然存在结构效率提升的潜力。其次，城镇化质量较低。我国8.4亿的城镇常住人口中有2.3亿人没有城镇户口，这种"人口型"城镇化不是真正的城镇化，人口"市民化"会带来人口素质的提升，同时很多城市的公共服务、基础设施等都有待完善，所有这些都将对提升城市经济产生重要影响。最后，我国之前"摊大饼"式的发展方式使城市的专业化程度偏低，城市同构现象严重，房地产业、汽车产业、光伏产业等都被多个城市同时确定为主导产业或支柱产业。这种无特色的城市发展战略造成了大规模、低水平的重复建设和产能过剩，城镇化的分工专业化效率未能充分体现。基于上述分析可以发现，我国城镇化仍然有很大发展空间，高质量发展的重点是城镇化方式和内容的转变。

城镇化战略和区域经济一体化战略都是实体空间层面的，相对来说，城镇化战略偏微观，区域经济一体化更为宏观，介于两者之间的是都市圈或城市群战略。高质量发展阶段，可以依靠都市圈发展战略统领城镇化和区域经济一体化这两个层次的协调。

三　"互联网+"下的再聚集与高质量发展新动力

"互联网+"之所以能够成为高质量发展的新动力，主要原因是其关注对象的突破。在传统工业思维下，关注重点是事物本身，一种新资源的发现、新技术的发明或是一种新的客户需求，都可能成为经济增长的来源。在互联网思维下，关注重点转变为事物之间的关系，任意两个事物或者多个事物之间关系的挖掘和利用都可以成为经济增长的来源。两种思维方式下关注对象的差异是惊人的，产生的动力强度差异也是巨大的。网络效应使"互联网+"下的关注对象呈现爆炸式增长。从表11-1可以看出，当事物数量比较少时，互联网思维下的动力来源数量可能并不比工业思维下的强，但是，随着可以建立联系的事物增加，也就是网络普及率的提高，事物之间关系的数量将呈现指数式增加。表中呈现的联系数量只是基于1-1关系的结果，若考虑1-多，或多-1甚至是多-多的组合关系，结果将更加惊人。美国著名预言家凯文·凯利（2004）在《新经济新规则》中提道："数学家认为，网络价值之综合会随着网络用户数以平方的速度增长。换句话说，如果网络中节点的数量以算术级的速度增长，网络的价值就在以指数级的速度增长。新网络用户的加入会使所有用户的价值都得到提升。"所以，"互联网+"能产生的能量将是难以估测的。

表 11-1　工业思维和互联网思维下动力来源数量对比

事物数量 （工业思维下的动力源）	1-1 关系图示 （"互联网+"下的动力来源）	1-1 关系数量 （"互联网+"下的动力来源）
1	—	0
2	 ●—●	1
3	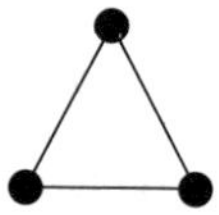 △	3
4	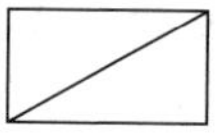 （矩形含对角线）	6
5	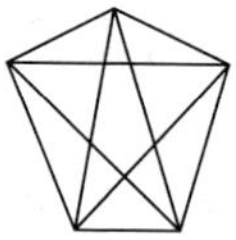 （五边形含对角线）	10
…	…	…
100	…	4950

当前我国已进入数字经济时代，大数据的普及和应用决定了经济发展的质量。大数据的价值是对信息的挖掘。"互联网+"借助数字技术的渗透性、替代性、协同性和创造性实现万物互联，通过大数据挖掘弱化了因信息不对称带来的风险，为高质量发展提供了更加精准的保障。大数据作为一种经济要素，发挥的价值和作用越来越大。它一方面会通过渗透性实现要素信息的双向反馈，降低要素搜寻成本，另一方面还能创新生产要素、改变要素利用方式，有效提升劳动生产率。更加重要的是，当前的大数据技术不会因数据量的增加而使得信息更加紊乱、难以辨别，相反，数据量的增加会通过人工智能的深度学习，从而提高信息准确率，实现效率提升。

另外，正像之前的分析，"互联网+"使很多生产要素从区域性要素转换为非区域性要素，这对聚集模式演变产生了巨大影响。一是从实体空间聚集向虚拟空间聚集的转变。很多行业将自己的业务数字化、网络化，除了在实体空间聚集，还以互联网平台为基础进行更高密度的聚集，形成平台经济。这突破了地域，并实现了在虚拟空间的聚集。据中国信息通信研究院发布的《平台经济与竞争政策观察（2021）》显示，2020 年全球市场价值超 100 亿美元的数字平台企业达 76 家，价值总额达 12.5 万亿美元，同比增速达 57%。其中中国数字平台总价值为 3.1 万亿美元，全球占比达 24.8%。二是实体空间聚集模式的演变。传统生产模式下，实体空间的聚集中心是大城市、发达地区，包括劳动力和资本等在内的各种要素都要向这些区域流入，但是，在互联网平台大幅降低信息成本、交易成本之后，再辅之以现代物流业的快速发展，这些变化使欠发达地区的大量资源得到开发和利用，经济聚集呈现分散化趋势。这种由"互联网+"带来的聚集变迁为数字经济引导下的高质量发展带来了新动力。据农业农村部信息中心联合中国国际电子商务中心研究院发布的《2020 全国县域数字农业农村电子商务发展报告》显示，2019 年全国 2083 个县域网络零售额达 30961.6 亿元，同比增长 23.5%，其中 832 个贫困县网络零售额达 1076.1 亿元，同比增长 31.2%；县域农产品网络零售额达 2693.1 亿元，同比增长 28.5%，其中 832 个贫困县农产品网络零售额为 190.8 亿元，同比增长 23.9%。这一系列数据展示的只是对贫困地区终端带来的增长动力，对"互联网+"引领的数字经济总产出的影响则更加惊人。据中国信息通信研究院发布的《中国数字经济发展白皮书（2020 年）》显示，2019 年中国数字经济规模达 35.8 万亿元，占 GDP 比重达到 36.2%，名义增长 15.6%，高于同期 GDP 名义增速约 7.85 个百分点，高于同期第一产业名义增速 6.8 个百分点、第二产业名义增速 9.78 个百分点、第三产业名义增速 6.54 个百分点。2014～2019 年 6 年时间，我国数字经济对GDP 增长始终保持在 50% 以上的贡献率，2019 年甚至高达 67.7%。2018年数字经济领域就业岗位为 1.91 亿个，占当前总就业人数的 24.6%，同比增长 11.5%，显著高于同期全国总就业规模的增速。可以说，以"互联网+"为代表的数字经济稳定了就业、稳定了经济，正引领着我国的高质量发展，而且仍存在巨大的动力空间。

在以"互联网+"为主导的数字革命下，应大力发展数字技术，实现社会经济生活的数字化转型。这必将通过改善要素错配状况为中国经济增长提供新的动力。各级相关政府部门应当从"点、线、面"三个维度综合统筹数字经济发展。"点"是基于要素层面的，不仅包括资本、土地、沙漠、垃圾等具有或不具有生产价值的物体，更包括基于人的各维度信息。万物互联是包括人、财、物等所有方面的互联互通，其中的"人"必须是万物互联的中心和重心，要通过芯片、数据采集和数据挖掘技术，收集更多具有针对性的要素的动态、静态信息。"线"是指基于数据和实物传输层面的基础设施建设，包括数字网络基础设施和应用基础设施。网络基础设施比如物联网、智能终端等，主要用来对相关信息进行采集和传输；应用基础设施比如车联网、无人驾驶、无人配送等，主要用来为实物提供高效快捷的调配。"面"是基于区域协调发展和标准、政策上的考虑，数字技术要统筹调配全国的各种要素。本质上，全国乃至全世界都是一张网，要想实现各种生产要素在这个网上的高效流动，必须要求各地在数字技术的标准、法规和服务等层面都具有一致性，只有这样才能使全国成为统一市场，实现统一调配，充分挖掘各地的要素禀赋优势，培育自身独特的竞争力，进而实现生产要素的高效配置。

第三节　外在形态维度的动力转换与新动力

需求动力向供给动力转换突出的是对生产要素的重视，从有形要素禀赋主导向无形要素禀赋主导的转换突出的则是从更细微层面上对生产效率的关注。因为要素禀赋的特点不同，所以不同要素主导下的经济增长也就存在差异，从而产生的发展动力也就不同。英国经济学家乔纳森·哈斯克尔和斯蒂安·韦斯特莱克在《无形经济的崛起》中提道："无形资产投资的运行模式不同于有形资产投资，由此可以推断，无形资产所主导的经济体系也会有其独特的运行模式。"

有形要素包括自然资源、劳动和资本。这类要素的特点可以简单归纳为相对有限性、竞争性和边际收益递减性。相对有限性是指无论对自然资源、劳动还是资本总量来说，在一定时间和技术水平下它们的供给总量保持不变。竞争性是指从投入使用角度看，这些要素的归属性很强，当把一部分生产要素投入一项生产活动后，将无法再投入另一项生产中。边际收益递减性是指在一项生产活动中，随着这类生产要素投入的增加，受边际收益递减规律影响，其生产效率呈现递减倾向。由于有形要素的这些特点决定了由其主导下的经济增长必然会呈现古典和新古典经济增长理论中的"倒 U 形"特征，即经济增长动力是有限的，并将趋于弱化。另外，基于这些要素所产生的经济增长还会出现先发地区对后发地区的掠夺，比如劳动力、资本等要素向发达地区的集聚必然造成核心边缘结构的形成，这种结构尽管有利于实现集聚经济，但如果这种核心边缘结构过于极端且产业结构较为单一，这将不符合高质量发展所提出的区域协调发展的总要求。

无形要素包括技术创新和制度创新等。相对于有形要素，这类要素的特点可以简单归纳为无限性、非竞争性和边际收益递增性。无限性是指这类要素不像有形要素一样有总量限制，对这些要素的开发和利用是无限的。这包含两个层面的含义，一是对这类要素本身的开发和利用是无限的，二是有形要素在通过与无形要素组合后，也可以具有无限的特点。如新能源技术使一个地区的自然资源禀赋得到极大拓展，劳动力向人力资本的转化会大大提高其生产能力等。另外，如果需要的话，这类要素还可以通过引进、学习等方式，以较低成本广泛应用到其他领域，这就是其非竞争性，即这类要素可以被完全复制。边际收益递增性是由于这类要素具有极强的外部性。随着要素规模增加，通过学习、模仿和应用不仅可以扩大这类要素的规模，还可以扩大有形要素的规模，最终使产出规模呈现递增的态势。

无形要素禀赋的上述特点从微观上看，会通过协同效应（也可称互补效应）形成具有更高价值的产品，从而为企业带来更多利润。如 iPad 曾是苹果公司推出的一个创新产品，其问世得益于企业将 MP3 协议同微型化硬盘、唱片商授权协议，以及苹果的产品设计相结合。从宏观上看，这些特点决定了无形要素主导下的经济增长会呈现内生经济增长理论提到的指数型增长特征，即经济发展动力是无限的，并且会不断强化。同时，由于这类要素的非竞争性，不同区域的经济增长将会实现共生共赢趋势，并最终实现整个区域系统的协调发展。在当前第四次工业革命背景下，无形化、微观化已经成为技术发展的主流趋势。施瓦布在《第四次工业革命》中提到"物理、数字与生物世界的融合是第四次工业革命的核心内容，这样的融合为节约资源、提高资源效率提供了巨大机遇"。其中数字和生物世界就代表了无形要素和微观要素。

基于上述认识，这里主要从技术创新和制度改革两个方面阐述中国经济高质量发展的新动力。

一 技术创新与高质量发展新动力

从生产函数角度讲，经济增长就是产出的不断增加，而资本和劳动具有非常明显的边际产出递减特点，所以只有技术创新才是不断提高生产力、增加产出的持久动力。回顾东亚国家或地区的发展历史，日本从1951年开始，维持了20年的年均9.2%的增速；新加坡从1967年开始，维持了20年的年均8.6%的增速；中国台湾从1975年开始，维持了20年的年均8.3%的增速；韩国从1977年开始，维持了年均7.6%的增速。中国更是从1978~2020年实现了年均9.2%的增速。虽然不同地区的经济增长都有其独特性，但一个已形成共识的因素就是"后发优势"。简单点说就是后发国家可以通过模仿、引进或购买等方式，将先发国家从工业革命开始200多年的技术积累投入本国生产以实现赶超。这种技术创新的成本低，风险也较低，因此投入产出比非常高，从而可以实现经济的快速发展。

随着我国和发达国家之间的差距逐步缩小，技术引进难度和成本越来越高，作为GDP总额已排名全球第二的经济体，仍然通过技术引进不可能也不应当成为我国的主要发展动力。从国内来看，虽然由于区域发展的不平衡，在我国内部仍可以通过技术转移带动欠发达地区发展，但总体趋势已经转变为必须依靠自主创新才能实现经济的可持续发展。需要注意的是，技术引进和技术创新的结果虽然都是技术进步，但实现路径的差异巨大。技术创新的投资巨大、风险也极高，成功概率很低。技术创新依靠的是通过大量试错来寻找正确的道路，所以必须拓宽试错途径，这正是我国提出"大众创业、万众创新"的根本所在，即依靠绝对规模基数的扩大来增加创新创业成功的数量。

经济发展是技术水平不断提高的过程，但是，无论技术引进还是技术创新的根本主体都是人才。在经济发展的初级阶段，技术引进可以与数量层面的人口红利相匹配，但到了高质量发展阶段，技术创新必须与质量层面的人才红利，即人力资本相匹配。幸运的是，我国教育在经过了改革开放 40 多年的快速发展后，当前的人力资本水平已经大幅提高。1982 年，我国 6 岁及以上人口的平均受教育年限只有 5.2 年，到"十二五"末期的 2015 年，该数据达到 10.24 年；在 2019 年，教育部宣布我国新增劳动力中有 48.2% 的人接受过高等教育，平均受教育年限达到 13.6 年，我国已建立起世界规模最大的教育体系。另外，根据 2018 年《中国劳动统计年鉴》可以发现，2002 年我国就业人员中大专以上学历比例为 6%，到 2017 年已达到 18.2%，其中硕士、博士学历的人口比例上升更为明显，也就是说在我国劳动力素质普遍提高的基础上，高素质劳动力的比例也在显著增加。《国家中长期教育改革和发展规划纲要（2010−2020 年）》提到，我国教育发展水平已经进入世界中上等行列。国家统计局数据显示，国内发明专利授权量从 1995 年的 3393 项升至 2020 年的 530127 项。2009 年之后，国内发明专利授权量不仅超过国外企业，增长率也呈指数式上升，国内外企业发明专利授权量的差距不断拉大。国内发明专利授权占比从 1995 年的 45.1% 上升至 2020 年的 83.1%。这一系列数据都说明我国已经具备与技术创新相匹配的人力资本条件。另外，从现实案例来看，美国把我国越来越多的企业、科研机构甚至高校都列入"实体管制清单"，表明我国在一些领域已经迈向甚至引领了技术创新最前沿。技术创新已经成为我国高质量发展的新动力。

二　制度改革与高质量发展新动力

改革开放带来的经济高速增长主要是市场化制度变革的结果，而且主要是通过非国有经济部门推动的。市场化的作用就是引入竞争，对我国来说，来自国内的竞争是民营经济，来自国外的竞争是外资经济。它们是促成生产要素合理有效配置的重要动力。市场化制度的变革是市场红利不断释放的过程。当出台一项新制度时，各种生产要素通过市场化调节，流向生产效率更高的领域，创造更大价值，从而为经济增长提供动力。需要注意的是，制度对经济发展的促进作用不仅在于某一项制度的作用，更在于其可以不断对自身进行调整的自我完善过程。制度匹配会提高生产效率，促进高质量发展，反之则会阻碍经济发展，直接表现为各种生产要素配置的不合理及生产效率低下。根据之前关于主导要素的分析，从内生动力和外生动力角度看，一项新的制度改革可以认为是外生动力，而制度改革的不断适应和完善过程可以认为是内生动力。因此，在当前我国经济增长速度整体放缓的背景下，可以认为是之前的制度改革红利已基本释放完毕，外生动力趋于弱化，此时需要继续推动制度改革和创新，发挥制度改革不断自我完善的内生推动作用，继续释放新制度带来的新动力。这些结论从之前要素禀赋视角下的实证研究中也可以看出：制度禀赋在不同区域的影响差异较大，并且大都呈现出促进作用弱化的迹象。

就目前来看，结合我国经济发展现状，应重点关注供给侧的制度改革。供给侧指的是生产层面，生产的动力是生产要素，即如何实现在既有局面下，一方面不断挖掘更多新的生产要素，实现创新性要素从无到有的变革，这可以看作基于超边际分析理论的理解；另一方面则是通过边际调整，实现对现有要素的最佳配置，这是当前主流经济学的思维模式。将这两种视角结合到一起，就是如何通过制度变革，继续提升当前我国各种生产要素的市场化配置水平。因此，供给侧结构性改革成为高质量发展阶段的重要内容。供给侧结构性改革这一表述也很好地呈现了当前我国经济中出现的问题。供给侧是问题出现的领域，结构性是问题出现的原因，而改革则是解决问题的对策。对于问题出现的领域在供给侧，之前已经做了说明，我国当前应当重点关注如何提高潜在经济增长率，把生产可能性曲线外移，这要求当前的改革不仅要重视"去产能、去库存、去杠杆"来淘汰落后产业，还要重视"降成本、补短板"所强调的对传统产业的优化升级，以及对高端制造业、高端服务业和技术创新领域的扶持培育。对于问题出现的原因，主要体现了结构优化的潜力和方向，包括企业结构、产业结构、区域结构以及要素投入结构等。对于解决办法，就是通过有为政府的建立和市场化的完善使市场机制发挥更大作用，让市场失灵的损失降到最低。通过制度改革优化市场机制和政府作用的关系，通过制度改革优化长期动力和短期动力的关系，通过制度改革优化经济发展中总体和局部的关系，通过制度改革激发更多的技术创新，这四个层面的制度优化将会为我国的高质量发展释放更多新的动力。

第四节　内在结构维度的动力转换与新动力

一　微观要素结构下的高质量发展新动力

要素禀赋变化是实现高质量发展动力转换的关键，这是高质量发展在微观视角的重点。为推动高质量发展，微观要素结构下可以从要素流动性、要素等级、要素类别和新要素去挖掘新的动力方向。

首先，以提升要素流动性为目标，消除各种抑制要素流动效率的壁垒，同时利用各种技术或制度手段，提高要素流动形式的多元化程度。比如对诸如劳动和资本这类从形态上能够流动的要素，最重要的是要通过消除市场分割，利用市场机制的作用，引导其向效率更高的行业流动。而对于土地和自然景观这类土地资源密集型的产品，因其自身难以通过位移变化满足市场需求，这就需要通过其他流动形式解决困难。如对土地来说，是否只要能在保证粮食产量安全的前提下，通过实施地票制度等方式来增强流动性；对风电、太阳能以及资源旅游型产品来说，是否可以借助各种基础设施的完善来引导更多投资者或消费者向沙漠、荒滩等地转移，通过资金流动性来实现非经济要素经济化的同时，也实现非流动要素创造价值的市场化。

其次，提升各类要素禀赋等级，积极培育高级要素，不断增加高等级要素在生产活动中所占的比重及发挥的作用。虽然不同生产要素甚至是同种生产要素都可以依据知识、技术等效率因素的含量差异划分为高级要素和初级要素，但研究不能就此结束。因为要素禀赋的等级是相对的，也是动态变化的，所有初级要素都可以经过一定技术改造后成为高级要素，而高级要素一方面能够发挥出比初级要素更广泛的影响，另一方面其高度的主导性和效率性还会使其他所有相关经济活动都焕发新生机，产生新动能。例如非熟练工人通过技术培训可以变成技术工人，即将被淘汰的传统工艺通过"互联网+"的改造后会基于更大的市场规模而产生新的、更大的经济价值等。

再次，细化要素禀赋分类，提升各种要素的专用化程度。一般性生产要素可以被投入很多领域中，虽然灵活性较强，但也相对容易被替代；而专用性生产要素虽然只针对某个单一产业，甚至某个单一功能，但其经济价值却极高。比如刚毕业的大学生属于一般性要素，而高级焊工可以认为是一种专用性要素。细化要素分类的目的是要强化要素在某个功能上的差异和优势，提升其在解决某个问题上的专用性。虽然有人可能会提出，过强的专用性会由于市场的缺乏而丧失存在价值，但在分工程度日益细化和正在逐步实现"万物互联"的时代背景下，规模经济的实现变得越来越简单，同时，经济发展水平提高带来的多元化需求也为专用性的存在奠定了基础。

最后，在挖掘既有要素禀赋潜力的基础上，充分依靠当前新一轮科技革命的变革能力，创造更多具有创新性的新要素。增强要素流动性、提升要素等级及其专用性在本质上都是去不断挖掘既有要素禀赋的增长潜力，也就是在明确既有要素决定的生产可能性边界之后，不断向其靠拢的过程。但这一潜力空间是有限的，如果能够探索出一些新的生产要素，那么生产可能性边界将会向更多维度拓展，并产生更加强劲的动力。以人工智能为例，除了其本身就是一种新的生产要素，它还创造了一种新的虚拟劳动力，即智能自动化。这可以有效补充和提升现有实物资本和劳动力的技术能力，并且人工智能在推动创新上还具有更高的效率。可以说，在创造新要素方面，当前的这一轮科技革命与以往相比具有更加强劲的颠覆力和创造力。

二　中观产业结构视角下的高质量发展新动力

结合之前的研究可以发现，中观产业结构视角下的高质量发展新动力应当注重从单一和交互两个层面进行挖掘。

（一）单一维度下中国产业结构优化的动力方向

首先，大力推动农村土地的集约化、规模化生产，提升农业劳动生产率。我国产业结构合理化不足的一个重要来源是较低的农业产出效率和较高的农业产出比重。因此，有必要通过加快推进承包、转租等规模化经营方式，继续从农业中析出更多劳动力，这不仅可以继续为其他产业发展提供人口红利，还能通过规模化和农业资本化经营，在提升产出效率的同时，为工业品销售创造更大的市场需求空间。

其次，推动中国制造业的高质量发展，并在提升中国制造业高级化水平基础上，深化分工，促进生产性服务业的快速发展。如果单从制造业内部看，虽然我国的制造业规模和结构高级化水平都强于美国，但在纳入生产性服务业后，中国和美国就出现了较大差距，而生产性服务业本质上是制造业一些辅助环节的剥离和专业化，且这些环节对制造业效率的提升和转型升级都发挥着重要作用，即生产性服务业的发展也是制造业高级化的一种渠道，因此中国必须重视制造业高质量发展与生产性服务业之间的共生共存关系。

再次，在生产性服务业内部，务必重视金融业和商业与科技服务业的协调支撑关系。生产性服务业包括直接参与制造业生产流通的仓储运输业，也包括为制造业发展提供资金支持的金融业，还包括能对经济创新产生重要作用的商业与科技服务业。在后工业化阶段，金融业必须为高成本、高风险、高收益的商业与科技服务业提供高强度支持，否则，过度金融化可能对实体经济产生挤压，并且中国也确实已经出现了过度金融化的端倪，这必须引起政府重视。

最后，在保证生活性服务业绝对规模上升前提下，加速推动中国生产性服务业的发展。生活性服务业直接作用于居民生活需求，它的发展体现了居民生活质量的提升。在中国的服务业中，表面上，生活性服务业的发展强度高于美国，这虽然体现了中国特色社会主义制度的优越性，但是中国生活性服务业质量层面的问题不容忽视。中国生活性服务业发展的支撑是制造业的高度发展，这是好的方面，但如果缺乏生产性服务业的支撑，制造业发展将失去可持续性，从而可能使中国陷入高级化不足的后工业化初级阶段陷阱。

（二）交互维度下中国产业结构优化的动力方向

首先，高质量发展阶段，我国基于产业转型升级实现增长动力转换的视角应当更加多维和细致，不仅应当包括基于广义产业结构划分的第一、二、三产业，更要重视各细分产业内部的转型升级，比如传统农业向现代化农业的转变、不同要素密集度制造业之间的转型升级、制造业和生产性服务业之间的耦合，甚至还包括代表居民消费升级的生活性服务业的快速发展。也就是说，简单追求非农产业比重增加不应成为高质量发展阶段的重点，只有重视狭义层面的产业结构升级才是实现经济发展质量变革的关键。

其次，正确认识制造业转型升级在高质量发展中的重要地位，充分发挥其对经济结构优化的作用。制造业转型升级不仅是实现工业化的关键，也是工业化后期和后工业化时期经济发展的基础，中国应充分重视美国等发达国家制造业当前存在的问题，不能一味强调经济服务化，要把产品生命周期理论和价值链理论相结合，从产品和生产两个维度对制造业转型升级提供方向，同时结合要素禀赋特征，为高质量发展提供源源不断的动力。

再次，相对发达国家来说，中国应在加快生产性服务业发展的同时，更加关注生产性服务业与制造业的配比问题。生产性服务业作为中间环节，贯穿整个经济系统，而中国要想加快制造业的转型升级，必须加强本土生产性服务业的专业化和规模化，不能完全依靠国外的生产性服务部门，尤其是当前正处于以大数据、云计算等为代表的新一轮科技革命中，中国的生产性服务业更应当尽快通过各种互联互通工具增强自身的枢纽性作用，提升核心竞争力，为中国经济向高质量发展转变发挥应有的作用。

最后，通过促进产业转型升级，提升我国经济外向型和内向型的质量，并以此兼顾外向与内向、国际和国内两个市场，突出高质量的要求，提升我国在世界经济中的主导地位。产业结构优化可以是制造业的转型升级，也可以是生产性服务业的发展，这些都能提升我国在国际竞争中的主导地位。只有大力发展中高端产业，推动产业的转型升级，才能满足规模和质量都逐步升级的国内消费市场，国内经济的大循环才能够形成，进而才能够构建起以内循环为主体、国内国际双循环相互促进的新发展格局，中国经济的高质量发展也才能够实现。

第五节　本章小结

根据之前的研究，本章从时间、空间、外在形态和内在结构四个维度对我国经济高质量发展的动力转换思路和新动力予以总结。时间层面上，在重视短期动力的同时更要重视长期动力的培育。这一思路也可以理解为重视需求动力的同时也要重视供给动力的培育，因为短期动力重视需求层面，而长期动力则更重视供给层面。在此认识和当前经济形势下，新动力的培育重点是对自然禀赋的再认识和投资结构的调整。空间层面上，在重视实体空间聚集动力的同时还要重视虚拟空间带来的新动力。人类生存离不开实体空间，而技术革命又开发了虚拟空间。在这一思路下，实体空间新动力的培育需要重点考虑区域经济一体化和城镇化两个空间尺度，而虚拟空间新动力的培育则需重视"互联网+"引领的数字经济的快速发展。外在形态层面上，要重视从有形要素禀赋主导向无形要素禀赋主导的转换。由资本、劳动、自然禀赋等有形要素禀赋主导下的经济增长会由于要素禀赋的有限性、竞争性和边际收益递减性而使得经济增长动力趋于弱化且不可持续，而由技术和制度等无形要素禀赋主导下的经济增长会由于其无限性、非竞争性和边际收益递增性的特点带来持久且强劲的发展动力。因此，该思路下的新动力培育重点是对技术创新能力的培养和制度改革的推进。内在结构层面上，可以从微观要素结构和中观产业结构进行挖掘。微观要素结构下可以从要素流动性、要素等级、要素类别和新要素去挖掘新的动力方向，而中观产业结构层面的动力培育则可以从单一产业结构演进和不同维度产业的交互关系进行研究。

参考文献

艾洪德、徐明圣、郭凯：《我国区域金融发展与区域经济增长关系的实证分析》，《财经问题研究》2004年第7期。

〔英〕安东尼·吉登斯：《社会的构成：结构化理论大纲（中译本）》，李康、李猛译，生活·读书·新知三联书店，1998。

安虎森：《新经济地理学原理》，经济科学出版社，2009。

巴曙松：《城镇化的第一要义是增长动力转型》，《理论学习》2014年第3期。

白俊红、刘宇英：《对外直接投资能否改善中国的资源错配》，《中国工业经济》2018年第1期。

白俊红、王钺、蒋伏心、李婧：《研发要素流动、空间知识溢出与经济增长》，《经济研究》2017年第7期。

白雪洁、孟辉：《服务业真的比制造业更绿色环保？——基于能源效率的测度与分解》，《产业经济研究》2017年第3期。

〔美〕保罗·克鲁格曼：《地理和贸易》，张兆杰译，北京大学出版社、中国人民大学出版社，2000。

蔡昉、王德文、曲玥：《中国产业升级的大国雁阵模型分析》，《经济研究》2009年第9期。

蔡跃洲：《数字经济的增加值及贡献度测算：历史沿革、理论基础与方法框架》，《求是学刊》2018年第5期。

蔡跃洲、马文君：《数据要素对高质量发展影响与数据流动制约》，《数量经济技术经济研究》2021年第3期。

蔡跃洲、张钧南：《信息通信技术对中国经济增长的替代效应与渗透效应》，《经济研究》2015 年第 12 期。

曹东坡、王树华：《要素错配与中国服务业产出损失》，《财经论丛》2014 年第 10 期。

茶洪旺、左鹏飞：《中国区域信息化发展水平研究——基于动态多指标评价体系实证分析》，《财经科学》2016 年第 9 期。

钞小静、任保平：《中国经济增长结构与经济增长质量的实证分析》，《当代经济科学》2011 年第 6 期。

车明好、邓晓兰、陈宝东：《产业结构合理化、高级化与经济增长：基于门限效应的视角》，《管理学刊》2019 年第 4 期。

陈爱华：《恩格斯劳动视域中的生态伦理观——对〈劳动在从猿到人转变过程中的作用〉的伦理解读》，《马克思主义与现实》2012 年第 3 期。

陈得文、苗建军：《空间集聚与区域经济增长内生性研究——基于1995-2008 年中国省域面板数据分析》，《数量经济技术经济研究》2010 年第 9 期。

陈景华、陈姚、陈敏敏：《中国经济高质量发展水平、区域差异及分布动态演进》，《数量经济技术经济研究》2020 年第 12 期。

陈普：《要素禀赋、产业距离与产业升级路径选择》，《技术进步》2020 年第 6 期。

陈体标：《经济结构变化和经济增长》，《经济学（季刊）》2007 年第 4 期。

陈晓东、杨晓霞：《数字经济发展对产业结构升级的影响——基于灰关联熵与耗散结构理论的研究》，《改革》2021 年第 3 期。

陈友芳：《生产要素禀赋与发展中国家的生产技术选择》，《亚太经济》2009 年第 2 期。

陈宗胜：《加快供给侧体制改革，保持"十三五"时期经济中高速增长》，《天津社会科学》2016 年第 2 期。

程中华、于斌斌：《产业集聚与技术进步——基于中国城市数据的空间计量分析》，《山西财经大学学报》2014 年第 10 期。

〔英〕大卫·李嘉图:《政治经济学及赋税原理》,周洁译,华夏出版社,2013。

〔美〕道格拉斯·诺斯、罗伯斯·托马斯:《西方世界的兴起》,厉以平、蔡磊译,华夏出版社,2009。

〔美〕德内拉·梅多斯、乔根·兰德斯、丹尼斯·梅多斯:《增长的极限》,李涛、王智勇译,机械工业出版社,2013。

丁任重、许渤胤、张航:《城市群能带动区域经济增长吗?——基于7个国家级城市群的实证分析》,《经济地理》2021年第5期。

董敏杰、梁泳梅:《1978—2010年的中国经济增长来源:一个非参数分解框架》,《经济研究》2013年第5期。

董直庆、王辉:《城镇化、经济集聚与区域经济增长异质性——基于空间面板杜宾模型的经验证据》,《学术月刊》2019年第10期。

杜传忠、曹艳乔:《中国经济增长方式的实证分析——基于28个省市1990-2007年的面板数据》,《经济科学》2010年第2期。

段永琴、何伦志、克甝:《数字金融、技术密集型制造业与绿色发展》,《上海经济研究》2021年第5期。

范剑勇:《产业集聚与地区间劳动生产率差异》,《经济研究》2006年第11期。

〔德〕弗里德里希·李斯特:《政治经济学的国民体系》,陈万煦译,商务印书馆,1961。

傅京燕、李丽莎:《环境规制、要素禀赋与产业国际竞争力的实证研究——基于中国制造业的面板数据》,《管理世界》2010年第10期。

干春晖、郑若谷、余典范:《中国产业结构变迁对经济增长和波动的影响》,《经济研究》2011年第5期。

高培勇主编《经济高质量发展理论大纲》,人民出版社,2020。

高翔、黄建忠、袁凯华:《中国制造业存在产业"微笑曲线"吗?》,《统计研究》2020年第7期。

辜胜阻、吴华君、吴沁沁:《创新驱动与核心技术突破是高质量发展的基石》,《中国软科学》2018年第10期。

顾乃华、毕斗斗、任旺兵:《生产性服务业与制造业互动发展:文献综述》，《经济学家》2006 年第 6 期。

郭凯明、颜色、杭静：《生产要素禀赋变化对产业结构转型的影响》，《经济学（季刊）》2020 年第 4 期。

郭克莎：《结构优化与经济发展》，广东经济出版社，2001。

郭立伟、沈满洪：《基于区位商和 NESS 模型的新能源产业集群水平识别与评价——以浙江省为例》，《科学学与科学技术管理》2013 年第 5 期。

郭卫军、黄繁华：《产业集聚与经济增长质量——基于全球 82 个国家和地区面板数据的实证分析》，《经济理论与经济管理》2021 年第 1 期。

郭熙保：《经济发展：理论与政策》，中国社会科学出版社，2000。

郭熙保：《中国经济高速增长之谜新解——来自后发优势视角》，《学术月刊》2009 年第 2 期。

〔英〕海韦尔·G. 琼斯：《现代经济增长理论导引》，郭家麟译，商务印书馆，1999。

韩长根、张力：《互联网是否改善了中国的资源错配——基于动态空间杜宾模型与门槛模型的检验》，《经济问题探索》2019 年第 12 期。

韩先锋、宋文飞、李勃昕：《互联网能称为中国区域创新效率提升的新动能吗》，《中国工业经济》2019 年第 7 期。

郝寿义：《区域经济学原理》（第二版），格致出版社、上海三联书店、上海人民出版社，2016。

郝寿义、安虎森：《区域经济学》（第三版），经济科学出版社，2015。

郝寿义、曹清峰：《后工业化初级阶段与新时代中国经济转型》，《经济学动态》2019 年第 9 期。

何强：《要素禀赋、内在约束与中国经济增长质量》，《统计研究》2014 年第 1 期。

贺晓宇、沈坤荣：《现代化经济体系、全要素生产率与高质量发展》，《上海经济研究》2018 年第 6 期。

〔加拿大〕赫伯特·G. 格鲁伯、迈克尔·A. 沃克：《服务业的增长：原因和影响》，陈彪如译，上海三联书店，1993。

侯新烁：《经济结构与区域增长关系研究》，博士学位论文，重庆大学，2014。

胡鞍钢：《中国进入后工业化时代》，《北京交通大学学报》（社会科学版）2017 年第 1 期。

胡晓珍、张卫东、杨龙：《制度环境、技术效率与区域经济增长差异》，《公共管理学报》2010 年第 2 期。

胡永远：《人力资本积累与地区经济增长的联动关系分析》，《中国人口·资源与环境》2011 年第 12 期。

黄群慧、余泳泽、张松林：《互联网发展与制造业生产率提升：内在机制与中国经验》，《中国工业经济》2019 年第 8 期。

黄泰岩：《中国经济的第三次动力转型》，《经济学动态》2014 年第 2 期。

〔美〕霍利斯·钱纳里、〔以〕莫伊思·赛尔昆：《发展的型式：1950—1970》，李新华等译，经济科学出版社，1988。

〔美〕霍利斯·钱纳里等：《发展的格局：1950—1970》，李小青等译，中国财政经济出版社，1989。

季书涵、朱英明：《产业集聚、环境污染与资源错配研究》，《经济学家》2019 年第 6 期。

贾康、苏京春：《"三驾马车"认知框架需对接供给侧的结构性动力机制构建——关于宏观经济学的深化探讨》，《全球化》2015 年第 3 期。

〔美〕杰里米·里夫金：《第三次工业革命》，张体伟、孙豫宁译，中信出版社，2012。

金碚：《关于"高质量发展"的经济学研究》，《中国工业经济》2018 年第 4 期。

金荣学、卢忠宝：《我国服务业集聚的测度、地区差异与影响因素研究》，《财政研究》2010 年第 10 期。

靳涛、陶新宇：《中国持续经济增长的阶段性动力解析与比较》，《数量经济技术经济研究》2015 年第 11 期。

〔美〕卡萝塔·佩蕾丝：《技术革命与金融资本——泡沫与黄金时代的动力学》，田方萌等译，中国人民大学出版社，2007。

〔美〕凯文·凯利:《新经济新规则》,刘仲涛等译,电子工业出版社,2014。

〔德〕克劳斯·施瓦布:《第四次工业革命——转型的力量》,世界经济论坛北京代表处,李菁译,中信出版社,2016。

〔意大利〕克瑞斯提诺·安东内利:《创新经济学:新技术与结构变迁》,刘刚、张浩辰等译,高等教育出版社,2006。

孔宪丽、米美玲、高铁梅:《技术进步适宜性与创新驱动工业结构调整——基于技术进步偏向性视角的实证研究》,《中国工业经济》2015年第11期。

赖敏:《土地要素错配阻碍了中国产业结构升级吗?——基于中国230个地级市的经验证据》,《产业经济研究》2019年第2期。

〔美〕兰斯·泰勒:《结构主义宏观经济学》,颜泽龙译,经济科学出版社,1990。

李稻葵:《中国经济的三大新增长点》,《党政干部参考》2015年第11期。

李福柱、赵长林:《中国经济发展方式的转变动力及其作用途径》,《中国人口·资源与环境》2016年第2期。

李富强、董直庆、王林辉:《制度主导、要素贡献和我国经济增长动力的分类检验》,《经济研究》2008年第4期。

李光泗、徐翔:《技术引进与地区经济收敛》,《经济学(季刊)》2008年第3期。

李金昌、史龙梅、徐蔼婷:《高质量发展评价指标体系探讨》,《统计研究》2019年第1期。

李静、楠玉、江永红:《中国经济增长减缓与稳定增长动力》,《中国人口科学》2015年第3期。

李静、彭飞、毛德凤:《资源错配与中国工业企业全要素生产率》,《财贸研究》2012年第5期。

李兰冰、刘秉镰:《中国区域经济增长绩效、源泉与演化:基于要素分解视角》,《经济研究》2015年第8期。

李平、钟学义、王宏伟等:《中国生产率变化与经济增长源泉:

1978-2010 年》，《数量经济技术经济研究》2013 年第 1 期。

李强、高楠、魏巍：《新能源产业聚集对经济增长的影响研究》，《西华大学学报》（哲学社会科学版）2016 年第 4 期。

李尚骜、龚六堂：《非一致性偏好、内生偏好结构与经济结构变迁》，《经济研究》2012 年第 7 期。

李言、张智：《营商环境、企业家精神与经济增长质量——来自中国城市的经验证据》，《宏观质量研究》2021 年第 4 期。

李永友、周思娇、胡玲慧：《分权时序与经济增长》，《管理世界》2021 年第 5 期。

李玉成、杨开忠：《集聚与增长整合研究评述》，《经济问题》2008 年第 5 期。

李跃、蒙永胜：《比较优势与地区制造业升级研究——以新疆为例》，《企业经济》2014 年第 4 期。

李宗显、杨千帆：《数字经济如何影响中国经济高质量发展？》，《现代经济探讨》2021 年第 7 期。

李佐军：《应用"三大发动机"等动力解释"中国增长奇迹"》，《经济纵横》2016 年第 1 期。

梁俊、龙少波：《经济结构变迁研究新进展》，《中南财经大学学报》2016 年第 4 期。

林毅夫：《产业政策与我国经济的发展：新结构经济学的视角》，《复旦学报》（社会科学版）2017 年第 2 期。

林毅夫：《新结构经济学——重构发展经济学的框架》，《经济学》（季刊）2010 年第 1 期。

林毅夫、蔡昉、李周：《中国的奇迹：发展战略与经济改革》，格致出版社，2012。

刘东皇：《中国经济发展动力结构转换研究》，《社会科学》2016 年第 1 期。

刘栋：《世界经济论坛聚焦"第四次工业革命"》，《中国经济周刊》2016 年第 5 期。

刘建党、唐杰、周博：《治理质量、空间溢出与经济高质量发展——

基于中国省域面板数据的实证分析》，《经济社会体制比较》2020 年第5 期。

刘瑞翔、安同良：《中国经济增长的动力来源与转换展望——基于最终需求角度的分析》，《经济研究》2011 年第 7 期。

刘伟、张辉：《中国经济增长中的产业结构变迁和技术进步》，《经济研究》2008 年第 11 期。

刘修岩：《集聚经济与劳动生产率：基于中国城市面板数据的实证研究》，《数量经济技术经济研究》2009 年第 7 期。

刘修岩、邵军、薛玉立：《集聚与地区经济增长：基于中国地级城市数据的再检验》，《南开经济研究》2012 年第 3 期。

刘艳：《中国现代制造业全要素生产率研究》，《当代经济研究》2014年第 2 期。

卢现祥、滕宇法：《产权保护及经济绩效——兼论产权保护量化演变和"中国之谜"的实质》，《经济学动态》2020 年第 11 期。

鲁元平、王军鹏：《数字鸿沟还是信息福利？——互联网使用对居民主观福利的影响》，《经济学动态》2020 年第 2 期。

吕明元、孙献贞、吕清舟：《生态化中的产业结构内生于其要素禀赋结构的实证分析——基于中国 30 个省份的数据》，《软科学》2018 年第10 期。

罗浩轩：《农业要素禀赋结构、农业制度安排与农业工业化进程的理论逻辑探析》，《农业经济问题》2021 年第 3 期。

罗浩轩：《要素禀赋结构变迁中的农业适度规模经营研究》，《西部论坛》2016 年第 5 期。

罗勇、曹丽莉：《中国制造业集聚程度变动趋势实证研究》，《统计研究》2005 年第 8 期。

马梅若：《中国经济新旧增长动力转换如何实现？》，《经济研究参考》2015 年第 54 期。

马茹、张静、王宏伟：《科技人才促进中国经济高质量发展了吗？——基于科技人才对全要素生产率增长效应的实证检验》，《经济与管理研究》2019 年第 5 期。

〔英〕马歇尔：《经济学原理》，朱志泰等译，商务印书馆，2009。

马轶群、史安娜：《金融发展对中国经济增长质量的影响研究——基于 VAR 模型的实证分析》，《国际金融研究》2012 年第 11 期。

马颖：《论发展经济学的结构主义思路》，《世界经济》2002 年第 4 期。

〔美〕迈克尔·波特：《国家竞争优势》，邱如美、李明轩译，中信出版社，2007。

毛伟：《制度变革的经济绩效——兼论优化配置与创新驱动的作用》，《学术月刊》2020 年第 5 期。

苗建军、韩经纬：《生产要素市场扭曲与中国产业结构失衡》，《商业研究》2020 年第 12 期。

欧阳志刚、陈普：《要素禀赋、地方工业行业发展与行业选择》，《经济研究》2020 年第 1 期。

潘文卿、刘庆：《中国制造业产业集聚与地区经济增长——基于中国工业企业数据的研究》，《清华大学学报》（哲学社会科学版）2012 年第 1 期。

庞瑞芝、邓忠奇：《服务业生产率真的低吗?》，《经济研究》2014 年第 12 期。

彭文斌、文泽宙：《绿色创新与中国经济高质量发展》，《江汉论坛》2019 年第 9 期。

〔美〕皮埃尔-菲利普·库姆斯、蒂里·迈耶、雅克-弗朗索瓦·蒂斯：《经济地理学——区域和国家一体化》，安虎森等译，中国人民大学出版社，2011。

綦良群、张庆楠：《我国装备制造业与生产性服务业网式融合影响因素研究》，《科技进步与对策》2018 年第 13 期。

渠慎宁、吕铁：《产业结构升级意味着服务业更重要吗——论工业与服务业互动发展对中国经济增长的影响》，《财贸经济》2016 年第 3 期。

覃成林、李超：《要素禀赋结构、技术选择与中国城市现代产业发展》，《产业经济研究》2012 年第 3 期。

任保平：《新常态要素禀赋结构变化背景下中国经济增长潜力开发的

动力转换》，《经济学家》2015年第5期。

　　任保平等：《新时代中国经济高质量发展研究》，人民出版社，2020。

　　邵帅、杨莉莉：《自然资源丰裕、资源产业依赖与中国区域经济增长》，《管理世界》2010年第9期。

　　沈坤荣：《构筑新常态背景下增长动力的新机制》，《河海大学学报》（哲学社会科学版）2015年第2期。

　　沈玲：《新常态下区域经济发展的动力转换问题探讨》，《商业经济研究》2016年第5期。

　　师博、任保平：《中国省际经济高质量发展的测度与分析》，《经济问题》2018年第4期。

　　师博、姚峰、李辉：《创新投入、市场竞争与制造业绿色全要素生产率》，《人文杂志》2018年第1期。

　　石喜爱、李廉水、刘军：《"互联网+"对制造业就业的转移效应》，《统计与信息论坛》2018年第9期。

　　史丹、白骏骄：《产业结构早熟对经济增长的影响及其内生性解释——基于互联网式创新力视角》，《中央财经大学学报》2019年第6期。

　　舒印彪、张智刚、郭剑波、张正陵：《新能源消纳关键因素分析及解决措施研究》，《中国电机工程学报》2017年第1期。

　　宋高燕、孟俊华、邓宏图：《比较禀赋和产业结构决定下不同省区的技术演化路径：一个新结构经济学的视角》，《现代财经》2021年第2期。

　　宋洋：《经济发展质量理论视角下的数字经济与高质量发展》，《贵州社会科学》2019年第11期。

　　孙浦阳、武力超、张伯伟：《空间集聚是否总能促进经济增长：不同假定条件下的思考》，《世界经济》2011年第10期。

　　孙早、侯玉琳：《工业智能化如何重塑劳动力就业结构》，《中国工业经济》2019年第5期。

　　唐根年、许紫岳、张杰：《产业转移、空间效率改进与中国异质性大国区间"雁阵模式"》，《经济学家》2015年第7期。

　　陶长琪、彭永樟：《从要素驱动到创新驱动：制度质量视角下的经济增长动力转换与路径选择》，《数量经济技术经济研究》2018年第7期。

陶永亮、李旭超、赵雪娇:《中国经济发展进程、空间集聚与经济增长》,《经济问题探索》2014 年第 7 期。

涂正革:《全要素生产率与区域经济增长的动力——基于对 1995—2004 年 28 个省市大中型工业的非参数生产前沿分析》,《南开经济研究》2007 年第 4 期。

汪东芳、曹建华:《互联网发展对中国全要素能源效率的影响及网络效应研究》,《中国人口·资源与环境》2019 年第 1 期。

王博、张泠然:《重点城市工业综合效率与产业转型升级:2011 ~ 2015 年》,《改革》2017 年第 9 期。

王春云、王亚菲:《数字化资本回报率的测度方法及应用》,《数量经济技术经济研究》2019 年第 12 期。

王弟海、李夏伟、龚六堂:《经济增长与结构变迁研究进展》,《经济学动态》2021 年第 1 期。

王冬、孔庆峰:《资源禀赋、制度变迁与中国科技兴衰——李约瑟之谜的科技加速进步假说》,《科学学研究》2013 年第 3 期。

王建廷:《区域经济发展动力与动力机制》,上海人民出版社,2007。

王军、常红:《制度环境、金融发展与经济增长》,《学习探索》2020 年第 6 期。

王军、邹广平、石先进:《制度变迁对中国经济增长的影响——基于 VAR 模型的实证研究》,《中国工业经济》2013 年第 6 期。

王林辉、袁礼:《资本错配会诱发全要素生产率损失吗》,《统计研究》2014 年第 8 期。

王恕立、刘军:《中国服务企业生产率异质性与资源再配置效应——与制造业企业相同吗?》,《数量经济技术经济研究》2014 年第 5 期。

王小鲁:《中国经济增长的可持续性与制度变革》,《经济研究》2000 年第 7 期。

王孝松、田思远:《制度质量、对外援助和受援国经济增长》,《世界经济研究》2019 年第 12 期。

王志刚:《面板数据模型及其在经济分析中的应用》,经济科学出版社,2008。

魏敏、李书昊：《新常态下中国经济增长质量的评价体系构建与测度》，《经济学家》2018 年第 4 期。

〔美〕沃尔特·艾萨德：《区位与空间经济》，杨开忠、沈体雁等译，北京大学出版社，2011。

吴华英、刘霞辉、苏志庆：《产业结构变迁对经济增长质量的影响研究——基于修正的份额变化分析法》，《经济学家》2021 年第 7 期。

吴军：《智能时代》，中信出版社，2020。

吴武林、李顺辉、李婷：《要素相对价格扭曲程度及其区域差异收敛性》，《社会科学研究》2020 年第 2 期。

吴垠：《中国经济的结构性调整方式与政策设计——基于新、旧结构经济学对比的视角》，《复旦学报》（社会科学版）2016 年第 3 期。

武翠、谭清美、王磊：《要素市场扭曲对中国产业结构升级效率的影响——企业家精神的中介效应》，《科技进步与对策》2021 年第 6 期。

武鹏：《改革开放以来中国经济增长的动力转换过程》，《政治经济学研究》2013 年第 14 期。

〔美〕W. 阿瑟·刘易斯：《经济增长理论》，梁小民译，上海三联书店，1990。

〔美〕W. W. 罗斯托：《从起飞进入持续增长的经济学》，贺力平等译，四川人民出版社，1988。

〔美〕西奥多·W. 舒尔茨：《报酬递增的源泉》，李海明、赵波译，中国人民大学出版社，2016。

〔美〕西奥多·W. 舒尔茨：《经济增长与农业》，郭熙保译，中国人民大学出版社，2015。

〔美〕西蒙·库兹涅茨：《各国的经济增长》，常勋等译，商务印书馆，2007。

席艳玲、吉生保：《中国高技术产业集聚程度变动趋势及影响因素——基于新经济地理学的视角》，《中国科技论坛》2012 年第 10 期。

夏杰长、肖宇、李诗林：《中国服务业全要素生产率的再测算与影响因素分析》，《学术月刊》2019 年第 2 期。

〔美〕小罗伯特·卢卡斯：《经济发展讲座》，罗汉、应洪基译，江苏人民出版社，2003。

徐朝阳：《工业化与后工业化："倒 U 型"产业结构变迁》，《世界经济》2010 年第 12 期。

徐朝阳、林毅夫：《发展战略与经济增长》，《中国社会科学》2010 年第 3 期。

徐崇温：《结构主义与后结构主义》，辽宁人民出版社，1986。

徐康宁、王剑：《自然资源丰裕程度与经济发展水平关系的研究》，《经济研究》2006 年第 1 期。

徐鹏杰、杨萍：《扩大开放、全要素生产率与高质量发展》，《经济体制改革》2019 年第 1 期。

徐瑞慧：《高质量发展指标及其影响因素》，《金融发展研究》2018 年第 10 期。

徐盈之、彭欢欢、刘修岩：《威廉姆森假说：空间集聚与区域经济增长——基于中国省域数据门槛回归的实证研究》，《经济理论与经济管理》2011 年第 4 期。

许和连、成丽红：《动态比较优势理论适用于中国服务贸易出口结构转型吗——基于要素结构视角下的中国省际面板数据分析》，《国际贸易问题》2015 年第 1 期。

〔英〕亚当·斯密：《国民财富的性质和原因的研究》，杨敬年译，陕西人民出版社，2001。

杨浩昌、李廉水、刘军：《产业聚集与中国城市全要素生产率》，《科研管理》2018 年第 1 期。

叶初升、李慧：《以发展看经济增长质量：概念、测度方法与实证分析——一种发展经济学的微观视角》，《经济理论与经济管理》2014 年第 12 期。

尹恒、李世刚：《资源配置效率改善的空间有多大？——基于中国制造业的结构估计》，《管理世界》2019 年第 12 期。

余泳泽、胡山：《中国经济高质量发展的现实困境与基本路径：文献综述》，《宏观质量研究》2018 年第 4 期。

余泳泽、张先轸：《要素禀赋、适宜性创新模式选择与全要素生产率提升》，《管理世界》2015 年第 9 期。

喻胜华、李丹、祝树金：《生产性服务业集聚促进制造业价值链攀升了吗——基于 277 个城市微观企业的经验研究》，《国际贸易问题》2020 年第 5 期。

袁富华、张平：《雁阵理论的再评价与拓展：转型时期中国经济结构问题的诠释》，《经济学动态》2017 年第 2 期。

袁富华、张平、刘霞辉等：《增长跨越：经济结构服务化、知识过程和效率模式重塑》，《经济研究》2016 年第 10 期。

袁欣：《中国对外贸易结构与产业结构："镜像"与"原像"的背离》，《经济学家》2010 年第 6 期。

袁志刚、解栋栋：《中国劳动力错配对 TFP 的影响分析》，《经济研究》2011 年第 7 期。

〔英〕约翰·梅纳德·凯恩斯：《就业、利息和货币通论》，宋韵声译，华夏出版社，2005。

詹新宇、崔培培：《中国省际经济增长质量的测度与评价——基于"五大发展理念"的实证分析》，《财政研究》2016 年第 8 期。

张虎、韩爱华：《制造业与生产性服务业耦合能否促进空间协调——基于 285 个城市数据的检验》，《统计研究》2019 年第 1 期。

张杰、高晓红、李宏瑾：《全球经济演进：结构、逻辑与中国因素》，中国人民大学出版社，2007。

张军：《要素成本、科技创新与产业结构升级》，《证券市场导报》2019 年第 11 期。

张军、陈诗一、Gary：《结构改革与中国工业增长》，《经济研究》2009 年第 7 期。

张军、吴桂英、张吉鹏：《中国省际物质资本存量估算：1952—2000》，《经济研究》2004 年第 10 期。

张军扩、侯永志、刘培林等：《高质量发展的目标要求和战略路径》，《管理世界》2019 年第 7 期。

张其仔：《中国能否成功地实现雁阵式产业升级》，《中国工业经济》2014 年第 6 期。

张其仔、李蕾:《制造业转型升级与地区经济增长》,《经济与管理研究》2017 年第 2 期。

张腾、蒋伏心、韦朕韬:《数字经济能否成为促进我国经济高质量发展的新动能?》,《经济问题探索》2021 年第 1 期。

章元、刘修岩:《聚集经济与经济增长:来自中国的经验证据》,《世界经济》2008 年第 3 期。

赵昌文、许召元、朱鸿鸣:《工业化后期的中国经济增长新动力》,《中国工业经济》2015 年第 6 期。

郑世林、张美晨:《科技进步对中国经济增长的贡献率估计:1990-2017 年》,《世界经济》2019 年第 10 期。

中国经济增长前沿课题组:《突破经济增长减速的新要素供给理论、体制与政策选择》,《经济研究》2015 年第 11 期。

周小亮、吴洋宏:《供给侧结构性改革绩效评价:基于经济增长动力视角》,《社会科学研究》2019 年第 3 期。

周跃辉:《经济新常态的本质是增长动力的转换》,《行政管理改革》2015 年第 8 期。

庄佳强、徐长生:《结构变迁与经济增长关系研究新进展》,《经济学动态》2009 年第 4 期。

祖砚馥:《论经济增长的动力机制》,《财经问题研究》1990 年第 12 期。

A. K. Dixit, J. E. Stiglitz, "Monopolistic Competition and Optimum Product Diversity", *American Economic Review*, 1977, 67 (3).

A. Manuel, B. Stephen, "Some Tests of Specification for Panel Data: Monte Carlo Evidence and an Application to Employment Equations", *Review of Economic Studies*, 1991 (58).

A. O. Hirschman, *The Strategy of Economic Development*, Yale University Press, 1958.

B. Eichengreen, D. Park, K. Shin, "When Fast-growing Economies Slow Down: International Evidence and Implications for China", *Asian Economic Papers*, 2012, 11 (1).

Clark Colin, *The Conditions of Economic Progress*, McMills, 1940.

C. Doucouliagos, M. A. Ulubasoglu, "Economic Freedom and Economic Growth: Does Specification Make a Difference?", *European Journal of Political Economy*, 2006, 22 (1).

C. Echevarria, "Changes in Sectoral Composition Associated with Economic Growth", *International Economic Review*, 1997.

C. Guevara, "Growth Agglomeration Effects in Spatially Interdependent Latin American Regions", *Gate Working Paper*, 2016.

C. Hsieh, P. J. Klenow, "Misallocation and Manufacturing TFP in China and India", *Quarterly Journal of Economics*, 2007, 124 (4).

Djeto Assane, Abbas Grammy, "Institutional Framework and Economic Development: International Evidence", *Applied Economics*, 2003, 35 (17).

D. Acemoglu, S. Johnson, J. A. Robinson, "Institutions as a Fundamental Cause of Long-run Growth", *Handbook of Economic Growth*, 2005.

D. Black, V. Henderson, "A Theory of Urban Growth", *Journal of Political Economy*, 1999, 107 (2).

D. Cass, "Optimum Growth in an Aggregative Model of Capital Accumulation", *The Review of Economic Studies*, 1965, 32 (3).

D. C. North, B. R. Weingast, "Constitutions and Commitment: The Evolution of Institutions Governing Public Choice in Seventeenth-Century England", *Journal of Economic History*, 1989, 49 (4).

D. C. North, C. K. Eicher, J. M. Staatz, "Economic Performance through Time", *American Economic Review*, 1993, 84 (3).

D. Rodrik, A. Subramanian, F. Trebbi, "Institutions Rule: The Primacy of Institutions over Geography and Integration in Economic Development", *Journal of Economic Growth*, 2004, 9 (2).

D. Tapscott, *The Digital Economy: Promise and Peril in the Age of Networked Intelligence*, McGraw-Hill, 1996.

E. Brynjolfsson, D. Rock, C. Syverson, "Artificial Intelligence and the Modern Productivity Paradox: A Clash of Expectations and Statistics", *NBER*

Working Papers, 2017, No. 24001.

E. Helpman, A. Rangel, "Adjusting to a New Technology: Experience and Training", *Journal of Economic Growth*, 1999, 4 (4).

Farrell, J. Michael, "The Measurement of Productive Efficiency", *Journal of the Royal Statistical Society*, 1957, 120 (3).

Fujita, Masahisa, Thisse, Jacques-Francois, *Economics of Agglomeration: Cities, Industrial Location and Regional Growth*, Cambridge University Press, 2002.

Gilles Duranton, Vernon Henderson, William Strange, *Handbook of Regional and Urban Economics (Volume 5)*, North-Holland, 2015.

G. C. Chow, "Capital Formation and Economic Growth in China", *The Quarterly Journal of Economics*, 1993, 108 (3).

G. Duranton, D. Puga, "From Sectoral to Functional Urban Specialisation", *Journal of Urban Economics*, 2005, 57 (2).

G. Duranton, D. Puga, "Micro-Foundations of Urban Agglomeration Economies", *Social Science Electronic Publishing*, 2003, 4 (4).

G. Francesca, "Institutions and Economic Change", *Journal of Comparative Economics*, 2017, 45 (1).

G. Myrdal, *Economic Theory and Under-developed Regions*, Duckworth, 1957.

G. M. Grossman, E. Helpman, "Endogenous Product Cycles", *Economic Journal*, 1991, 101 (408).

G. M. Grossman, E. Helpman, "Quality Ladders and Product Cycles", *Quarterly Journal of Economics*, 1991, 106 (2).

H. B. Chenery, S. Robinson, M. Syquin, *Industrialization and Growth: A Comparative Study*, Oxford University Press, 1986.

H. B. Chenery, "Patterns of Industrial Growth", *American Economic Review*, 1960, 50 (4).

H. DeSoto, *The Mystery of Capital: Why Capitalism Triumphs in the West and Fails Everywhere Else*, Basic Books, 2000.

H. P. Binswanger and V. W. Ruttan, "*Induced Innovation: Technology*

Institutions and Development", Baltimore, Johns Hopkins University Press, 1978.

H. Zuleta, A. T. Young, "Labor Shares in a Model of Induced Innovation", *Structural Change & Economic Dynamics*, 2013.

J. D. Gwartney, R. G. Holcombe, R. A. Lawson, "Institutions and the Impact of Investment on Growth", *Kyklos*, 2006, 59 (2).

J. D. Haan, J. E. Sturm, "On the Relationship between Economic Freedom and Economic Growth", *European Journal of Political Economy*, 1999, 16 (2).

J. E. Triplett, B. Bosworth, "Productivity Measurement Issues in Services Industries: Baumol's Disease Has Been Cured", *Economic Policy Review*, 2003.

J. Francois, J. Woerz, "Producer Services, Manufacturing Linkages, and Trade", *Journal of Industry, Competition and Trade*, 2008, 8 (3-4).

J. G. Williamson, "Regional Inequality and the Process of National Development: A Description of Patterns", *Economic Development & Cultural Change*, 1965, 13 (4).

J. Ju, J. Y. Lin and Y. Wang, "Endowment Structure, Industrial Dynamics and Economic Growth", *Journal of Monetary Economics*, 2015.

K. Behrens, F. Robert-Nicoud, "Agglomeration Theory with Heterogeneous Agents", *Social Science Electronic Publishing*, 2014, (5).

K. J. Arrow, "The Economic Implications of Learning by Doing", *Review of Economic Studies*, 1962, 29 (80).

K. L. Sokoloff, S. L. Engerman, "History Lessons: Institutions, Factors Endowments, and Paths of Development in the New World", *Journal of Economic Perspectives*, 2000, 14 (3).

L. Foster, J. Haltiwanger, C. Syverson, "Reallocation, Firm Turnover, and Efficiency: Selection on Productivity or Profitability?", *American Economic Review*, 2008, 98 (1).

L. F. Lee, J. Yu, "Estimation of Spatial Autoregressive Panel Data Models with Fixed Effects", *Journal of Econometrics*, 2010, 154 (2).

L. R. Ngai, C. A. Pissarides, "Structural Change in a Multisector Model of Growth", *American Economic Review*, 2007, 97 (1).

M. Abramovitz, *Thinking about Growth*, Cambridge University Press, 1989.

M. Arellano, S. Bond, "Some Tests of Specification for Panel Data: Monte Carlo Evidence and an Application to Employment Equations", *Review of Economic Study*, 1991.

M. Bacolod, B. S. Blum, W. C. Strange, "Urban Interactions: Soft Skills vs. Specialization", *Journal of Economic Geography*, 2009, 9 (2).

M. Behun, B. Gavurova, A. Tkacova, "The Impact of the Manufacturing Industry on the European Union Countries", *Journal of Competitiveness*, 2018, 10 (1).

M. Brülhart, F. Sbergami, "Agglomeration and Growth: Cross-country Evidence", *Journal of Urban Economics*, 2009, 65 (1).

M. Brülhart, N. A. Mathys, "Sectoral Agglomeration Economies in a Panel of European Regions", *Regional Science and Urban Economics*, 2008, 38 (4).

M. E. Porter, *The Competitive Advantage of Nations*, Free Press, 1990.

M. Peneder, "Structural Change and Aggregate Growth", *Structural Change and Economic Dynamics*, 2002.

M. P. Timmer, A. Szirmar, "Productivity Growth in Asian Manufacturing: the Structural Bonus Hypothesis Examined", *Structural Change & Economic Dynamics*, 2000, 11 (4).

P. Kongsamut, S. Rebelo, D. Xie, "Beyond Balanced Growth", *Review of Economic Studies*, 2010, 68 (4).

P. M. Romer, "Increasing Returns and Long-run Growth", *The Journal of Political Economy*, 1986, 94 (5).

P. N. Rosenstein-Rodan, "Problems of Industrialisation of Eastern and South-Eastern Europe", *Economic Journal*, 1943.

P. R. Krugman, *Geography and Trade*, Leuven University Press, 1991.

R. C. Feenstra, "Integration of Trade and Disintegration of Production in the Global Economy", *The Journal of Economic Perspectives*, 1998, 12 (4).

R. E. Baldwin, "Agglomeration and Endogenous Capital", *European Economic Review*, 1999, 43 (2).

R. E. Lucas, "Life Earnings and Rural-Urban Migration", *Journal of Political Economy*, 2004, 112 (S1).

R. E. Lucas, "On the Mechanics of Economic Development", *Journal of Monetary Economics*, 1988, 22 (1).

R. G. Rajan, L. Zingales, "The Great Reversals: The Politics of Financial Development in the Twentieth Century", *Journal of Financial Economics*, 2003, 69 (1).

R. J. Barro, "Government Spending in a Simple Endogenous Growth Model", *Journal of Political Economy*, 1990, 98 (5).

R. M. Solow, "A Contribution to the Theory of Economic Growth", *Quarterly Journal of Economics*, 1956, 70 (1).

R. Nurkse, "Some International Aspects of the Problem of Economic Development", *The American Economic Review*, 1952, 42 (2).

R. Prebisch, "The Economic Development of Latin America and Its Principal Problems", *Economic Bulletin for Latin America*, 1962.

S. D'Costa, H. G. Overman, "The Urban Wage Growth Premium: Sorting or Learning?", *Regional Science and Urban Economics*, 2014.

S. Groot, H. L. F. Groot, M. J. Smit, "Regional Wage Differences in the Netherlands: Micro Evidence on Agglomeration Externalities", *Journal of Regional Science*, 2014, 54 (3).

S. H. Law, T. C. Lim and N. W. Ismail, "Institutions and Economic Development: A Granger Causality Analysis of Panel Data Evidence", *Economic Systems*, 2013, 37 (4).

S. Kuznets, *Modern Economic Growth: Rate, Structure, and Spread*, Yale University Press, 1966.

S. Kuznets, "Modern Economic Growth: Findings and Reflections",

American Economic Review, 1973, 63 (3).

T. F. Bresnahan, M. Trajtenberg, "General Purpose Technologies 'Engines of Growth'?", *Journal of Econometrics*, 1995, 65 (1).

T. W. Swan, "Economic Growth and Capital Accumulation", *Economic Record*, 1956.

V. Henderson, "The Urbanization Process and Economic Growth: The So-what Question", *Journal of Economic Growth*, 2003, 8 (1).

W. Coreynen, P. Matthyssens, W. V. Bockhaven, "Boosting Servitization through Digitization: Pathways and Dynamic Resource Configurations for Manufacturers", *Industrial Marketing Management*, 2017.

W. J. Baumol, "Macroeconomics of Unbalanced Growth: The Anatomy of Urban Crisis", *American Economic Review*, 1967, 57 (3).

W. J. Ethier, "National and International Returns to Scale in the Modern Theory of International Trade", *The American Economic Review*, 1982, 72 (3).

W. W. Rostow, "The Stages of Economic Growth", *The Economic History Review*, 1959, 12 (1).

Z. F. Hu, M. S. Khan, "Why is China growing so fast?", *Social Science Electronic Publishing*, 1997, 44 (1).

后　记

　　经济增长动力是我在南开大学攻读博士学位期间开始关注的领域。习近平总书记在 2014 年 11 月首次系统阐述了"新常态"的内涵，并由此判断中国经济增长动力将发生深刻变化。在这一背景下，我的博士生导师郝寿义教授在 2015 年 6 月帮我确定了博士学位论文选题，并明确指出该领域将足以让我研究 10 年之久。攻读博士期间我围绕该选题完成了毕业论文的撰写，获取了博士学位，同时还围绕经济增长动力问题在《经济学家》和《江海学刊》等权威期刊上发表了多篇论文，部分文章被《中国社会科学文摘》和《人大复印资料》全文转载。

　　2017 年，党的十九大报告提出"我国经济已由高速增长阶段转向高质量发展阶段"，2018 年中国经济步入高质量发展元年。因此，我在 2017 年 6 月博士毕业之后，开始围绕中国经济高质量发展问题，继续在之前研究基础上深入探索，并在《改革》《统计与信息论坛》《河南社会科学》等核心刊物上发表了近 10 篇论文。我沿着"要素—产业—经济发展"这一逻辑思路把包括博士学位论文在内的所有相关成果进行整合，形成了这部著作。这也是我在博士学位论文基础上，进一步向高质量发展领域延伸的结果。感谢王家庭、马洪福、曹清峰、程栋、颜银根等师兄弟和好友为本书的修改完善提出的实质性意见。感谢我的爱人沈洁女士为完成本书的所有付出。

　　本书是国家社科基金后期资助项目"要素禀赋变化、产业优化与高质量发展动力转换研究"（项目编号：20FJLB015）的成果。感谢我的导师郝寿义教授在百忙之中为本书作序。

　　经济高质量发展是习近平总书记在党的十九大上提出的一个全新命题，新发展阶段下中国经济增长的动力及其转换已经成为学术界深入研究的重要内容，本书是基于要素禀赋变化视角的研究，欢迎大家批评指正。

张永恒

2022 年 7 月

图书在版编目（CIP）数据

要素禀赋变化、产业结构优化与中国经济高质量发展
动力研究 / 张永恒著. -- 北京：社会科学文献出版社，
2022.8

国家社科基金后期资助项目

ISBN 978-7-5228-0339-5

Ⅰ.①要… Ⅱ.①张… Ⅲ.①中国经济-经济发展-
研究 Ⅳ.①F124

中国版本图书馆 CIP 数据核字（2022）第 109808 号

· 国家社科基金后期资助项目 ·

要素禀赋变化、产业结构优化与中国经济高质量发展动力研究

著　　者 / 张永恒

出 版 人 / 王利民
组稿编辑 / 任文武
责任编辑 / 郭·峰
责任印制 / 王京美

出　　版 / 社会科学文献出版社 · 城市和绿色发展分社（010）59367143
　　　　　　地址：北京市北三环中路甲 29 号院华龙大厦　邮编：100029
　　　　　　网址：www.ssap.com.cn
发　　行 / 社会科学文献出版社（010）59367028
印　　装 / 三河市龙林印务有限公司

规　　格 / 开本：787mm×1092mm　1/16
　　　　　　印 张：19　字 数：297 千字
版　　次 / 2022 年 8 月第 1 版　2022 年 8 月第 1 次印刷
书　　号 / ISBN 978-7-5228-0339-5
定　　价 / 88.00 元

读者服务电话：4008918866